U0780623

蒋百里的一生

THE LIFE OF JIANG BAILI

张明林 著

团结出版社

©团结出版社，2025 年

图书在版编目（CIP）数据

蒋百里的一生 / 张明林著. -- 北京：团结出版社，
2025.9. -- ISBN 978-7-5234-1626-6

Ⅰ. K825.2

中国国家版本馆 CIP 数据核字第 20259GZ718 号

责任编辑：安胡刚
封面设计：谭　浩

出　　版：团结出版社
　　　　　（北京市东城区东皇城根南街 84 号　邮编：100006）
电　　话：（010）65228880　65244790（出版社）
　　　　　（010）65238766　85113874　65133603（发行部）
　　　　　（010）65133603（邮购）
网　　址：http://www.tjpress.com
电子邮箱：zb65244790@vip.163.com
经　　销：全国新华书店
印　　装：天津盛辉印刷有限公司

开　　本：170mm×240mm　　16 开
印　　张：25　　　　　　　　字　　数：337 千字
版　　次：2025 年 9 月 第 1 版　印　　次：2025 年 9 月 第 1 次印刷

书　　号：978-7-5234-1626-6
定　　价：69.00 元
　　　　　（版权所属，盗版必究）

目 录

第一章 家境清寒，少年英才 ·········· 1
 一、少年"将军" ·········· 3
 二、桐乡观风 ·········· 5
 三、求是风云 ·········· 7

第二章 东瀛游学，士官第一 ·········· 13
 一、东渡日本 ·········· 15
 二、结识梁启超和蔡锷 ·········· 22
 三、成城学校 ·········· 27
 四、"士官三杰"之一 ·········· 31

第三章 庐山烟雨，浙江潮涌 ·········· 37
 一、激荡的浙江潮 ·········· 39
 二、东京逸事 ·········· 47

第四章 督练东北，从戎德国 ·········· 55
 一、沪上相士测前程 ·········· 57
 二、无奈的总参议 ·········· 61
 三、观彰德秋操 ·········· 65

四、游学德国的日子 …………………… 69
　　五、京华烟云 …………………… 75
　　六、奉天历险 …………………… 80
　　七、游子回故乡 …………………… 91

第五章　保定军校，首任校长 …………………… 95
　　一、保定军校起风潮 …………………… 97
　　二、举枪自杀惊天下 …………………… 107
　　三、梅花香自苦寒来 …………………… 123

第六章　国防幕僚，反袁斗士 …………………… 131
　　一、参与反袁护国 …………………… 133
　　二、哭送挚友蔡锷 …………………… 147

第七章　弃戎从文，文坛奇才 …………………… 155
　　一、重游欧洲，观感一新 …………………… 157
　　二、五四运动后——联省自治运动 …………………… 162
　　三、母死妻病，生活凄凉 …………………… 165
　　四、过冯军旅，交浅言深 …………………… 167
　　五、洛吴兵败，大言不惭 …………………… 169
　　六、联直讨奉，赴粤谈洽 …………………… 172
　　七、任吴总参，不和而去 …………………… 174
　　八、参与文化活动 …………………… 180

第八章　培养人才，桃李天下 …………………… 189
　　一、民国建军曲折过程 …………………… 191

二、几大军阀之间关系 …………………… 194
三、既要用唐，又要疑唐 …………………… 196
四、"东不如西"的含义 …………………… 199
五、狱中生活 …………………… 203
六、阶下之囚，谁堪与共 …………………… 211

第九章 频访欧美，强军防日 …………………… 247
一、"一·二八"以后 …………………… 249
二、青岛试骑，汤山就浴 …………………… 258
三、考察总动员法，畅游欧美名胜 …………………… 263
四、离间德意轴心国 …………………… 273
五、罗马华堂引墨相 …………………… 278
六、巧与戈林展舌辩 …………………… 283

第十章 西安事变，不速之客 …………………… 287
一、误入西安遇兵变 …………………… 289
二、阶下之囚成上客 …………………… 292
三、化解危机幕后人 …………………… 298

第十一章 抗日烽火，主战勿和 …………………… 305
一、预言中日必有战 …………………… 307
二、考察防务早绸缪 …………………… 311
三、胜罢败罢不讲和 …………………… 316
四、试以空间换时间 …………………… 321
五、中国必胜有办法 …………………… 326

第十二章 兵学泰斗，将将之帅 ……………………………… 331

　　一、中国兵学一泰斗 ………………………………… 333
　　二、将将之帅无将兵 ………………………………… 337
　　三、心系国运帅满门 ………………………………… 339
　　四、持久之战国防论 ………………………………… 343
　　五、天才兵家战时显 ………………………………… 346

第十三章 陆大校长，积劳成疾 ……………………………… 351

　　一、以笔为枪 ………………………………………… 353
　　二、代理陆军大学校长 ……………………………… 361

第十四章 生荣死哀，归葬西湖 ……………………………… 373

　　一、病殁宜山将星陨 ………………………………… 375
　　二、举国致哀风光葬 ………………………………… 380
　　三、追记蒋公 ………………………………………… 385

蒋百里大事记 ………………………………………………… 390

第一章

家境清寒，少年英才

蒋方震通过一系列的国文考试，不但使『硖石才子』之名传遍杭城，考试所得膏火费还使他在经济上达到『自给自足』的程度，完全解除了后顾之忧。他在读书之余，结交了一批不满时政、思想激进的青年学子，共同探寻救国之道。

一、少年"将军"

清朝末年,浙江出了个一门三翰林的佳话:名翰林陈豪的长子汉第(字仲恕)、次子敬第(字叔通)①,后都点了翰林。后来陈仲恕主持过杭州有名的求是书院,这个书院就是浙江大学的前身。蒋方震(字百里)②曾在这里学习过。

1938年,蒋百里代理陆军大学校长时,由衡阳道出桂林,忽然想起老师陈仲恕以高龄避居上海,专靠画竹子维持一家人的生活,晚景非常清苦,便由衡州中国银行汇寄500元接济了他。陈仲恕收到汇款的第三天,从报上看见蒋百里病逝宜山的噩耗,不禁悲痛万状。蒋百里多才多艺,尤以军事学驰名海内外,国家正在危急关头,而蒋百里撒手人寰,无论公谊私情,陈仲恕内心的难过都是不言而喻的。

一个人性格之养成,思想之孕育,以及其一生事业之所归趋,与其说受了天才的支配,不如说受了时代和家庭环境的影响。蒋百里后来以建设现代化国防为其中心思想,是由19世纪后期内忧外患的形势所促成的。

1882年(光绪八年),蒋百里出生于浙北硖石镇的一个大族之家。他的祖父光煦(字生沐),著名藏书家,刻有《别下斋丛书》问世,不幸洪杨起义时,庐毁书亡,光煦亦随而谢世。光煦生有不少儿女,他所钟爱的幼子因病早殇,殡殓时他在亡儿的胳膊上做了暗记,祝其"来生再见",不久就得

---

① 陈敬第,1876年生,新中国成立后任全国工商联主委、全国人大常委会副委员长、全国政协副主席。

② 蒋方震,字百里,又字澹宁。浙江海宁县人。新中国成立前,对人称字不称名,故方震之名反为所掩。下文随俗也称蒋百里。

了个晚年子，就是蒋百里的父亲学烺（字泽久）。学烺生下来的时候，不但相貌酷类亡儿，而且声音、动作无一不肖，这本是血统上不足为奇的事情，亲友们却故神其说，硬说是亡儿"再世投胎"，光煦也就信之不疑。但学烺生来右臂残缺，动作比较迟钝，父亲和诸兄便又视其为畸形儿而加以歧视。学烺忿而弃家出走，想到庙里当和尚，走到半路上，就被一位行医的父执带回海盐家中，授以岐黄之术，并帮助他娶了一位孤苦伶仃的杨氏女。从此学烺继承了行医的行业，经常往来于海盐、平湖两县，偶尔也回到海宁老家来探望兄弟姐妹，但都越宿即行，有如做客一样。

蒋百里的母亲是个知书识字的女人。1885年蒋百里咿呀学语时，他母亲授以方块字，随后年龄稍长，又向他讲述《封神演义》《西游记》的故事，他听得眉飞色舞，有时溜到镇上小茶馆里，爬在茶客喝茶的桌子上，大声讲述姜子牙登台拜将、孙行者大闹天宫，讲到情节紧张处，他倏地把小圆眼儿一瞪，小辫子一抖，茶博士和茶客们都被他逗得笑了起来。有时他招集邻儿编为两队人马，演习行军对阵，自己俨然是个发号施令的"大将军"。一次，他的指挥棍失错打伤了某家儿童，那儿童的家长跑出来问罪，全军便哗然溃散，而"大将军"也就悄然不知去向了。

1892年（光绪十八年）蒋百里11岁时，父亲叫他回原籍（海宁）附读于蒋氏家塾，因其记忆力特强，深为塾师倪勤叔所器重，除授以《五经》及制艺文外，还教他临摹灵飞经书法。1894年（光绪二十年）蒋百里13岁，正当甲午战败的一年，中国以亚洲的第一大国，被蕞尔小国日本所败，驯至忍辱求和，割地赔款，蒋百里所受刺激很深，这是他后来弃文习武和建立国防思想的动机。不料祸不单行，他的父亲也在这一年染疫逝世，他往海盐迎榇归葬，并奉母回原籍海宁定居。

二、桐乡观风

1898年蒋百里17岁，考中了秀才。做了秀才就有坐蒙馆的资格，他因无力继续应考，便在距镇五里的伊桥镇孙家做了塾师。他有一位族人在桐乡做塾师，桐乡是海宁的邻县，他因事往访，恰逢那户人家办丧事，族人留他坐在书房里等候。他实在坐得太无聊了，便信手翻阅案头的书文消遣，无意中翻到桐乡县令方雨亭所拟的"观风卷"，蒋百里把上面所载的题目抄下来，带回伊桥镇，写好了文章，如期送往桐乡县衙门交卷。原来，清朝官场中有一项规矩，一位新官上任，出题目考属下的莘莘学子，以测验当地的学风，这是科举之外的另一种考试，考取后给予一定的奖金，这种试卷就叫作"观风卷"。

蒋百里的文章受到方雨亭的极大赏识，考取了超等第一名，并立即派员调查了这位考生的住址，请他到桐乡相见。在那官权极重的时代，一位县令就等于南面称尊的"蒋百里侯"，这件事情马上轰动了硖石、伊桥两镇，人人都知道海宁出了一位才华洋溢的神童。

方雨亭和蒋百里一接谈，知道他做教书匠只是为了家贫亲老的缘故。这位县太爷倒很开明，不主张沿着科举的途径考取功名，却以"天才不可埋没，应求实学以成大器"勉励蒋百里，此语正合蒋百里的心愿。恰好方雨亭准备到杭州接洽公务，就把蒋百里带去，介绍他到求是书院求学，一切费用由他供应。

说也奇怪，浙江本为人文荟萃之区，而在清朝末年，浙江文化之启迪和民族意识之发扬，却是由几位福建人推动起来的。当时的杭州知府林迪臣、海宁州知州林孝恂、桐乡县令方雨亭①,一色都是福建人。求是书院就是林迪臣所创立的。他在杭州一共创办了三个新学堂:一是求是书院,相当于大学或高中程度;二是养正书塾,相当于初中或高小程度;三是蚕桑职业学堂,聘有日本教师,培养纺织人才。这三个学堂的高才生,均由林迪臣亲自选拔,资送日本留学。

林迪臣著有《求己录》一书,书中收集了中国自古以来恕道精神的故事,勉励学生严于律己,恕以待人,由修身而及于家国。这是以上三个学堂学生人人必读之书。方、林二人为同乡莫逆之交。方的政声最受人民称道的,就是审案无须下跪,他用了一位不识字的裁缝做县衙门里的号房,他认为不识字的人是不会舞文弄墨的。

前面讲过,甲午战败使蒋百里受到很深的刺激,也是中国人心大转变的一年。在此以后,人们知道了变法图强刻不容缓,政治制度必须改变,反对君主专制,主张君主立宪的呼声,有如春霆乍震,连西太后也不得不放松一步,让光绪皇帝去推行所谓新政了。但是由于朝廷有新旧之争,加上满汉两族的民族偏见,推行新政甫及百日,又有戊戌(1898年,光绪二十四年)政变发生,新政被西太后等守旧派全部推翻,维新派"六君子"惨遭杀害。这一兔起鹘落的政治变化,暴露了清政府与人民群众之间不可调和的矛盾,也种下了清朝的灭亡之机。

戊戌政变后,西太后视新学为洪水猛兽,所以求是仍维持书院之名,不敢公然改称学堂了。

---

① 方雨亭为国民党将领方声涛的父亲;林孝恂为研究系林宗孟的父亲。

三、求是风云

1900年（庚子年，光绪二十六年），中国北方农民发动了反对帝国主义的抗暴斗争，帝国主义借口平乱，组织了八国联军，攻陷了北京，帝后出奔西安。这是中国近代史上的又一次奇耻大辱。蒋百里就于是年进入求是书院，时年19岁。求是的监院就是蒋百里的恩师陈仲恕[①]。庚子事变在求是书院中也有反映：不少学员偷阅违禁书刊，并秘密组织励志社，发表抨击时政的文章。陈仲恕私下告诫蒋百里："你对政治的不平是理所当然的，但不可落痕迹，最忌形诸笔墨。"

求是每月收学费二元，膳费二元四角，方雨亭保送了几名学生，一切学膳费都由他捐廉供应。不久他由桐乡调往丽水，每次进省都要到求是来，带些书籍和零用钱给蒋百里。他一再传扬蒋百里之名于林迪臣，所以林也知道蒋百里是个头角峥嵘的好青年了。

庚子年冬天，唐才常在汉口组织自立军，事泄被害。蒋百里作了一首悼唐的诗，陆懋勋拟予以除名的处分，经监院陈仲恕力为缓颊始免。陈又密商于林迪臣："看来这学生在求是是待不下去了，为国家爱惜人才，不如资送他到东京求学。"林深以为然。后来，由于林、方二公的合力资助，蒋百里得以成行。

蒋百里离开求是后，求是还闹过一次大风潮，几乎引起严重的文字狱。原来，当年作文本有"自拟题"的一类，此次学生公议拟了《罪辫文》一

[①] 就在这一年，求是书院的前任监院（等于校长）陆懋勋（字勉斋）又求复任，林迪臣情不可却，乃在监院之上加设总理一职，聘之为总理。此后监院便退居教务长的地位。

题，文中有关"皇清""国朝"之处，一律改用"贼清"二字，被旗籍学生举发，杭州驻防旗营以兵围院，将加以大逆不道之罪。亏得陈仲恕奔走呼号，有关方面也多方予以协助，才决定由该院增收旗籍学生十名，用以监视全体学生，旗营才解围而去。

此时，义和团运动在京、津一带已进入高潮阶段，帝国主义列强极为恐惧，民族矛盾日益激化。义和团打出"扶清灭洋"的旗帜，焚教堂、杀洋人、毁铁路、断电线、袭教民，使得京城内外人心惶惶。1900年4月，英、德、美、法等国公使联合照会清政府，要求在短期内将义和团"剿除净尽"。5月下旬，各国以"保护使馆"为名，陆续派军队进入北京和天津，局势更为紧张。6月10日，英、法、日、俄、德、美、意、奥八国组成2000余人的联军，在英国海军中将西摩尔的带领下，由天津乘火车进犯北京，八国联军的侵华战争正式爆发，再一次给灾难深重的中国带来巨大的震荡。蒋方震和其他同学偷阅所谓的"违禁书刊"，密切关注着战局的变化和清政府的应对之策。7月，他和王嘉榘、敖嘉熊等十余人在杭州成立浙会，专门研究时事。他们的活动引起官府的注意，遂将浙会改为浙学会，为这个组织披上了研究学术的外衣，以免被官府查禁。

血气方刚的蒋方震还因事得罪了书院总理陆懋勋。陆懋勋是求是书院原来的监院，因点了翰林到北京任职，监院一职遂由陈仲恕接任。1900年，陆懋勋从北京归来，向杭州知府林迪臣提出要"官"复原职，再次主持求是书院。这使林迪臣左右为难：陆懋勋归自北京，其要求不便拒绝；陈仲恕主持求是书院两年多，贤名远播，绝无将其免职的理由。况且，陆、陈二人乃郎舅之亲，处理不当，会使二人反目成仇。林迪臣经过深思熟虑，想出了一个折中方案，在监院之上设总理一职，由陆懋勋担任，陈仲恕继续任监院。只是这样一来，总理就成了院长，而监院则成了主管教务和总务的教务长和总务长了，权力小了许多。

陆懋勋头脑顽固，因循守旧，对变法维新的思想持排斥态度，对各种新学既缺乏了解，也无太大热情。他上任后要求学生们练毛笔字，每月至少交卷一次，由他亲自评定甲等、乙等。蒋方震对愚顽守旧的陆懋勋本来就没有好感，今见他让学生们把时间花在练习书法上，就更加不满了。他特地抄写了一份求是书院的章程，把每个"是"字都故意写成"字"字，使求是书院成了求"字"书院，对陆懋勋的做法进行讽刺。同学们得知后都哗然大笑，而陆懋勋看了则勃然大怒，认为这是对他的大不敬，从此对蒋方震怀恨在心。由于蒋方震的讽刺和全院大部分师生的反对，陆懋勋不得不取消了习字一课，但蒋方震却成了陆懋勋的一块心病。

蒋方震是浙会的活跃分子，平时激烈言行已令人注目，正如他的同学史寿白（久光）所回忆的："蒋百里在同辈中最有知名，提倡革命最早，余受其影响极大。"①这次又得罪了陆懋勋，所以陈仲恕很为蒋方震的前途担忧，觉得有必要告诫"硖石才子"注意言行，不要锋芒毕露。他特意把蒋方震召到家里，对他说："你对政治的不平，是应该的，也是必要的，但不可落痕迹，最忌形诸笔墨。"②蒋方震知道陈仲恕是为自己好，他感念陈仲恕的盛情高义，但研究时局、臧否时弊的初衷始终未改。随着八国联军入侵的加剧，北方的局势日趋恶化。1900年8月14日，北京城被攻陷，慈禧太后和光绪皇帝带着一些王公大臣仓皇逃离北京。这次重大的失败使朝野的改良呼声和革命意识空前高涨起来。逃亡日本的梁启超以《清议报》为阵地，大力鼓吹变法维新；以孙中山为代表的革命派也从原来势单力孤的困境中走出来，得到越来越多志士仁人的拥护。唐才常领导的自立军起义，是这个时期改良与革命思潮的集中反映。

唐才常，湖南浏阳人，少好读书，不为章句所束缚，致力经世致用之

---

① 史寿白：《求是书院掌故》，浙江大学校史编写组：《浙江大学简史》第1、2卷合订本，第264页。
② 陶菊隐：《蒋百里先生传》，沈云龙主编：《近代中国史料丛刊》第73辑，台北，文海出版社1972年版，第7页。

学。甲午战争后,他愤然斥责李鸿章议定《马关条约》卖国。他在给父亲的信中沉痛言道:"和议已成,所约条款,非是和倭,直是降倭,奸臣卖国,古今所无!"①他和谭嗣同是至交,曾积极参加湖南的各项维新变法活动。戊戌政变后,唐才常逃亡日本,与以康有为、梁启超为首的改良派和以孙中山为首的革命派都有联系。1899年,他与康、梁商定在长江两岸各省起兵"勤王"。他回国后在汉口设立自立军秘密机关,联络沿江各省会党和清朝防军,组织自立军七军,定期举事。因事情败露,唐才常于1900年8月21日晚被湖广总督张之洞派兵逮捕,22日被杀害于武昌紫阳湖畔。

消息传出,海内外的仁人志士皆扼腕痛惜。黄兴赋《咏鹰》诗一首,悼念唐才常等死难烈士:

> 独立雄无敌,长空万里风。
> 可怜此豪杰,岂肯困樊笼?一去渡沧海,高扬摩碧穹。秋深霜肃气,木落万山空。②

杭州求是书院学生蒋方震也写了一首悼念唐才常的诗,在同学中间传阅,最后两句为"君为苍生留血去,我从君后唱歌来"③。悼念朝廷要犯,这不是明目张胆地与朝廷作对吗?陆懋勋获悉此事后,大为震怒,决定从重处理,将蒋方震开除学籍,一则打击学生中的激进分子,以收杀一儆百之效;二则报此前的一"字"之仇。陈仲恕力持不可,对陆说:"依本院章程,成绩最劣的才受除名处分,而这个学生的成绩是最优的。此诗为课外感时之作,算不了一回大事,不必小题大做。"④

---

① 唐才常:《湖湘文库:唐才常集》,岳麓书社2011年版,第395页。
② 湖南省社会科学院编:《黄兴集》,中华书局2011年版,第12页。
③ 浙江大学校史编写组:《浙江大学简史》第1、2卷合订本,第14—15页。
④ 陶菊隐:《蒋百里先生传》,第12页。

陆懋勋好不容易抓住了蒋方震的把柄，岂肯轻易放过。陈仲恕据理力争，郎舅二人差点为此翻了脸。最后，陆懋勋虽然作了让步，未将蒋方震除名，但蒋方震在求是书院也无法久留了。陈仲恕曾告诫蒋方震救国不可托空谈而招实祸。经过这场风波，蒋方震理解了陈仲恕这句话的深意。愤世嫉俗只能逞一时之快，于事无补。只有脚踏实地，求得经世致用的实学，才能真正有益于国家和民族。

在国内既然已无出路，只有走出国门开辟新的天地，蒋方震的胸中孕育着留学日本的计划。

第二章 东瀛游学，士官第一

蒋百里在士官学校还结识了一位好友，名叫张孝准。张孝准，字韵农，湖南长沙人。他敏而好学，才华出众，与蒋方震和蔡锷等同龄人志趣相投，意气相投，同样怀着远大的抱负。这期留学生能文能武，在士官学校的表现十分突出，名气远远超过了第一期和第二期的留学生，蒋方震、蔡锷和张孝准更被称为『中国士官三杰』，不仅中国留学生人人皆知，就是日本学生也不得不心悦诚服。

一、东渡日本

蒋方震因在求是书院不宜久留，就暗下决心，赴日本求学。

这不是一件容易事。首先是费用问题，其次是他对日本的情况一无所知。对蒋方震来说，更难的是母亲一人在家中，无人照料，自己怎么能忍心远涉重洋呢？蒋方震陷入进退两难的矛盾之中。

好在蒋方震在同学中找到了知音，他就是后来与蒋方震并称为"浙江二蒋"的蒋尊簋。

蒋尊簋，字伯器，浙江诸暨人，生于1882年，与蒋方震是同龄人。蒋尊簋也是名闻求是书院的才俊之士，素怀大志，思想激进，不满时政，与蒋方震意气相投，惺惺相惜，二人乃莫逆之交。

蒋尊簋的父亲蒋智由是一位著名的维新派人士，与梁启超多有往来，经常著文作诗鼓吹维新，抨击时弊。蒋智由，字惺斋，号观云，举人出身。梁启超在日本创办《清议报》，他常以观云为名在《清议报》发表诗文。蒋智由的一首《有感》诗颇能说明他的政治立场：

> 落落何人报大仇？沉沉往事泪长流。
> 凄凉读尽支那史，几个男儿非马牛！[①]

有其父必有其子。蒋尊簋受父亲蒋智由的影响，也十分向往到国外去

[①] 蒋智由：《有感》，周青云编注：《历代诗词曲精选》，湖南大学出版社2004年版，第361页。

开阔眼界,在这件事上,他和蒋方震一拍即合。他们二人想方设法搜求新书新报,了解留学日本所涉及的方方面面的情况。

1900年底,蒋方震看到了留日学生编辑出版的《译书汇编》,搞清了关于留学的许多问题,最终下定东赴日本的决心。

中国人赴日本留学始于1895年中国战败求和之后。此前千百年间,中国一直是日本人不敢平视的"天朝上国",历朝历代来华求学的日本人络绎不绝,在政治、经济、文化、宗教等许多方面,中国人都是日本人的老师。在唐代,日本留学生不但与中国的文人士子唱诗吟和,切磋学问,有些还在朝廷里做官。在明代,尽管有倭寇在东南沿海一带滋扰,但日本人对中华文化的钦慕丝毫未改。在清代康乾盛世期间,日本人绝对不敢对中国有任何非分之想。

然而西方列强的东来改变了维持千百年的中日关系格局。

在英、法、美、俄等国的坚船利炮的威逼下,中国和日本先后打开了国门,应付一场千古未有之大变局。这是西方资本主义势力对东方的侵略,也是西方文明对东方文明的挑战。

在大变局面前,古老的中国因循守旧,步履蹒跚,端着"天朝上国"的架子不肯轻易放下来,一次又一次地错过了赶上近代文明步伐的机会。相反,善于学习外来文化的日本人则能审时度势,及时调整方略,高高举起明治维新的旗帜,对内改革政治、整顿经济,对外学习西方、派遣留学生。经过数十年,中国在许多方面都落在了日本的后边。在东西方文明相遇发生碰撞的过程中,中国就像一艘破烂不堪的巨型木船,行动十分迟缓,而日本则像一艘轻型快艇,船小好调头,行动迅捷,成就显著。在甲午战争之前,只有极少数中国人感觉到了日本的巨大变化,而绝大多数中国人还以传统的眼光看待日本,对来自日本的威胁茫然无知。

甲午一战,举国皆惊。堂堂天朝上国竟败于蕞尔小国日本,真乃奇耻大辱也。痛定思痛,唯有承认落后,放下架子,向人家学习,才可能有出路。

一时之间，从封疆大吏到社会名流，都发出了留学外国的倡议，莘莘学子愤于朝政之腐败，国家之落后，决心远涉重洋，探求救国之道。日本的权贵显要为示好中国，也在清政府和各封疆大吏处游说，要求派学生到日本学习，这样既可炫耀日本之强盛，又可联络中日间的感情，消弭中国人因甲午战争的失败而对日本产生的仇恨。

在各方面的努力下，中国于1896年春夏之交向日本派遣了第一批留学生，共13人，他们是：唐宝锷、朱忠光、胡宗瀛、戢翼翚、吕烈辉、吕烈煌、冯闻谟、金维新、刘麟、韩筹南、李清澄、王某和赵某。他们的年龄从18到32岁不等，是总理衙门通过考试选派的。风气一开，就有官费或自费学生陆续前往日本，但人数较少，远未形成规模。1898年后，留日学生逐渐多了起来。

对中日之间"师生"关系的这一变化，日本人颇感惊喜，大有"多年的媳妇熬成婆"的得意。日本文部省专门学务局长兼东京帝国大学教授上田万年在1898年8月20日出版的《太阳》杂志上发表《关于清朝留学生》的长文，其中有云：

> 中国这个衰老帝国，过去昏昏欲睡，奄奄一息，自从甲午一役以来，益为世界列强侵凌所苦，如今觉醒过来，渐知排外守旧主义之非，朝野上下，奋发图强，广设学校，大办报纸杂志，改革制度，登用人才，欲以此早日完成中兴大业。今日清朝派遣留学生来我国，最先虽或因我国公使领事劝诱所致，然实亦气运所使然……清朝于四五年前，仍对我轻侮厌恶，今一朝反省，则对我敬礼有加，且以其人才委托我国教育，我国应如何觉悟反省一

己之重任？①

在地方督抚中，以湖广总督张之洞提倡和支持留学最力。他在1898年3月著《劝学篇》，鼓吹留学。他指出："至游学之国，西洋不如东洋。一，路近省费，可多遣。二，去华近，易考察。三，东文近于中文，易通晓。四，西书甚繁，凡西学不切要者，东人已删节而酌改之。中东情势风俗相近，易仿行，事半功倍，无过于此。"②在他的鼓励和支持下，湖北和湖南两省赴日留学者远远多于其他省份。

浙江省也不落人后。1897年有官派学生稽伟和汪有龄二人到日本学习桑蚕业。1898年农历四月，求是书院学生钱承志、陈榥、何燏时、陆世芬，以及湖北武备学堂学生谭兴沛、萧星垣、徐方濂和段兰芳联袂东渡日本。

1900年，中国留日学生达到100余人，首批留学的戢翼翚联络十多人组织了译书汇编社，自任社长，社员有王植善、陆世芬、雷奋、杨荫杭、杨廷栋、周祖培、金邦平、富士英、章宗祥、汪荣宝、曹汝霖、钱承志、吴振麟。译书汇编社的宗旨是译介日文书籍，介绍留学情况，鼓励国内的青年学子前赴日本。该社编辑的《译书汇编》第1期于1900年12月6日出版，印刷1000余份，行销国内，受到读者热烈欢迎。

蒋方震在《译书汇编》的文章中获悉留学日本的费用每年需120元。对于家道盈实的大户人家来说，120元不是个大数目，但对每年仅靠几石米、几十元钱艰难度日的蒋方震母子而言，就是一笔巨款了。筹无处筹，借无处借，蒋方震决心靠自己的能力和勤劳解决费用问题。唯一的出路就是仿效译书汇编社成员的做法，翻译书籍和文章赚取稿费。蒋方震虽然对日文一

---

① ［日］实藤惠秀：《中国人留学日本史》，谭汝谦、林启彦译，生活·读书·新知三联书店1983年版，第2页。

② 张之洞：《劝学篇·外篇》"游学第二"，陈山榜：《张之洞劝学篇评注》，大连出版社1990年版，第99页。

窍不通，但他对自己很有信心，相信自己学习日文半年以后定能达到译书的程度。当时每译1000字可得稿费一元，每年译10余万字即可解决一切问题，这对文笔流畅、学识渊博的蒋方震来说并非难事。

经费问题有了着落，剩下的就是征得母亲的赞同和谅解。

蒋方震返回硖石，怀着惴惴不安的心情把自己的打算告诉了母亲。出乎蒋方震意料的是，母亲十分开明，不但不阻止，反而力排众议，支持独生子远涉重洋，到异国他乡去求学。这在风气未开的硖石镇确非易事。

母亲杨镇和虽然是个普普通通的家庭妇女，但她的眼界和心胸却较许多知书识礼的男子开阔。

蒋方震欲赴日本留学的消息传出后，乡里舆论哗然。古训云："父母在，不远游。"蒋方震置寡母于不顾，不但要"远游"，而且要离开父母之邦，在当时看来，实属不忠不孝之举，所以一时间非议之声四起，使蒋方震感到从未有过的压力。

消息也传到方雨亭耳中。方雨亭寄信给蒋方震，对他表示支持。方雨亭对蒋方震在求是书院的情况有所了解，所以对蒋方震的处境十分同情，对他的决定非常理解。他在信中表示要每年资助蒋方震100元。可惜的是，蒋方震到日本后不久，方雨亭就因病去世了，使蒋方震痛悼不已。

母亲杨镇和坚决支持儿子的选择，默默地为儿子打点好行装，设法筹措了一点旅费，勉励他出国留学。

蒋方震是个出了名的孝子，临别时流泪涟涟，不忍离去，倒是母亲安慰他说："行矣，吾不以流俗人望汝，亦不以流俗人自待。汝夙孤露，能奋自树立，乃所以为孝也。"[①]

蒋方震与母亲洒泪而别，踏上了坎坷不平的人生旅途。此去关山万里，

[①] 梁启超：《蒋母杨太夫人墓志铭》，梁启超：《饮冰室合集》文集之四十四（上），中华书局1941年版，第17页。

远隔重洋，不知何时才能再见慈母之面。

蒋方震先到杭州，与同学蒋尊簋和董鸿祎会齐，一同到达上海。蒋尊簋幸运地得到浙江省官派留学资格，蒋方震和董鸿祎都是自费。他们在上海见到蒋尊簋的父亲蒋观云，蒋观云给梁启超写了一封信，嘱他们到日本后拜见梁启超，让梁启超在学习和生活方面对他们加以关照。

1901年农历四月的一天，蒋方震一行登上了前往日本的轮船。他们乘三等舱，船票14块大洋。

船出吴淞口，直往东行，不久即来到浩翰无边的大洋之上。蒋方震的老家虽离海不远，但放洋远行，他还是平生第一遭。他和蒋尊簋、董鸿祎站在甲板上，极目远眺，但见水天一色，浩渺无边，心胸为之一阔。在蓝天碧水之间，舟如树叶，人如蝼蚁，显得何其渺小与无助。然而人又是最伟大的，因为人有思想，有锲而不舍的钻研精神，必将最终成为大自然的主宰。想到这些，蒋方震豪气勃发，精神大振。虽然中国目前已成积弱之势，受八国联军的侵略和欺侮而无可奈何，忍气吞声，赔款求和，在今后一段时间内也许还得继续忍受列强的欺凌，然而有五千年文明史的中华民族不会亡，对人类历史做出过卓越贡献的中华文化不会消失。我辈莘莘学子远离故土，为的不就是寻求救国强国之道吗？我们是先行者，以后还会有更多的人加入我们的行列，这就是中国的希望所在。

船行二日，要在日本长崎港停泊。早晨8时左右，甲板上一片欢腾，长崎港已遥望可及。蒋方震举目远眺，但见群山耸立，海水环绕，风景十分秀丽，令人心驰神往。经过两天的舟车劳顿，再次见到陆地，确实叫人欣喜。

又过了一个多小时，轮船停靠在了长崎港。日本方面派几位医生上船，检查旅客有无疾病，良久始毕。蒋方震一行乘小船上岸，到长崎的街市游览观光。初次踏上异国他乡的土地，对一切都感到新鲜。长崎是一个港湾，不远处即是山脉，对面也有高山环抱，街市即沿山麓而建，楼阁参差，山水掩映，船帆往来，确是一处人间胜境。市面和房屋与中国相似，只是房子较矮小。

薄暮时分，轮船启锚开航，向另一个大港神户进发。两天之后，蒋方震一行在神户上岸。神户也是一个开放口岸，西式建筑较多，别有一番华丽的气派。他们在神户改乘火车，经一夜飞驰，于第二天早晨到达目的地东京。

从此，蒋方震在日本开始了为期六年的留学生涯。几十年后，蒋方震对《大公报》记者陈纪滢说："当年我们出洋求学，花十四块洋钱从上海坐船到长崎。到了日本以后，整天尽在刻苦钻研学术，真和现在一般跑外洋的留学生有些不同！我们是二毛子冒险到外国去，性质不同。"①当时北方的义和团把与洋人打交道的人呼为二毛子，人人可得而诛之。

倾向变法维新的光绪帝、主持洋务运动数十年的李鸿章、专与洋人办交涉的庆亲王奕劻等人，也被义和团列入可杀者之列。义和团提出要杀"一龙二虎三百羊"，龙即指光绪帝，虎即指李鸿章和奕劻。南方的情况虽然好一些，但一般民众对洋人洋物皆抱仇视心理，蒋方震自费出洋，确实需要一定的勇气。

---

① 陈纪滢：《与大公报记者之纵横谈》，大公报西安分馆编：《蒋百里先生抗战论文集》，大公报西安分馆1939年版，第88页。

二、结识梁启超和蔡锷

蒋方震和蒋尊簋在东京安顿下来后，即前去拜见了刚刚从澳洲返回日本的梁启超。

蒋方震对梁启超的大名可谓如雷贯耳，对梁氏的道德文章和远见卓识更是心仪已久，而今因缘际会，得以在东瀛亲耳聆听梁氏的教诲，总算遂了戊戌年以来的一大心愿。

梁启超安排他们进自己创办的清华学校读书，先让他们学好日语，再做进一步的打算。

在清华学校，蒋方震结识了梁启超的得意门生蔡锷。蔡锷与蒋方震有许多共同点：同年出生；家境清寒；少时聪慧，都有神童之誉；面貌清秀，身体瘦弱；知识广博，文名远扬，都中过秀才，都有富国强兵的远大抱负。相同的经历和追求使他们成为可以互相托付生死的莫逆之交。

梁启超是良师，蔡锷是益友，他们二人是蒋方震在日本结交的最重要的两个人物，对他后来人生道路的选择影响甚大。人生苦短，知音难觅，蒋方震能结交这样的良师和益友，夫复何憾！

梁启超于1898年变法失败逃亡日本后，在日本友人和华侨的资助下创办《清议报》，大力宣传变法主张，介绍各种新思想和新学问，在海内外的影响越来越大。他还摒弃门户之见，与倡言革命的孙中山密切交往，倾心交流，欲促成革命派与改良派的大联合，只是由于康有为的坚决反对，两派才没有走到一起。

梁启超也十分重视人才的培养。1899年8月，他在曾卓轩、郑席儒等华侨的资助下，在东京牛达区东五轩町创办了东京高等大同学校，最初的学生只有18人，除原在横滨大同学校的冯自由、郑贯公等数人转来该校外，其余的都是梁启超在湖南长沙时务学堂教过的学生，他们是：蔡锷、林圭、秦力山、范源濂、李群、周宏业、陈为璜、唐才质、蔡钟浩、田邦璇、李炳寰，共11人。不久，校舍迁至小石川久坚町传通院旁，校名改为清华学校，1901年4月再改名为东亚商业学校，但人们仍习惯地称为清华学校。清华学校以日本人犬养毅为校长，日本人柏原文太郎及湖北留学生钱恂两人同任监督。

说起钱恂，蒋方震与他颇有些渊源。

钱恂（1853—1927），字念劬，号受兹室主人，浙江吴兴人。1884年投入宁绍台道薛福成门下，后受薛之命，整理宁波天一阁尚存的书籍，编成《天一阁见存书目》。1890年随薛福成出使英、法、意、比等国。1898年任湖北留日学生监督。钱恂的夫人乃是蒋方震好友单不庵的姐姐，名叫单士厘。单士厘，号受兹，是一个才女，随丈夫周游列国，著有《癸卯旅行记》《归潜记》等游记，颇具价值。

由于这层关系，蒋方震在日本得到钱恂不少帮助。

蒋方震入清华学校后，与蔡锷朝夕相处，促膝长谈，了解了蔡锷所经历的许多事情，获悉了唐才常自立军起义的来龙去脉。当年自己因悼念唐才常的诗而不见容于求是书院总理陆懋勋，直到现在才有机会知道唐才常勤王的真相。

蔡锷，原名艮寅，字松坡，1882年12月18日出生于湖南邵阳的亲睦乡，比蒋方震小两个多月。蔡家世代以农为主，家境清贫，为养家糊口，父亲蔡政兼以裁缝为业，常到邻近的武冈、洞口一带为人缝纫，赚钱贴补家用。蔡艮寅五岁那年，全家迁到武冈县西的三门王家板桥居住。蔡艮寅六岁入私塾读书，由于他聪颖异常，勤奋好学，进步神速，十岁就读完了四书五经，并能写出文采飞扬的文章，被众人誉为"神童"。

蔡艮寅12岁那年，因家中无力再承担他的学费，面临辍学的困境，幸好同乡名士樊锥爱其才,免费收其为弟子,继续教他读书。第二年,蔡艮寅参加院考,榜上有名,成为少年秀才,轰动一时。15岁那年,他随老师樊锥赴省城长沙参加考试,不幸名落孙山,没有中举。这个时候,康有为和梁启超等人已在大力鼓吹变法,湖南巡抚陈宝箴和学政江标都是开明的新派人物,他们召集黄遵宪、徐仁铸、谭嗣同等维新人士,办报刊,建学校,行新政,使湖南成为维新派进行各种变法尝试的首善之区。

1897年秋,陈宝箴、黄遵宪等人创办时务学堂于长沙。年仅16岁的蔡艮寅经督学徐仁铸推荐,由家乡徒步走到长沙报考时务学堂,以第三名的优异成绩入选,成为时务学堂第一班40名学生中年龄最小的一个。时务学堂俊杰荟萃,学风浓郁,思想新颖,享誉全国。学堂总监是谭嗣同,中文总教习是梁启超,英文总教习是李维格,分任其他讲席的还有唐才常等人。

经梁启超等人的点拨指教,时务学堂的青年学子眼界大开,思想大变,成为维新变法的一支生力军。梁启超对蔡艮寅特别赏识,把他和李炳寰、林圭称为时务学堂的三个高才生。后来梁启超和谭嗣同应召赴京参与变法,时务学堂继续招生讲学,盛极一时。然而乐极生悲,京城风云突变,光绪被囚,梁启超亡命日本,谭嗣同刑场就戮,一切新政均遭废弃,时务学堂改为书院,激进学生均被遣散,失去了依托。

巡抚陈宝箴原有派遣留学的计划,在应试的5000人中,蔡艮寅以第二名入选,无奈变法失败,陈宝箴丢了乌纱帽,留学计划即告流产。蔡艮寅等人投考武昌两湖书院,也因出身时务学堂而被拒绝。

天地茫茫,出路何在?蔡艮寅与几个同学筹思良久,决定东渡日本,追随老师梁启超。

1899年夏,蔡艮寅、范源濂、唐才质等11人辗转来到东京,找到了梁启超。昔日师生在异国他乡相遇,追怀死难的烈士,挂念被囚的皇帝,皆不胜唏嘘!他们谈到愚顽毒辣的慈禧和颟顸无能的守旧大臣,莫不义愤填膺。

为让他们继续读书,梁启超创办东京大同学校,在东京小石川久坚町租了三间房子,晚上,师生十余人同睡在地板上,早上卷起被窝,每人一张小书桌念书。物质方面虽然很苦,但因大家都怀着求学报国的理想,精神方面异常快乐,觉得比在长沙时还好。

1899年冬,梁启超与唐才常在日本定下大计,约定唐才常与李炳寰、林圭等人回国运动两湖会党及防军,在长江两岸起兵,拥光绪帝复政,梁启超和康有为则负责向海外华侨筹款支援。

唐才常等人回国后,在上海及武汉设立机关,在各地联络志士,组织自立军,准备起事。在1900年秋自立军行动之前,留学日本的部分同学回国参加,蔡艮寅没有参与。后自立军失败,许多同学牺牲。遭此大变,蔡艮寅痛感书生之无用,乃改名为锷,决心投笔从戎,做长远的打算。锷者,刀剑之刃也,执剑长啸,杀敌立功,方不失男子汉大丈夫的英雄本色。

蔡锷怀着悲愤的心情,写了十首杂感诗,以奋翮生为笔名,发表在梁启超主办的《清议报》上,其中一首云:

> 前后谭唐殉公义,国民终古哭浏阳。
> 湖湘人杰销沉未,敢谕吾华尚足匡。
> 而今国土尽书生,肩荷乾坤祖宋臣。
> 流血救民吾辈事,千秋肝胆自轮囷。[①]

如此壮志凌云,如此豪情满怀,十分符合蒋方震东渡日本的初衷,蔡、蒋两人可谓一拍即合,相见恨晚。蔡锷的笔名是奋翮生,翮者,鸟之翅膀也,寓振翮高飞之意,蒋方震也不甘落于人后,以飞生为笔名,其意不言自明。两个英姿勃发的年轻人以"天高任鸟飞,海阔凭鱼跃"的激越之情,立下了军事救国的志向。

[①] 毛注青等编:《蔡锷集》,湖南人民出版社1983年版,第11—13页。

中国历来重文轻武，士列士、民、工、商四民之首，当兵吃粮是贫苦人家迫不得已的选择，不在四民之列，蒋方震和蔡锷都是以文见长的书生，投笔从戎，其拳拳报国之心，令人感奋。

三、成城学校

日本的军事教育分为三级，初级是成城学校，中级是士官学校，高级是陆军大学。对于中国留学生，日本政府只准上到士官学校毕业，不准进入陆军大学。

成城学校是陆军士官学校的预科学校。1898年，日本参谋本部福岛安正等人，到中国游说封疆大吏派遣留学生学习军事，湖广总督张之洞选派谭兴沛、徐方濂、段兰芳、萧星垣四名秀才到日本，受到成城学校校长川上操六（日军参谋总长）的热烈欢迎。1899年1月，刘坤一、岑春煊、袁世凯等人陆续派遣陆军留学生，原来的宿舍渐渐不敷应用，就在牛区河田町建立了校外宿舍供留学生住。1900年7月，第一批中国学生共45人从成城学校毕业，进入陆军士官学校，接踵而来的学生络绎不绝。

要弃文习武，必先进入成城学校。

然而蒋方震和蔡锷等人要进该校却面临着一个很大的难题。由于学习军事关系重大，所以中日两国约定，凡入成城学校的中国学生必须有各省督抚的咨文或者原籍地方官的印结，经中国驻日本公使行文咨送日本参谋本部批准，方能入学。蒋、蔡等自费留学生既无督抚的咨文，又无原籍地方官的印结，故而没有资格入学。

唯一的办法是请梁启超帮忙。

起初梁启超并没有把这件事放在心上，总是一笑置之。蔡锷屡次请求，梁启超笑着说："汝以文弱书生，似难担当军事之重任。"蔡锷慷慨激昂地说："只须先生为我想办法，得学陆军，将来不做一个有名之军人，不算先生之门生!"①蒋方震也作同样的表示。梁启超见他们志坚意决,就通过1898年担任过日本首相的大隈重信到成城学校疏通,免去一切烦琐手续,让蒋方震和蔡锷等青年学子进入该校,实现了他们学习陆军的愿望。

成城学校一年半毕业,学费每月25元,比其他学校贵,蒋方震毫不气馁,通过翻译文章和书籍来筹措经费。他译的第一本书是《学问自修法》,数十年后他与胡适初次见面,胡适还提起过这本书,可见这本书影响不小。除翻译外,蒋方震还时常得到朋友的接济,应了"在家靠父母,在外靠朋友"的谚语。1904年蒋方震由自费改为官费,但始终未用政府的一毫半分。

进入成城学校后,蒋方震和蔡锷等人在校内成立了校友会,借以联络感情,交流学问,互相帮助。不久,他们又联络校内外志同道合的蒋尊簋、范源濂、刘百刚、吴禄贞等30余人秘密结社,歃血为盟,以扫除腐朽、建设新国家为宗旨。

1902年春,章太炎东渡日本,与留学生进行了广泛接触。他对来自浙江的同乡蒋方震和蒋尊簋十分欣赏,戏言曰:浙江二蒋,倾国倾城。

蒋方震和蔡锷等人在成城学校期间,还与后来以《革命军》一书而闻名天下的邹容多有交往。邹容,原名桂文,又名绍陶,字蔚丹,四川省巴县人,生于1885年。与蒋方震和蔡锷不同,邹容的父亲邹子璠是个富商,行商于沪、汉、陇、蜀之间,所以邹容少时衣食无忧,但聪明好学的程度丝毫不弱于蒋、蔡二人。邹容喜欢阅读名人传记,对历史上爱国民族英雄的事迹尤为着迷,对父亲为他定下的科举为官、光宗耀祖的路子不感兴趣,罢考童子试,未能中秀才。在这一点上,他与蒋方震和蔡锷有所不同。邹容在重庆经山书院读书时常常在同学面前指天画地,大发议论,抨击尧、舜、孔、孟,无所顾忌,被经山书院山长吕翼文开除,邹容也因此被称为"狂徒邹

---

① 唐才质:《追忆蔡松坡先生》,中国人民政治协商会议湖南省委员会文史资料研究委员会编:《湖南文史资料》第1集,湖南人民出版社1981年版,第99页。

二"。1898年谭嗣同被杀害,邹容赋诗一首以示纪念:

> 赫赫谭君故,湖湘士气衰。
> 惟冀后来者,继起志勿灰。①

1901年夏,四川省招考官费留学生,邹容以优异成绩入选,但就在他整装待发时,被四川总督奎俊以"聪颖而不端谨"为由除名。邹容虽遭此打击,但不改初衷,自费东渡日本,入东京同文书院学习。"狂徒邹二"到东京后如鱼得水,他在课余广交朋友,畅言排清革命,成城学校就是他常到的一个地方。邹容每次到成城学校,都与蒋方震、蔡锷、胡景伊、刘禺生等人聚谈。刘禺生从国内带来许多新会腊肠,大家围着火炉一边烤食腊肠,一边高谈阔论,每有惊人之言,就由邹容笔录。月余之后,腊肠食尽,邹容所书手稿也已不少,汇而成册,蔡锷在封面上写《腊肠书》以为纪念②。

后来,邹容以《腊肠书》为张本,参考大量文章、诗词,写成轰动全国的《革命军》一书,在社会上产生很大的影响。

1903年春,邹容因与张继等人强行剪去留日陆军学生监督姚文甫的辫子,而被扣上"犯上作乱"的"帽子",在日本政府的压力下返回上海。他的《革命军》由章太炎作序,在上海正式出版,"冒犯"了朝廷,因而获罪下狱,于1905年4月在狱中被迫害致死,年仅21岁,令人扼腕痛惜。中国革命失去了一位急先锋,海内外志士失去了一位好朋友。

同盟会会员吴玉章赋诗纪念邹容:

> 少年壮志扫胡尘,叱咤风云《革命军》。

---

① 邹容:《题谭嗣同遗像》,张梅编注:《邹容集》,人民文学出版社2011年版,第79页。
② 刘禺生:《世载堂杂忆》,中华书局1960年版,第149页。

号角一声惊睡梦,英雄四起唤沉沦。

剪刀除辫人称快,铁槛捐躯世不平。

风雨巴山遗恨远,至今人念大将军。①

---

① 刘运祺、蔡娇生编注:《辛亥革命诗词选》,长江文艺出版社1980年版,第177页。

四、"士官三杰"之一

蒋百里于1902年冬毕业于成城学校后,进入日军近卫步兵第一联队,成为入任生,又叫士官候补生,蒋尊簋被分配到近卫骑兵联队,蔡锷则被分配到远离东京的仙台骑兵第二联队。士官候补生在军队中的实习期从半年到一年不等,接受下等兵至下士的训练,期满后以下士资格进入陆军士官学校。

日本的军队与中国的八旗、绿营、湘军、淮军和各地练勇完全不同。自明治维新以来,日本军队以武士道为精神基础,以"大和魂"为指导思想,以西方列强的军事教育制度和建军方略为楷模,配以新式的坚船利炮和各种枪械,迅速完成了近代化的进程,成为亚洲战斗力最强的军队。

甲午之战,日本陆海军大败清军,在国内和国际上声名大噪,不可一世。日本民众对军队敬若神明,推崇备至,与当时中国的军民关系不可同日而语。在日本陆军士官学校留过学的阎锡山回忆说,在一次行军经过一个村落时,他看见"有几个上了年纪的妇女,合掌朝着军队好像在拜神似的"。过后他问日本人,"你们为什么那样尊敬军人?他们的答复是,以前日本政府说过:'如果敌军来了,就是拜神,神是不能打败敌人的。打败敌人的是军人。所以,与其叩拜神,不如敬军'"①。

蒋百里到近卫步兵第一联队实习后,见日军纪律严明,组织紧凑,士气高昂,方才了解日军在甲午战争中屡战屡胜,并非偶然。

---

① 〔日〕冈田英弘:《日本陆军士官学校的留学生与中国革命》,赵长碧译,中国社会科学院近代史研究所:《国外中国近代史研究》第9辑,中国社会科学出版社1987年版,第228页。

日军的衣食并非尽善尽美。由于服装紧缺，士兵的一套服装要穿三四年，外出时换上较新的军服，一归队，联队长就催促换下来收存好，以免弄脏。吃饭则不分饭量大小，每人每餐只许吃一中碗米饭，每周还要吃几次麦饭。下饭菜很简单，通常是三片咸萝卜，有时是一块咸鱼，只有到星期天才能吃到一点豆腐、青菜和肉片。

日军对军营的卫生要求很高，室内各处必须干净整洁，床上用品按统一的标准摆放，甚至痰盂也有明确规定，除内外必须整洁外，盂内放水量不得超过容量的1/3。查卫生时，官长戴着白手套，一进门就往门框和各处角落摸，看有没有灰尘。

日军特别注重对官兵灌输军国主义思想。在日本人心目中，天皇是万世一系的天神，为天皇而死是军人的职责，更是军人的荣誉。日本经明治维新而使国力强盛起来之后，制订了称霸世界的罪恶计划，即先取朝鲜和中国东北而后征服全中国，再图称霸全球。在这样的教育和训练之下，整个日本军队成为一架军国主义的战争机器。

蒋百里时时感觉到一种紧迫感。俄军在我国东北迟迟不撤兵，东邻日本磨刀霍霍，英、美、法、德等列强在伺机而动，华夏大地随时有被列强瓜分的危险。他一方面努力学习，刻苦训练，尽可能多地掌握近代军事知识；一方面研究世界大势，关注俄国的动态，总结其他国家的成功经验，谋求强国强兵之路。对祖国的拳拳之心，化成一行又一行令人深思、令人振奋的文字。

1903年冬，蒋百里、蔡锷、蒋尊簋等人结束了在联队的实习，正式进入日本陆军士官学校，成为中国留学生的第三期学员。士官学校创办于1868年，初名兵学寮，1874年改名士官学校，专门培养陆军军官。1900年开始接纳中国留学生。第一期和第二期的中国留学生比较少，且都是各省督抚直接保荐来的武学生，他们当中后来成名的人物有第一期的吴禄贞、张绍曾、铁良、王廷桢、陈其采、蒋雁行、唐在礼和第二期的哈汉章、良弼、蓝天蔚、冯耿光等人。

第三期的中国留学生人数大增,共95人[1],既有各省督抚保荐的武学生,也有蒋百里和蔡锷等投笔从戎的文学生。

蒋百里在士官学校还结识了一位好友,名叫张孝准。张孝准,字韵农,湖南长沙人。他敏而好学,才华出众,与蒋方震和蔡锷等同龄人志趣相同,意气相投,同样怀着远大的抱负。这期留学生能文能武,在士官学校的表现十分突出,名气远远超过第一期和第二期的留学生,蒋方震、蔡锷和张孝准更被称为"中国士官三杰",不仅中国留学生人人皆知,就是日本学生也不得不心悦诚服。

1904年2月,就在蒋百里等人入陆军士官学校不久,日俄战争爆发了。

数十年前,日本还是一个处在中古时代的远东弱国,而今不但打败了貌似强大的中华帝国,还向俄国发起了冲击,这使日本国内的军国主义思潮更加泛滥,全国上下一片鼓噪,发出了歇斯底里的战争叫嚣。

由于战争需要,日本政府在全国征召退伍军人入伍参战。应召来到东京的退伍兵被日本陆军部分配到居民家中暂住,居民纷纷腾出最好的房屋,拿出最好的食物供这些人享用。等军队出征之时,东京城里万人空巷,热烈欢送,许多人手持旗子,旗上写着"光荣战死""为国捐躯""祈必胜""祈战死"等字样,令中国留学生不寒而栗。如此疯狂的军队和民众,终究会成为中国的心腹大患。

日本军民的疯狂,正应了蒋百里《军国民之教育》一文中的一句话:"今日之战争,国民全体之战争,而非一人一姓之战争也。"[2]将来中日之间再度爆发战争,只有军民一体的全民作战,才能阻遏日本军国主义的侵略

---

[1] 《日本陆军士官学校留学生名录》,中国社会科学院近代史研究所近代史资料编辑部编:《近代史资料》总80号,中国社会科学出版社1992年版,第54页。

[2] 蒋百里:《军国民之教育》,《新民丛报》1902年第23号,1902年12月30日,"军事"第1页。

凶焰,并最终取得胜利。蒋百里知道,这正是他们这一代青年肩上的重任。

蒋百里明白,没有强健的体魄,就不是一个合格的军人,所以他从进入成城学校起就十分注意锻炼身体。入伍之后,更是按照军队的纪律,严格要求自己,刻苦训练,使体格越来越强健,再也不是以前那个弱不禁风的文弱书生了。

蒋百里入士官学校后,有一天他的好友钱家治来看他。钱远远看见有个人在操场的单杠上翻跟头,身手矫健,体态轻盈,走近一看,发现是原来体质孱弱的老朋友。蒋百里从单杠上跳下来,颇为自信地对钱家治说:"我每晨锻炼体格,你看我不是比以前的身体结实多了吗?"①

钱家治,字均夫,杭州仁和人,也生于1882年,是蒋百里在杭州求是书院读书时结识的一个至交。蒋百里东渡时嘱钱均夫、张宗祥和单不庵三人照料他的母亲。1902年秋钱均夫赴日留学,入弘文学院学习,与蒋百里时相往还。

蒋百里虽然学的是步兵,但马上的功夫也很了得,在士官学校享有"善骑者"的美誉。他对骑马有独到的心得。他说:"要做到马上无人,胯下无马,人与马浑然一体,才可以与言骑。"他与蔡锷和蒋尊簋等学习骑兵的人谈到步兵和骑兵的苦乐:"我们步兵以行军时为最苦,除攀山越岭之外,身上还系着粮袋、水瓶和弹药,但到了站头,我们就苦尽甘来了。反之,骑兵行军时最乐,但到站后还得伺候马,替它擦汗,喂它草料,是他们最苦的时候。"②

军旅生涯,苦乐相依。对于胸怀远大抱负的人来说,苦更能促进他们奋发向上。熟读圣贤之书的蒋百里一直记着孟子的名言:"故天将降大任于是人也,必先苦其心志,劳其筋骨,饿其体肤,空乏其身,行拂乱其所为,

---

① 陶菊隐:《蒋百里先生传》,第16页。
② 陶菊隐:《蒋百里先生传》,第16—17页。

所以动心忍性，曾益其所不能。"在自筹学费的困难情况下，蒋百里毫不退缩，毫不动摇，认真参加军事训练，潜心钻研军事理论，终于取得优异的成绩。

1904年11月，蒋百里以优异成绩毕业于日本陆军士官学校。皇天不负有心人，他足以告慰远在故乡的慈母和其他亲友的殷切期望了。

与蒋百里一同毕业的有蔡锷、蒋尊簋、张孝准、高尔登、许崇智、胡景伊、曲同丰、陈文运、黄瓒、傅良佐等数十人。清末和民国初期，他们都成长为中国军队中的骨干力量。

参加蒋百里毕业典礼的来客中，有一位身份特殊的人物，他就是蒋百里在求是书院的恩师陈仲恕。

陈仲恕怎么到日本来了呢？

蒋百里在陈仲恕的呵护下顺利离开杭州求是书院后，该院的学风丝毫未变，学生们仍然议论时政，臧否时弊，利用各种机会对腐朽无能的清政府进行抨击，为此引发了一场大风波，差点导致严重的文字狱。

事情是几个思想激进的师生引起的。当时，杭州人孙翼中主讲求是书院国文第四班，给学生出一道作文题，名为《罪辫文》，旨在对清朝入关后强迫汉人剃发留辫之事进行抨击。有个学生把作文中凡是应用"国朝"和"皇清"等词的地方，一律改用"贼清"。求是书院的旗籍学生获悉这个重要情况后，向驻防杭州的旗营官员作了汇报。清军入关，靠的是八旗和绿营等军队，江山坐稳后，全国各地的重要城市都派驻八旗子弟，他们高人一等，筑城别住，终年享受国家俸禄，不事生产，军事训练也逐渐松懈，到清末已成不堪一击的一群乌合之众。但是，打仗不行，有人公开骂他们的大清朝为"贼清"，他们还是有力量出头管一管的。

他们派兵把求是书院围了起来，力图把事情闹大，压迫地方政府逮捕相关学生，以"大逆不道"的罪名给予严惩。此事如果出在康熙、雍正、乾隆时代，肯定会兴起一场株连极广的文字狱。守旧的陆懋勋本来对学生的做法就持反对态度,今见旗兵围校,事情闹大了,吓得战战兢兢,不知所措。又是陈仲恕挺身而出,多方奔走,竭力调停,将这件事压了下来。最后双方达成协议,由求是书院增收十名旗籍学生入学,以便监视全体学生,旗兵这才收队归营。

蒋百里知悉这场风波的来龙去脉后,更加明白了陈仲恕告诫他的"救国不可托空谈而招实祸"的深意。

1901年冬,求是书院改名为浙江求是大学堂,聘任劳乃宣为监督。劳乃宣,字季瑄,号玉初,晚号韧叟,同治进士,浙江桐乡县人。陈仲恕认为书院学生的水平只达到高中程度,一开始就反对把书院改为大学,与劳乃宣意见不合,只好求去,担任由养正书塾改建的杭州中学校长。

1904年,陈仲恕抵不住留学浪潮的不断冲击,也东渡日本,由老师改作学生,入东京法学院学习法律。他与蒋百里再度相聚,不胜欣喜,回首当年,感慨万千!蒋方震名冠千军的优异成绩,使他没有辜负老师陈仲恕的期望,而陈仲恕也因自己"慧眼识人"而大感安慰。前面的路还很长,这对师生还有许多次聚首共事的机会。

第三章

庐山烟雨，浙江潮涌

嘉兴留日青年王嘉榘和蒋百里，与浙江有志青年一起成立浙江同乡会，"以其爱国之泪，组织而为浙江潮"，创办辛亥革命前期影响深远的杂志《浙江潮》。1903年2月，21岁的蒋百里在发刊词中发出『我青年之势力，如浙江潮；我青年之气魄，如浙江潮；我青年之声誉，如浙江潮』的声音。他希望如故乡汹涌的钱江潮一般让反清革命意识彻底冲刷腐朽思想。杂志风靡东南亚，章太炎、王国维、鲁迅等都在上面发表过文章。

一、激荡的浙江潮

1902年秋,浙江省留日学生达到100多人,有了一定的规模,蒋方震等人按照国内的传统,发起组织了浙江同乡会,并决定出版《浙江潮》杂志,传播新知识和新思想,向国内介绍留学生的情况,同时向海外介绍浙江的地理历史和风土人情。

蒋方震为同乡会和《浙江潮》的筹办付出了很大的努力。他草拟了同乡会的会章,负责杂志的编辑和出版事宜,精心撰写了创刊号的发刊词。

1903年2月17日,在众人的资助和支持下,蒋方震参与主编的《浙江潮》第1期在东京出版发行。杂志为月刊,32开本,每期约8万字,封面别具一格:汹涌激荡的白色浪潮上漂着三个大字:浙江潮。杂志的内容十分广泛,有政治、经济、军事、历史、教育、自然科学等栏目,也有国内外时事综述、东报时论、浙江各地动态以及文艺和科学小品文等,是一个知识性和思想性都很强的刊物。

蒋方震的发刊词气势磅礴、情文并茂,成为传诵一时的名篇:

> 我浙江有物焉:其势力大,其气魄大,其声誉大,且带有一段极悲愤极奇异之历史,令人歌,令人泣,令人纪念。至今日则上而士夫,下而走卒,莫不知之,莫不见之,莫不纪念之。其物奈何?其历史奈何?曰:昔子胥立言,人不用,而犹冀人之闻其声而一悟也,乃以其爱国之泪,组织而为浙江潮。至今称天下奇观者,浙江潮也。
>
> 秋夜月午,有声激楚,若怨若怒,以触于吾耳者,此何为者

也?其醒我梦也欤?临高而望,其气象雄,其声势大,有若万马奔腾,以触于我目者,此何为者也?其壮我气也欤?夫子胥之事,文明之士所勿道;虽然,其历史可念也。呜呼!亡国其痛矣,不知其亡,勿痛也;知之而任其亡,勿痛也;不忍任其亡而言之,而勿听,而以身殉之,而卒勿听,而国卒以亡。呜呼!忍将冷眼,睹亡国于生前;剩有雄魂,发大声于海上。古事往矣,可勿言矣!而独留此一纪念物,挟其无穷之恨,以为吾后人鉴,后人可勿念哉!

抑吾闻之,地理与人物,有直接之关系在焉。近于山者,其人质而强;近于水者,其人文以弱;地理之移人,盖如是其甚也。可爱哉,浙江潮!可爱哉,浙江潮!挟其万马奔腾、排山倒海之气力,以日日激刺于国民之脑,以发其雄心,以养其气魄,二十世纪之大风潮中,或亦有起陆龙蛇,挟其气魄,以奔入于世界者乎?西望葱茏,碧天万里,故乡风景,历历心头。我愿我青年之势力,如浙江潮;我青年之气魄,如浙江潮;我青年之声誉,如浙江潮;吾愿吾杂志亦如之。因以名以为鉴,且以为人鉴,且以自警,且以祝。

除此之外,蒋方震还在创刊号上发表《国魂篇》《俄人之性质》《俄罗斯之东亚新政策》三篇文章,连载数期,传诵一时。

人无魂不立,国无魂难强。

海外学子面对山河破碎的祖国和虎视眈眈的列强,发出了"重铸国魂"的呼号。

梁启超挥动如椽巨笔,写下《读陆放翁集四首》,以爱国大诗人陆游的精神勉励同胞,呼唤国魂,其中一首云:

诗界千载靡靡风,兵魂尽销国魂空。

集中什九从军乐,亘古男儿一放翁。①

蔡锷在《军国民篇》一文中,对国魂作了令人回肠荡气的解说:

> 国魂者,国家建立之大纲,国民自尊自立之种子。其与国民之关系也,如战阵中之司令官,如航海之指南针,如枪炮之照星,如星辰之北斗。夜光不足喻其珍,干将不足喻其锐,日月不足喻其光明,海岳不足喻其伟大,聚数千年之训诂家而不足以释其字义,聚凌云雕龙之词人骚客而不足以形容其状貌,聚千百之理化学士而不足以剖化其原质。孟子之所谓浩然之气,老子之所谓道,其殆与之相类似乎!②

蒋方震则以洋洋数千言,专门讨论国魂问题。他首先对帝国主义进行揭露:"帝国主义者,民族主义为其父,而经济膨胀之风潮则其母也。"帝国主义以强大之兵力,侵略他国版图,增益己国领土。所以,"近顷以来,无论天之涯地之角,有一事之起,则无不是帝国主义者为之根"。中国在帝国主义的侵略之下,20年后必面临如下惨况:"其商凄凉,其农憔悴,其士困,其工苦,闻其声则号寒啼饥也,问其事则鬻儿荡产也。"何以如此呢?"曰:无国故。夫未有无国之民,而能自存于大地者也。"③

那么中国怎么办呢?唯有陶铸国魂,以统一全民之群力,发扬全民之爱国心,以与异族对抗。而"中国之国魂安在乎?祖国主义!""祖国主义

---

① 梁启超:《读陆放翁集四首》,收入《梁启超选集》,人民文学出版社2004年版,第333页。
② 奋翮生:《军国民篇》,《新民丛报》1902年第1号,1902年7月5日,"兵事"第4页。
③ 飞生:《国魂篇》,《浙江潮》第1期,1903年2月17日,"社说"第13、14、15页。

者何？根于既往之感情，发于将来之希望，而昭之于民族的自觉心。"①近代以来，凡同种之人，务求独立自治联合统一，以建立独立的国家，"其在德意志，其在伊大利，则所谓祖国主义是也。若曰：日耳曼，吾祖国也，吾誓守之；罗马，吾祖国也，吾誓守之。其在俄罗斯，则所谓斯拉扶司（今译斯拉夫——引者）统一主义；其在美，所谓美人之美洲；其在日，所谓大和民族，万世一系。凡兹诸说，其始不过一二人言之，一二人信之，而其究竟也，乃为其爱国心之源泉，自尊之种子，统一之原动力。虽刀刃迫于身，弹丸迫于目，而彼脑质中终有一'誓死以守祖国'之灵魂在。呜呼！彼盖以为是国也者，我祖长于是，我父长于是，非人之所有，而我之所有也"②。

而中国的情况则不然。蒋方震指出，"吾遍搜古今名士之诗，终不见有所谓'祖国之歌'者，痛哉！吾国竟无但丁其人哉"。虽然如此，蒋方震还是深信："二十世纪中祖国主义而不入中国则已，苟入中国，未有不发达者也。"蒋方震认为，国民不必怨异族凌我辱我，而应该"问我国民之能有建国之意愿及能力与否？果其有焉，则意大利、日耳曼虽亡而复存；果其亡焉，则印度、波兰虽昔为强国而终见灭于人。故曰：国也者，国民自守之，非他人之所能干预者也"。蒋方震还指出，中国当时面临着关乎生死存亡的三个大问题："曰道德问题，曰统一问题，曰自治问题。吾辈苟举此三问题而解决之，则此三问题做到之日，即我祖国出现之日也。而不然者，则永远沉沦，万劫不复，神明之胄，从此长辞世界矣。"③

蒋方震深深地爱着拥有四万万同胞和五千年文明史的祖国，他的呐喊发自肺腑，振聋发聩，警醒世人。

蒋方震对中国面临的瓜分之祸忧心忡忡，极为关注，对蹂躏我国东三

---

① 飞生：《国魂篇》，《浙江潮》第3期，1903年4月17日，"社说"第19、20页。
② 飞生：《国魂篇》，《浙江潮》第1期，1903年2月17日，"社说"第11页。
③ 飞生：《国魂篇》，《浙江潮》第3期，1903年4月17日，"社说"第21页。

省的俄国侵略者抱着高度的警惕。他指出:"天下之大患在俄。"①

1900年义和团运动时期,八国联军入侵中国,占领北京,沙皇俄国乘机派遣大批军队,占领我国东三省。1902年4月,俄国与清政府约定,规定将侵占东三省的俄国军队分三期于18个月内全部撤走。然而一年过去了,沙俄不仅不撤军,反而增派军队,并向清政府提出了七项无理要求,激起全中国人民的愤慨。蒋方震对沙俄的侵略本质洞若观火,对满洲的前途充满忧虑。他在《俄罗斯之东亚新政策》一文中揭露道:"天津之役,英法联军以迫我,英也、法也、中国也,其互相注目也,彼乃乘之以取东三省以北之地矣!庚子之役,列强之注目北京也,而彼又乘之以入东三省矣。及和议既成,东三省之问题起,世界耳目一动,而彼又逃而入巴尔干半岛矣,又逃而往西藏矣。东争则西来,西争则东出,自有国际以来,其神妙之手段,未有如俄人者也。"②

针对东三省的现状和中国的前途,蒋方震大声疾呼:

> 满洲,满洲,今日之满洲,将来中国全部之倒影也。吾述至此,心为之战,肠为之裂,渭渭北视,泪竭而声枯。呜呼!吾诚何心,而乃述此。虽然,吾知吾国民必犹梦梦焉,以谓今日之满洲,犹未亡也,则吾安得不掬一滴泪,以为吾国民告也。
>
> 诸君,诸君,以为今日之满洲,犹为支那之领属乎?纵横驰骤于黑龙江左右,其声鸣鸣者,则俄人之铁路也;联翩上下于松花江上流,其旗翩翩者,俄人之汽船也;控北部之形势,立满洲

---

① 飞生:《俄人之性质》,《浙江潮》第1期,1903年2月17日,"各国内情"第1页。
② 飞生:《俄罗斯之东亚新政策》,《浙江潮》第1期,1903年2月17日,"极东经营"第5—6页。

沃野之中心，其人口达九千以上者，俄人之市府哈尔滨也。①

蒋方震指出，沙俄之侵略扩张，总是"以武力政策为先锋，以殖民政策为后劲，以铁道政策为交通两头之本营。其以威力也，用其强以乘人之危；其以殖民也，利其缓以人人之不觉；其以铁道政策也，则又巧其布置，以迫人于无可奈何，而其总结点，则着眼于经济"②。

由于俄国人蛮横霸道，拒不撤兵，在日本的中国留学生皆怒火中烧，决心采取实际行动，驱除沙俄。1903年4月29日，东京留学生500余人在锦辉馆召开大会，会上群情激昂，许多人痛哭流涕。经过讨论，大会做出了组织拒俄义勇队赴前线杀敌等七项决议。几天后，报名参加义勇队的达到1000余人。蒋方震和蔡锷等人积极参加了拒俄大会，但由于他们已以入伍生资格被分配到日本军队中实习，不能擅离，所以没有报名参加拒俄义勇队。

鉴于中国兵弱民疲的可悲现状，留学生十分推崇军国民主义。1902年，蔡锷的《军国民篇》在梁启超主编的《新民丛报》上发表，连载数期，开风气之先，十分引人注目。蔡锷在文中明确主张中国应实行军国民主义，认为"居今日而不以军国民主义普及四万万，则中国其真亡矣"③。1902年底，蒋方震也在《新民丛报》上发表译文《军国民之教育》，阐述了国家、军队和人民的关系："军务者，国民之负债也。国防者，国民之义务也。今日之战争，国民全体之战争，而非一人一姓之战争也。其胜也，国民享其利，其败

---

① 飞生:《俄罗斯之东亚新政策》,《浙江潮》第2期,1903年3月18日,"极东经营"第11页。
② 飞生:《俄罗斯之东亚新政策》,《浙江潮》第2期,1903年3月18日,"极东经营"第17页。
③ 奋翮生:《军国民篇》,《新民丛报》1902年第1号,1902年2月8日,"兵事"第2页。

也，国民受其祸，非于国民之外，别有物焉。"①

蔡锷和蒋方震的文章不但获得留学生的称赞，而且得到日本人的重视。有个名叫下河边半五郎的日本人，把蔡、蒋二人的文章合编成书，题名为《军事编》，印行后大受欢迎，先后重印七次之多。《军国民之教育》是蒋方震以蒋百里为名发表的，从此以后，蒋百里的名字逐渐叫响了。

蒋百里还对老师梁启超的观点提出质疑。他以飞生为笔名在1903年10月和11月出版的《浙江潮》第8期和第9期上，发表《近时二大学说之评论》，把当时流行的学说归纳于"新民说"和"立宪说"，加以评论，提出自己的观点。

新民思想，也就是革新人的思想。梁启超以新民为己任，在报刊上发表大量文章宣传新民思想，其中最有影响的是他在《新民丛报》上发表的"新民说"系列文章。他在文中对中国人的国民劣根性进行了彻底批判，痛斥中国人无公德心，只顾一身一家的荣华富贵，不顾国家的兴亡盛衰；只知有天下，不知有国家，只知忠于君，不知忠于国，甘为一姓之家奴走狗；主柔好静，不尚竞争；依赖成性，缺乏毅力；自暴自弃，自贬自损；搪塞责任，缺乏独立人格；等等。梁启超认为，如果中国人成为具有权利义务思想、国家思想、生利思想、合群思想、尚武精神、进取冒险精神和自尊自重、自治自立、平等自由观念的"新民"，就会产生新制度、新政府和新国家。

蒋百里对此提出疑问：新民如何产生？是先有新民还是先有新政府？他对梁启超的新民在于人民"自新"的说法不表赞同，认为此说理论上可行，实际上行不通。他认为把一切责任归咎于国民是不公平的。他指出："中国之亡，其罪万不能不归之于政府，国民之不责政府，国民之罪也。归亡国之罪于国民，而又劝其不责政府，则又何说焉。"他的结论是："故必先造新政

---

① 蒋百里：《军国民之教育》，《新民丛报》1902年第23号，1902年12月30日，"军事"第1页。

府,然后可以行新制度,断未有求旧政府而可以立新制度者也。"①

此文发表后,梁启超十分重视,立即写了《答飞生》一文,为自己进行辩护。师生之间心平气和地进行公开辩论,一时传为佳话。

---

① 飞生:《近时二大学说之评论》,《浙江潮》第9期,1903年11月8日,"论说"第9、12—13页。

二、东京逸事

士官学校毕业之后，蔡锷立即乘船返回国内，在郭人漳的引荐下，被江西巡抚夏时聘为江西续备左军随营学堂监督，不久改为材官学校总教习及监督，而后由湖南至广西，最后到云南，一步一步走向他的辉煌。

蒋百里没有和蔡松坡一同回国，而是和蒋尊簋、张孝准等人继续留在东京。

按照日本军方的规定，在联队实习过的学生以下士资格进入士官等校学习，毕业后再回联队实习三个月至半年，期满后即可获得少尉资格。蒋百里即是按此规定，返回近卫步兵第一联队实习，将一年来在士官学校学到的知识用于实践，在实践中探索，在实践中提高。

实习期满后，蒋百里又入经理学校（即后勤学校）学习，与他一同入校的有张孝准等人。近代化军队的一个重大特点就是有一套完善有效的后勤供应体系。清朝的军队山头林立，派系复杂，根本没有完善的后勤供应体系，粮饷都由高级将领负责自筹，效率极低，贪污中饱的现象十分普遍。蒋百里入经理学校学习，目的在于掌握近代化军队各个方面的知识，为回国后军事上的革新做准备。

在蒋百里刻苦钻研的几年中，赴日留学的中国青年络绎不绝，逐年增加，到1905年已达8000人左右，形成了一个高峰。浙江来的同乡很多，有一些是专门来学习军事的，蒋百里认为有责任对他们进行必要的辅导，帮助他们尽快掌握基本知识，顺利考取军事学校。

为此，蒋百里开办了一个士官预备班教他们，上课地点在陆军士官学校对面的小田园老太太家。他们每个星期日都租用她的一间房子上半天课，租费由大家分摊，茶水由房东供应。蒋百里给大家讲解入学须知和日本军事教育及军事体制的基本情况，他既有深厚的理论功底，又有丰富的实践经验，加上他小时候说书练就的好口才，讲起课来抑扬顿挫，妙趣横生，极富吸引力和感染力，很受大家的欢迎。蒋百里的好友钱均夫就常来听课，不是为了报考士官学校，而是为了欣赏他的口才。

当时在日本的中国人已越来越多，鱼龙混杂，背景不一，其中有保皇派，有立宪派，有革命党，有胸怀远大志向的学子，有"两耳不闻窗外事"的书生，也有携带巨款以留学为名吃喝嫖赌的纨绔子弟。东京好像一个大舞台，各色人等来去匆匆，在这个舞台上扮演着不同的角色。在诸多派系中，有两派势力最大，一是以康有为和梁启超为首的改良派，一是以孙中山为首的革命派。两派都以救国救民为宗旨，但奉行的理论和采取的方法截然不同，矛盾越来越尖锐，渐成水火不相容之势。

1905年8月20日，孙中山联络革命派各路英豪，以兴中会和华兴会为基础，并联合光复会的成员，在东京创立中国同盟会，以"驱除鞑虏，恢复中华，建立民国，平均地权"为革命纲领，使革命运动达到一个新的阶段。11月，同盟会在东京创办《民报》，大力宣传革命，与改良派主办的《新民丛报》进行论战，使革命派的声势大增。蒋百里的朋友蒋尊簋和张孝准等人就在东京加入同盟会，成了革命党。

然而，蒋百里却与各派力量保持着一定的距离。他既没有追随梁启超，为改良派摇旗呐喊，也没有加入同盟会，为革命党振臂高呼，他只是默默地积累着知识和经验，以备归国后有一番大的作为。在这方面，他和蔡松坡完全相同。自从进入士官学校后，他们已不再无所顾忌地大谈革命了。关于此点，章士钊在数十年后的回忆文章中作了确切的描述。他指出："彼等志存颠覆，而迹求隐晦，平日谨言辞，慎交游，常恐以意外之疏忽，而招来本事之损害。"①

对于留日学生的动态，清政府一直十分关注，害怕这股力量成为反清的生力军。学习军事的学生归国后都派到军队中工作，对清政府的命运关系巨大，所以清政府派驻日本的留学生监督对他们考察甚严，经常有报告传回国内，如果成为活跃的革命党人，被留学生监督记录在案，回国后得不到重用，就掌握不了军队，于革命大业反而不利。

蔡锷在广西练兵时，虽然与黄兴等革命党人经常联络，但表面上不动声色，讲话时满口官腔，出门时乘轿骑马，工作之余则过着与人隔绝的生活，致使许多年轻的同盟会会员误解他是一个贪官恋位的新官僚。他们发动倒蔡运动，迫使蔡锷转往云南。蔡临行前对年轻人讲的一番话颇能说明他的立场。他说："你们何苦撵我，你们是革命党，我比你们资格更老。你们太年轻，浑身带刺儿，不小心将来难免招来杀身之祸。我在此尚可为你们敷衍，我走后你们更须自爱，千万不可揠苗助长。"他还说："成大事的人要有个修养，你们念过苏东坡的《留侯论》吗？所谓'卒然临之而不惊，无故加之而不怒'。你们能做到这一点，当成大事。"②

与蒋百里一样，蔡松坡也一直没有加入同盟会，但他们二人从来没有忘记过对国家和民族所负的责任。在辛亥革命的巨浪掀起之后，他们都在不同岗位上为推翻清王朝的统治做出了自己的贡献。

蒋方震在东京还参加了一次轰轰烈烈的学生运动。

1905年11月2日，日本文部省颁布了《清国留学生取缔规则》，引起中国留学生的极大愤慨和激烈反对，逐渐演变成一场声势浩大的学生运动。取缔二字有监督、管束、管理之意，《取缔规则》共15条，对中国留学生刺

---

① 章士钊：《疏〈黄帝魂〉》，中国人民政治协商会议全国委员会文史资料研究委员会编：《辛亥革命回忆录》第1集，中华书局1963年版，第248页。
② 何遂：《辛亥革命亲历纪实》，中国人民政治协商会议全国委员会文史资料研究委员会编：《辛亥革命回忆录》第1集，中华书局1963年版，第468页。

激最大的是第9条和第10条。

第9条：受选定之公立或私立学校，其供清国学生宿泊之宿舍或由学校监管之公寓，须受校外之取缔。

第10条：受选定之公立或私立学校，不得招收为他校以性行不良而被饬令退学之学生。

中国留学生中参加革命活动的比较多，大部分租房住在校外，如对他们的住所进行限定和监管，将严重妨碍他们的自由，而所谓"性行不良"，既可以泛指堕落的学生，也可以泛指革命派学生。如果清政府和日本方面勾结起来，将参与革命活动的学生扣上"性行不良"的"帽子"予以开除，将使他们无学可上。

留学生的担忧并非毫无根据。实际上，《取缔规则》的颁布确与清政府有关。清政府对革命派的动态一直很关注，1905年8月同盟会的建立更使清政府感到事态的严重。恰好日俄战争结束后，中日双方代表在北京谈判东三省善后事宜，清政府借机向日本方面提出了监管留学生的强烈要求，这是日本颁布《取缔规则》的一个动因。

首当其冲的是自费留学生，他们大多属于革命派，所以率先发起了反对运动。

蒋方震担任学务干事的留学生总会也很快采取了行动，派代表拜见中国驻日本公使杨枢，陈述了反对第9条和第10条的各项理由。杨枢做了详细记录，答应向日本文部省转达。

蒋方震等人还召集各省同乡会的负责人，多次开会研究对策，收集意见，写出《学生公禀》，于12月1日呈交驻日公使杨枢。

《学生公禀》中反对第9条的理由有：（1）于经济有损害：入住宿舍，则须缴定额费用。自费的穷学生因而不能实行节约的生活，结果必至停止留学归国。（2）于学问无补益：学校的宿舍多有管理不善之处，为学问计，不宜入住该等宿舍。（3）于卫生有妨害：即中国人与日本人之生活习惯不同。

留学生每以日本饮食不合肠胃而生胃病；席地而睡则因潮湿而患脚气病。虽有纯为中国人而设的赁屋，但依此规程，今后已不可能供中国学生租住。（4）于兼修不便：留日学生中，以一人而兼赴二三校听讲者亦常有之。其居处必择二三校之间最便利之处。但如果要入住学校宿舍，则不能兼修，不能达到求学之目的。

关于第10条，《学生公禀》指出，学校方面有可能滥用"性行不良"一语而任意开除学生，对学生十分不利。

在《学生公禀》上署名的是：留学生总会干事长杨度，副干事长范源濂，学务干事陈榥、蒋方震、陈福颐、李宣威、邢之襄、周家彦、籍忠寅、顾琅，书记干事林长民、傅疆、徐志铎、方枢、钱良骏、陈应龙、刘思复，庶务干事张继、寋念益、姚方荣，调查干事谭学夔、刘颂虞、陈荣镜、蒯寿枢、吴永珊、郑家彦，收支干事梁志宸、曾鲲化，招待干事周珍、匡一，各省分会职员长：直隶胡茂如、山东王丕煦、山西邵修文、江苏高朔、浙江金保康、安徽王赛、河南曾昭文、湖北王镇南、湖南章士钊、福建王兆楠、广西谭鎏翰、广东朱保勤、四川杨湖、贵州韩汝庚、云南张耀曾、陕西康宝忠、江西徐敬熙等人①。

12月3日，学生们在中国留学生会馆召开代表大会，决定采取行动迫使日方彻底取消这一规则。会上，有人主张集体罢课，也有人主张全部退学回国，以此对日本的留学政策给予重大打击。

从12月4日开始，各校的中国留学生开始陆续罢课。5日，300余名留学生在富士见楼开会，实践女学校的鉴湖女侠秋瑾痛哭失声，发表了慷慨激昂的演说，事后并愤而退学，令须眉男儿自愧不如。12月7日，京都的留学生响应东京留学生集体罢课的决议，前赴东京，使这场运动演变为全体中国留学生的运动。

---

① ［日］实藤惠秀：《中国人留学日本史》，谭汝谦、林启彦译，第382—383页。

12月8日,陈天华愤而蹈海自杀,把留学生的激烈情绪推到一个新的高潮。

陈天华,字星台、过庭,号思黄,湖南新化县人,生于1875年。陈天华家境贫寒,但好学上进,胸有大志,"少时即以光复汉族为念"[①]。1989年入新化县实学堂读书,以《述志》为题作文一篇,直抒胸臆:

> 大丈夫立功绝域,决胜疆场,如班定远、岳忠武之流,吾闻其语,未见其人。至若运筹帷幄,赞划庙堂,完变法之权衡,操时政之损益,自谓差有一日之长。不幸而布衣终老,名山著述,亦所愿也。至若循时俗之所好,返素真之所行,与老学究争胜负于盈尺地,有死而不已,不能为也![②]

1903年,陈天华赴日留学,写出了《猛回头》和《警世钟》两部振聋发聩的著作,其影响与邹容的《革命军》不相上下。1904年,陈天华与湖南志士黄兴、宋教仁等人组织革命团体华兴会,1905年加入同盟会,是积极宣传革命的一员健将。

中国留学生反对《取缔规则》的运动兴起后,陈天华开始时反对全体留学生罢课并退学回国的做法,但看到大家群情激昂,他立即改变立场,誓与全体留学生同进退。1905年12月7日,日本《朝日新闻》发表了侮辱中国人的报道,说此次事件是因留学生狭隘理解日本文部省的规则以及中国人特有的"放纵卑劣性情"所促成的。陈天华看到日本人如此诬蔑中国人,义愤填膺,怒发冲冠,决心以死抗争,一则警醒国人振作起来,奋发图强;二则踵古今中外杀身成仁的圣贤英烈之后,完平生报国救民之愿。7日晚,

---

① 冯自由:《革命逸史》第2集,中华书局1981年版,第119页。
② 刘晴波、彭国兴编:《陈天华集》,湖南人民出版社1982年版,第10页。

陈天华伏案疾书，写下绝命遗书。第二天早晨，他将遗书挂号寄给神田区骏河台中国留学生会馆杨度，并向友人借钱二元，从容出门乘车，赴大森海岸投海而死。

陈天华这种慷慨赴死的精神，实足以惊天地而泣鬼神！留学生闻此噩耗，无不痛心疾首，泫然出涕。12月14日，204名中国留学生乘坐"安徽"号轮船启程回国，继之归国者络绎不绝，前后有2000余人。

陈天华的自杀给蒋方震以极大的震撼。人生如白驹过隙，在浩荡不息的历史长河中，几十年不过是刹那间，与其苟且偷生，庸碌无为，不如仰天长啸，慷慨赴义。陈天华绝命书中的两段话给蒋方震留下了极深的印象：

> 诸君而念及鄙人也，则毋忘鄙人今日所言，但慎毋误会其意，谓鄙人为取缔规则而死而更有意外之举动。须知鄙人原重自修，不重尤人。
>
> 鄙人死后，取缔规则问题可了则了，切勿固执，惟须亟讲善后之策，力求振作之方，雪日本报章所言，举行救国之实，则鄙人虽死之日，犹生之年矣！
>
> 鄙人志行薄弱，不能大有作为，将来自处，惟有两途，其一则作书报以警世，其二则遇有可死之机会而死之。夫空谈报国，人皆厌闻，能言如鄙人者，不知凡几。以生而多言，或不如死而少言之有效乎！①

陈天华所言，至少有两点与蒋方震不谋而合，一是报国要讲实际，不应一味空谈；二是如果个人之死能唤醒千百万人，则不惜一死。七年后，身为保定陆军军校校长的蒋方震愤而自杀，与陈天华之死有许多类似之处，也

---

① 黄尊三：《三十年日记》，1930年作者自刊本，第2页。

是连夜奋笔写下绝命书，毫不犹豫地抱定"我不入地狱谁入地狱"的宗旨，从容赴死，也是万众同悲，惊天泣地！当然也有不同之处：陈天华是蹈海自杀，蒋方震是举枪自戕；陈天华陈尸海上，被日本警方发现；蒋方震伤而未亡，被师生救活。虽然是一死一生，但两人的拳拳爱国心和大无畏的英雄气概都已载入史册，成为激励后人的宝贵精神财富。

远在海外的孙中山在痛悼陈天华的同时，对形势作了冷静的判断，认为不宜鼓励全体留学生罢课回国。他担心清政府会借此机会将学生中的革命党人一网打尽，使革命事业蒙受损失。他致电汪精卫等人设法劝阻。汪精卫联络原本反对回国的一些学生代表，于12月24日组成以反对集体归国为宗旨的维持留学同志会，代表有江庸、蹇念益、熊垓、陈槐，理事有黎迈、张孝准、蒋尊簋、李穆、熊范兴、谭学夔、李景析、李维锌、施召愚、熊朝鼎、朱学曾、钱家澄，书记有姚华、周大烈、汪精卫、张一鹏、胡衍鸿、许寿裳、朱大符、陈仲恕。

蒋方震没有参与维持留学同志会，但他的老师陈仲恕和朋友张孝准、蒋尊簋都列名其中。经历过此次惊涛骇浪，蒋方震更加感觉到他们这一代人肩负的历史使命有多么重大，前面的道路有多么曲折和艰难！留学的目的不是追求功名利禄和荣华富贵，而是为了祖国和民族的独立与强盛。他迫切希望回到六年来魂牵梦萦的祖国，展现自己的知识和才华，实现自己的理想和追求。

第四章

督练东北，从戎德国

蒋百里从日本甫一回国，就受到东三省总督赵尔巽的重用，任东北督练公所总参议，负责新军训练。三个月后，清政府派人到德国学习军事，蒋百里再次被选中。到德国后，蒋百里进入德军第七军任实习连长。在这儿，他再次展现出了惊人的军事才能，受到德国同行的敬佩。兴登堡专门召见蒋百里，与之长谈，并合影留念。临别时，他拍着蒋百里的肩膀说：「从前，拿破仑说过，若干年后，东方必出一位伟大的将才，这或许就应在你的身上吧！」

一、沪上相士测前程

蒋方震在日本的优异成绩和突出表现引起浙江巡抚张曾敭的注意,他以家乡父母官的身份向这位海外游子发出正式邀请函,请他到浙江负责编练新军,既能尽显才华,除却游学六年之辛苦,又能造福桑梓,不负家乡父老之厚望。张曾敭同时函请蒋尊簋担任浙江新军第二标标统(团长)。

张曾敭本以为蒋方震会欣然从命,返浙江练新军,万没想到会吃闭门羹。蒋方震给张曾敭回复一封信,拒绝了他的邀请。他在信中说:"夫以不教之民,授之以不祥之器,而教之以杀人之事,吾恐今日之惟恐其无者,他日将惟恐其有。"①蒋方震很重视军人的素质,而当时的中国,有知识有文化的人耻于从军,士兵的素质极低,如不从根本上着手提高士兵的素质,则有枪有炮的乌合之众必将走上祸国殃民的道路。

蒋方震对练兵有独到的见解,他认为"先求战而后练兵者,其兵强,先练兵而后求战者,其兵弱"②。浙江历来文风很盛,人们缺乏尚武精神,况且浙江地处东南,在地理上非首战之区,缺乏练兵和作战的紧迫性,所以他宁愿放弃优厚的待遇、舒适的条件和西湖的美景,到他时刻挂怀的东北边疆去实现自己整军经武的志向和抱负。他知道他的朋友蔡锷已经在广西巡抚李经羲的支持下在西南边陲开辟了崭新的局面,奠定了良好的基础,自己绝不能在苏杭美景和莺歌燕舞中消磨了意志,虚度了光阴。

蒋尊簋接受了张曾敭的邀请,回国担任了浙江新军第二标标统,并负

---

① 蒋百里:《裁兵计划书》,蒋复璁、薛光前主编:《蒋百里全集》第4辑,台北,传记文学出版社1971年版,第9页。
② 蒋百里:《裁兵计划书》,蒋复璁、薛光前主编:《蒋百里全集》第4辑,第16页。

责筹办弁目学堂，以培养下级军官。

蒋方震写信给儿时的伙伴张宗祥，要他到杭州帮助蒋尊簋。蒋方震怕张宗祥借故推辞，还特意写信给单不庵，叫单不庵劝说张宗祥。其实，以蒋方震与张宗祥的关系，张宗祥岂有推托之理。当时张宗祥正在嘉兴秀水学堂教书，特意请了假去杭州帮蒋尊簋的忙。他在海潮寺住了一个多月，等弁目学堂办好，蒋尊簋当了总办，他才返回嘉兴继续教他的书。

蒋百里驳了巡抚张曾敭的面子，张曾敭也是无可奈何，拿他没有办法，因为他不是浙江省官派的留学生。蒋尊簋则不然，他是前浙江巡抚刘澍棠保送的留学生，所以只能返回浙江。

张曾敭在浙江巡抚任上不足两年，即因杀害秋瑾遭到舆论的强烈谴责。张曾敭，字润生，又字小帆，号渊静，室名渊靖居，河北南皮人，与晚清名臣张之洞同宗。他同治十年中进士，历任福建盐法道、广西布政使、山西巡抚等职。1905年调任浙江巡抚。1907年，光复会会员徐锡麟和秋瑾等人密谋在安徽和浙江同时起义。7月6日，徐锡麟等人在安庆起义，刺杀安徽巡抚恩铭，张曾敭指使绍兴知府贵福派兵在大通学堂逮捕秋瑾。贵福连夜提审，秋瑾坚贞不屈，仅书"秋风秋雨愁煞人"七字以对。7月15日，秋瑾被杀害于绍兴轩亭口。消息传出，天人共愤，舆论一致谴责张曾敭和贵福的暴行，使他们难安于位。清政府先后将张曾敭调到江苏和山西，都为社会舆论所不容，他在国人的一片责骂声中忧惧成疾，不得不辞官回了南皮老家。对于张曾敭的这番遭际，蒋方震是后来才听说的，因为他当时正在德国学习。

对于回国后的去向，蒋方震有自己的打算。他关注的是中国的边疆，尤其是东北。

他的老师陈仲恕帮了他的忙。

陈仲恕先于蒋方震回国，投入盛京将军赵尔巽的幕府，颇受器重。陈仲恕向赵尔巽详细介绍了蒋方震的情况，求贤若渴的赵尔巽非常高兴，决定破格任命蒋方震为督练公所总参议。此项任命与蒋方震的追求相符合，所以他得到消息后即束装就道，欣然回国。

1906年暮春的一天，上海四马路的一家旅馆里来了一位英气勃发的青年，他就是刚从日本返国的蒋方震。

踏上阔别六年的故土，蒋方震的心情格外激动。六年前的他是一个穷途末路的文弱书生，而今山河依旧，他却已学成归国，成为各省督抚争相罗致的对象；六年前的他对军事一窍不通，而今他已成为胸中装有甲兵百万的东北新军督练公所总参议。年方25岁的蒋方震不禁踌躇满志，豪情勃发。

蒋方震特地穿上一身戎装，腰挂佩刀，足蹬军靴，挺胸收腹，俨然一位得胜凯旋的将军，引得路人纷纷驻足观望。

蒋方震在旅馆里安顿下来，准备在上海探访几位朋友之后先回硖石老家省亲，然后转赴东北走马上任。

有一天，蒋方震在旅馆的庭院里散步时，碰到一个身着长衫、面容清瘦的中年人，他从头到脚仔细打量蒋方震，口中啧啧有声，心中若有所思，一副欲言又止的样子，使蒋方震颇觉诧异。出于礼貌，蒋方震随口与他打了声招呼，这人乘机作了一番自我介绍，说他是远近闻名的张铁口，是个相面的相士，见蒋方震气度不凡，愿意为他免费相一相面。蒋方震自幼饱读圣贤之书，对算命先生的一套本不感兴趣，但这天见张铁口一副郑重其事的样子，忽然间心血来潮，乃逢场作戏，听张铁口有何见教。

张铁口仔细观察了蒋方震一番，脱口说道："神清音雅，雪彩春融，文名千载，疆场无功。"[①]蒋方震听到"疆场无功"四字，认为是无稽之谈，不觉笑出声来。张铁口抱拳拱手，匆匆作别而去。

踌躇满志的蒋方震当然不会把张铁口的话放在心上。古语有云："事在人为。"方今国家处在多事之秋，正是英雄豪杰建功立业的大好时机，只要认认真真做事，踏踏实实做人，不怕苦，不怕死，又怎么会"疆场无

---

① 高拜石：《古春风楼琐记》第3集，台湾新生报社1979年版，第313页。

功"呢？

  然而天下之事却也难说得很，纵观蒋百里的一生，虽然门人弟子满天下，且多有战功显赫的高级将领，但蒋百里本人的功勋却不在战场之上而在庙堂之内，命耶？运耶？只有老天知道。

二、无奈的总参议

蒋方震在硖石老家探亲访友，盘桓十数日之后，即北上直奔奉天（今沈阳），就任总参议之职。

他的顶头上司是盛京将军赵尔巽。赵尔巽，字公镶，号次珊，室名遂园，1844年生于辽宁铁岭县，隶属汉军正蓝旗。他同治十三年中进士，授编修，历任安徽、陕西等省按察使，甘肃、新疆、山西布政使。1903年任河南巡抚，后内调北京，署理户部尚书。1905年4月9日，盛京将军增祺奉召进京朝见，5月7日以丁忧免职，同日命赵尔巽为盛京将军。

东北地区是满族人的故乡，是所谓"龙兴之地"，历来被清政府视为禁区，禁止外地民众擅自迁入。东北未设行省，由盛京将军全权负责军政事务，地位高于各省的总督、巡抚。

东北地广人稀，物产丰富，土壤肥沃，是山东、河北和河南等地贫苦民众向往的乐土，在有清一代，尽管禁令极严，但他们一批又一批地冒着极大的风险从海上和陆路潜往东北，俗称"闯关东"。正因为如此，关东历来民风剽悍，土匪猖獗，吏治松散，文化落后，不但各级官吏束手无策，就是清政府也颇感头疼。

关东的土匪以辽河两岸最多，经过多年的互相残杀和合并，到20世纪初形成了几个大帮：

（一）冯麟阁帮。冯麟阁是辽宁海城县人，官府衙役出身，因个人私欲太大难以满足，遂聚众抢掠，横行于辽河两岸。他纠合各处散兵游勇和赌徒流氓等数百人，盘踞在田庄台、辽中、台安、锦州和彰武一带，抢劫淫掠，无恶不作，是几股土匪中势力较大的一帮。

（二）金万福帮。金万福又名金寿山，辽宁海城县人，兵痞出身，早年混入天津小站的北洋新军，当过一段时间的小头目。后来跑回家乡，纠集了一批地痞流氓和赌徒，干起了打家劫舍的罪恶勾当。

（三）杜立三帮。杜立三原名杜国义，字阁卿，乳名立子，排行老三，辽中县青麻坎人，出身土匪世家，是个凶悍残酷杀人如麻的枭雄。他盘踞在辽阳、新民和海城三县交界处的三界沟。此地沟渠纵横，堤道骈联，碉堡四立，重门深巷，地势险要，易守难攻。据说杜立三有八个老婆，都是骑马打枪百发百中的刁女悍妇，其中有个姓王的是用菜刀砍死前夫后嫁给杜立三的。

（四）张作霖帮。张作霖，字雨亭，1875年生于海城西小洼子。张氏家族原籍河北省河间府大城，先祖本姓李，过继张家后改姓张。道光年间，因家乡灾害频仍，饿殍遍地，张作霖的曾祖父张永贵被迫拖家带口闯关东来到东北，先在广宁高山子落户，后迁往海城县。张作霖从小游手好闲，不务正业，嗜赌成性，长大后拉帮结伙，当上了土匪头目。1901年他与张景惠匪帮合并，后又接纳汤玉麟和张作相两股土匪，势力大增，成为各帮土匪中的"后起之秀"，其活动范围主要在新民厅境内。

对于这些横行于"龙兴之地"的土匪，清政府多次派兵清剿，但收效甚微。1902年，盛京将军增祺采纳新民厅同知廖彭的建议，改清剿为招抚，成立南路辽河两岸招抚局，负责招抚事宜。

善于投机钻营的张作霖闻风而动，率先向增祺投诚，表示愿意接受招安。1902年10月，新民厅改为新民府，以增韫为知府，他按照增祺的指示，将张作霖一伙招安，编成巡防马步游击队，下设一营，营下设两哨骑兵、三哨步兵，以张作霖为管带，张景惠为帮带，依荣廷为书记官，孙烈臣、汤玉麟和张作相等人为哨官。张作霖摇身一变，由土匪转为朝廷命官。后来，冯麟阁和金万福等匪帮也接受了招安。

1905年赵尔巽继任盛京将军后，对土匪仍旧采取招抚政策，他还采取以匪治匪的办法，命张作霖清剿未接受招安的土匪。张作霖已今非昔比，人手增多，兵强马壮，武器精良，数次出击皆凯旋而归，深得赵尔巽的器重。

赵尔巽虽然是进士出身，在旗人中颇有名望，在湖南巡抚任上的官声也不错，但他毕竟见识有限，才具也不足。尽管他想有所作为，但在旧思想的支配下，在旧势力的包围中，很难开辟一个新的局面出来。

1906年，赵尔巽在军事方面采取了两个新举措，一是设立负责训练新军的督练公所，自兼督办，特任蒋方震为总参议，具体负责练军事宜；二是设立负责整顿地方旧军的巡防营务处，以张锡銮为总办，以张作霖为前路统领，将新民巡防营扩编为马步五营，由张作霖统带。

张锡銮，字金波，浙江杭州人，行伍出身，1875年在奉天讨伐土匪立了战功，历任通化知县、锦州凤凰厅候补道、直隶海防营务处总办和福建兴化知府等职。1901年调回东北，任奉天东边道税务总监、中军各营统领等职。他和张作霖等人形成东北地区旧军人的代表。

与南方相比，新思想、新观念和新学问在东北地区的传播还处在萌芽状态，守旧势力根深蒂固，占压倒优势，赵尔巽在奉天推行新政，比在湖南巡抚任上困难得多。至于编练新军，一开始即受到以张锡銮和张作霖为代表的旧军人的抵制和掣肘，因为编练新军直接威胁到旧军队的地位和生存。

踌躇满志的蒋百里一到奉天上任，即卷入新旧矛盾的漩涡之中。与他一同到奉天的还有张孝准和林摄等人。虽然请来了一些高才生，但由于东北情况特殊，赵尔巽也不敢得罪旧军人，所以旧军人的气焰十分嚣张。蒋百里等人显得势单力薄，处处受到掣肘甚至敌视，不但新局面不易开辟，而且安全问题也令人担忧。

陈仲恕看到问题严重，私下里对蒋百里说："奉天军队庞杂，新旧水火，你留在这里是无益的。你年纪还轻，不如到德国求深造，将来的前程更远大。"蒋百里非常感激老师陈仲恕的提醒和忠告，在奉天上任虽已三个月之久，但诸事还未理出头绪，短期内新旧格局也不会发生大的改变，所以决定先离开这个是非之地。

他找机会直接向赵尔巽进言:"我在日本学的是初级军事。中国国防应当取法乎上,研究世界军事。世界陆军以德国陆军为最强,我希望能有赴德实习的机会。"①

赵尔巽与当时的许多封疆大吏一样,很爱惜青年人才,也怕蒋百里等人在旧势力的包围中被埋没。他爽快地同意了蒋百里的要求。他选蒋百里、张孝准和林摄三人赴德国实习,不过他要蒋百里先作为奉天的观操大员赴彰德观秋操,然后直接出洋。这样的安排使蒋百里顺利地摆脱了困境,踏上了新的征程。

---

① 陶菊隐:《蒋百里先生传》,第24页。

三、观彰德秋操

所谓秋操,就是秋季军事演习。

1905年10月末,袁世凯编练的北洋军在河北省河间府举行了中国历史上第一次大规模的近代化军事演习。北洋六镇中抽调2万多人,分成两军,由王英楷、段祺瑞分别担任总统官。王军由山东北上进攻,段军由保定南下防御,最后两军在河间一带会合,演习结束后举行阅兵典礼。这次演习检验了清政府十年来编练新军所取得的成绩,受到中外舆论的关注。

1906年10月22—25日,北洋军和湖广总督张之洞编练的新军在河南彰德府举行更大规模的野战演习。清政府派直隶总督兼北洋大臣袁世凯和练兵大臣铁良为阅兵大臣,以王士珍为中央审判长,冯国璋为南军审判长,良弼为北军审判长,各省选派观操大员,各国驻华武官和中外记者也应邀前来观礼。蔡锷是广西的代表,蒋百里是东北的代表。

这次秋操以驻扎在山东的第五镇(师)内抽调步兵一协(旅),骑兵和炮兵各一标(团),工程队一营,驻扎北京南苑的第六镇内抽调步兵一协,驻扎直隶的第四镇内抽调炮兵一标,编成混成第五镇,又在京旗第一镇内抽调步兵一协,骑兵和炮兵各一标,工程队一营,编成混成第一协,合编为北军,以段祺瑞任总统官。

南军则以驻扎湖北的第八镇全镇和驻扎河南的第二十九混成协全协合编而成,以张彪为总统官,两军官兵总计32900余人。

北军拥有陆路炮54门,过山炮36门,步枪9288支,马枪1116支,接济车415辆,弹药车54辆,马骡1500匹。北军一律穿土黄色军服。

南军拥有陆路炮36门,过山炮54门,步枪9294支,马枪1080支,接济车393辆，弹药车36辆，马骡1243匹。南军一律穿蓝色军服。

1906年10月20日，南军集结在淇县北关一带，北军集结于彰德府的刘家辛庄和丰乐镇一带，形成两军对垒之势。

10月22日，随着一声令下，演习正式开始，南北两军以实战模式展开对攻，马步炮各军全部投入战场，一时之间枪炮声四起，喊杀声震天。蒋方震和各省观操大员随同几位裁判官骑马驰骋各处战场，往来观察，比较南北两军的成败得失。

经过三天的较量，实战演习于24日圆满结束。评比结果，北军在各方面都优于南军。

阅兵大臣犒劳全体将士，每镇发赏银5000两，每协发2500两，令官佐采购酒肉让官兵开怀畅饮。

25日，南北两军整齐地集合于彰德阅兵场，按照预颁教令，依次排列，接受检阅。阅兵大臣袁世凯和铁良，裁判官王士珍、冯国璋和良弼，各省观操大员以及外宾皆身着军衣，腰挂佩刀，骑马巡视检阅，场面颇为壮观。

检阅完毕，袁世凯和铁良在彰德城内大摆宴席，庆贺此次秋操圆满成功，八方来客在觥筹交错和欢声笑语中度过了难忘的一天。

蒋百里见到分别两年之久的好友蔡松坡。蔡松坡在广西深得巡抚李经羲的赏识和扶持，在广西办学堂、练新军，颇为得心应手。此次奉派前来观操，以广见闻，带着他的得意弟子雷飙作随员，自有不同凡响的翩翩风度。

两人见面，诉不完的别来之情，道不尽的人生百味。流逝的是无情的岁月，不变的是真挚的友谊，在未来的人生道路上，他们两人还将风雨同舟。

蒋方震还通过良弼结识了青年俊才李华英。

良弼，字赉臣，爱新觉罗氏，满洲镶黄旗人，生于1877年。他是日本陆军士官学校第二期步兵科的毕业生，在日本时就认识蒋方震，对蒋方震的才华和学识十分激赏。良弼和曾赴日本考察过军事的铁良都是八旗子弟中的后起之秀，对练兵和网罗人才都很重视。良弼向蒋方震介绍了四川总督锡良派来观操的李华英。

李华英，字小川，云南人，毕业于四川武备学堂，能文能武，名气不弱于当年的"碛石才子"蒋方震。

日本留学归来的良弼获悉李华英的情况后，有意培养和提携，就派他到日本考察军事，并嘱咐他前去向蒋百里请教。不巧的是，李华英到日本时，蒋百里已回国，两人就这样失之交臂。李华英此次奉派观操，是个拜会蒋百里的好机会。

蒋方震曾受到方雨亭、陈仲恕、梁启超等人的提携，所以他十分爱惜人才，对奖掖晚辈、后学不遗余力。当他听完良弼的介绍后，迫不及待地连夜去找李华英。

李华英和另外三人睡在一个大炕上，忽然有人摸到他的头，问他是不是云南人李小川，他答应说：是。那人便叫他穿衣起床，一同去看夜间演习，李小川依言而行。出门以后，那人自报姓名，原来就是他仰慕已久的蒋百里。

他们两人志趣相投，个性相近，谈得极为投机，都有相见恨晚之感。李小川视蒋百里为良师，而蒋百里则视李小川为益友，二人互相勉励，期待将来都有一番作为。

秋操结束，众人各自打道回府，李小川径回四川，蒋百里则南下到汉口，乘轮船赴上海，准备放洋赴德国。

李小川回到四川不久，即收到蒋百里在船上给他写的一封信：

小川吾兄阁下：

河梁一握手，北走南驰，正不知此日行旌行将何指，而此书之能入公目触公手者，又复不知何日？仆之作此书，则九月十四日离芜湖十里许长江轮舟中也。仆预定十五日至申，二十东渡。出汉口，乃知申府兄已向宜昌，本欲有言由申府兄转达，今无及矣。阁下以明敏之资，又复富于研究，务记扩其眼界而坚其志向，则此后功业，要非仆所能识也。仆之于君，交仅一面，遽砚颜作此等语，人或笑之，但区区之忱，固有莫知其然而然者也。到东后，公如有志往东留学，尽以书来，一切事当为君设法任之。临风怀想，不尽依依。①

李小川当时年仅18岁，蒋百里与他只有一面之缘，却写出了如此感人肺腑的书信，使李小川非常感动，给他留下了极为深刻的印象。数十年后，双鬓斑白的李小川还能一字不漏地背诵这封信的全文。每谈到蒋百里的知遇之恩，他总是禁不住潸然泪下。

10月31日，蒋百里在旅途中写信给李小川，11月1日抵达上海，稍作勾留之后，于6日乘船至日本，然后乘远洋巨轮前赴德国。赵尔巽给他拨款万元，经费十分充裕，与当年自费留学日本的苦况不可同日而语。

甫离东洋，又向西洋，蒋百里脚下的路还很长！

---

① 蒋百里：《致李华英（小川）函》（光绪三十二年九月十四日），蒋复璁、薛光前主编：《蒋百里全集》第1辑，第71页。

四、游学德国的日子

20世纪初,德国的军事在世界上数一数二,是所有初出茅庐的青年军人向往的地方。蒋方震在日本时就大量阅读过日本人翻译的德国军事名著,如克劳塞维茨的《战争论》等。他和士官学校的其他人一样,也梦想有朝一日到德国去,学习世界上最先进的军事理论和战术技巧。

他没有想到这一天会来得如此之快。

1907年初,26岁的蒋方震远涉重洋,来到德国。他在这个完全陌生的环境中整整生活了四个年头。他遍访名师,努力学习最先进的军事理论。他大量阅读欧洲的文学、哲学和史学名著,探求欧洲文化的底蕴。他遍游德国和意大利的名胜古迹,追寻历代诸侯征战杀伐的遗存和仁人志士留下的遗风。在这过程中,他丰富了学识,增长了见闻,开阔了眼界,为他后来在军事、文化和外交等领域取得非凡的成就奠定了良好的基础。

蒋百里到德国突击学习了一段时间的德语后,直接到德国陆军第七军中担任实习连长,驻扎在柏林附近的埃伯斯瓦尔德。由于他勤奋好学,踏实肯干,很快就熟悉并掌握了德军的管理制度和行为规范。加上他深厚的中外文化知识根基和在日本士官学校所受的系统训练,使他很快在第七军中崭露头角,获得下属的尊敬和上司的赏识。

当时担任第七军军长的是德国名将兴登堡。在一次演习中,蒋方震表现出卓越的组织和指挥才能,引起兴登堡的注意。他亲自召见蒋方震,拍着他的肩膀勉励说:"从前拿破仑说过,若干年后东方必出一伟大的将才,这或者就应在你的身上吧！"①事后，兴登堡又与蒋方震合影留念。兴登堡的评语传扬开来，军中同僚对身材瘦小的蒋方震更是刮目相看。这些话还通过在德国的其他中国留学生之口传到国内，蒋方震的名头就更加响亮了。蒋方震长相清俊，为人谦和，好学上进，深得驻地附近德国居民的喜爱。热情好客的阿司特夫人主动辅导蒋方震学德语，成了他最好的德语老师。她对蒋方震关怀备至，使身处异国他乡的蒋方震深受感动，后来干脆认她做了干娘。30年后，当蒋方震携妻带女再到柏林时，这位令人尊敬的阿司特夫人依然健在，谈起蒋方震在德国游学时的往事，她如数家珍，讲得绘声绘色，令人称奇。

德国军人在社会上拥有极高的地位和声望，年轻有为的中下级军官更是未婚的名媛、淑女争相抛撒彩球的对象。这与中国的情况截然不同，中国素有"好铁不打钉，好男不当兵"的说法，许多人是生活所迫才去当兵的，所以缺乏荣誉感和责任感，开小差的现象十分严重。经过对比，蒋方震对中国军队种种积弊的原因有了更深刻的洞察。后来他担任保定军校校长，着意培养优秀的军事人才，并在各种场合呼吁优秀青年学子投笔从戎，从根本上改变中国军队的素质。凡此种种，都与他在德国的经历有关。蒋方震还特别注重培养军人独立的人格意识，反对军人干预政治，这也与德国军人相对独立和超然的特点有关。

蒋方震是个多才多艺的人，他很快就融入德国军人的生活之中，与地位相当的青年军官参加各类活动。他学会了交谊舞，甚至跳得比德国人都好。有一次，他参加交谊舞比赛，以优美流畅的华尔兹舞步荣获第一名，引起不少窈窕淑女的注意。

蒋方震在军中有一好友，是军事名著《战略论》的作者伯卢麦的侄子。两人年龄相仿，意气相投，在军营中结下了深厚的友谊。有一次野外演习归

---

① 陶菊隐：《蒋百里先生传》，第26页。

来，他们两人骑马并肩而行，一路谈天说地。蒋方震忽然问小伯卢麦："你看我将来在军事上，可以做什么官？"小伯卢麦笑着回答说，蒋方震可以担任军事内阁长（即德国皇帝的军事秘书长）。

蒋方震颇为不服，说："我难道不配做参谋总长？"

小伯卢麦说："不是这么说的，我们德国参谋部要选择一个有性癖的，或有点疯子气的人做参谋总长。"

蒋方震虽然觉得很奇怪，但未让小伯卢麦进一步解释，转而问他对陆军部长有何看法。小伯卢麦说："参谋总长是公的，陆军部长是母的，我们青年军人不想当陆军部长，因为他是陆军的母亲，要有点女性的人，才干得好……参谋总长的性质同陆军部长不同，不要他注意周到，要他在作战上看出一个最大要点，而用强硬的性格，不顾一切地把住它，因为要不顾一切，所以一方面看来是英雄，一方面看来是疯子。军事内阁长是专管人事，要是有性癖的人去干，一定会结党，会不公平，要是有女性的人去干，就只会看见人家的坏处，这样不好，那样不好，闹得大家不高兴。我是恭维你人格圆满，不是说你没有本领啊！"①

蒋方震后来享誉华夏，除了他具有超凡的文韬武略外，也与他近乎完美的品德修养有很大关系，小伯卢麦在当时堪称慧眼识人。

1910年秋蒋方震回国以前，承小伯卢麦的介绍，在柏林以南的森林别墅中拜见了心仪已久的伯卢麦。当时伯卢麦已70余岁，须发皆白，垂垂老矣，但是"老骥伏枥，壮心不已"，伯卢麦每天仍然伏案挥毫，笔耕不辍，要把自己全部的军事思想和实践经验传示后人。

伯卢麦热情地接待了蒋方震。由于有许多共同的话题，他们两人谈得十分投机。伯卢麦投入许多时间和精力对他的代表作《战略论》一书进行

---

① 蒋百里：《张译鲁屯道夫全民族战争论序》，蒋复璁、薛光前主编：《蒋百里全集》第2辑，第195—196页。

了修改和补充，交由出版社出版。他向蒋方震展示了修改时参考的各种材料，不厌其详地阐述了过去55年里战略战术的演变概况，使蒋方震获益匪浅。最后，他还把新版《战略论》的中文翻译出版权无偿地授予蒋方震。他勉励蒋方震继承和发扬中国古代军事大家的思想和风格，力争成为中国新一代兵略家中的佼佼者。这次会面给蒋方震留下了深刻的印象，成为激励他奋发图强的一个重要因素。

蒋方震从小酷爱读书，经常手不释卷。德语过关后，便利用空余时间大量涉猎文学、史学和哲学名著。由于赵尔巽给他的经费十分充裕，他便大批购买自己喜欢的书籍，如《歌德集》《席勒集》和但丁的《神曲》等名篇巨著，他都买来置于书架之上，时常翻阅。

莎士比亚是西方文学巨匠，在欧洲各国享有极高的声誉。德国人自诩德文版的《莎士比亚全集》比英文原著还要好，蒋方震从友人处借来一套，日夜攻读，几乎到了废寝忘食的地步，只用一个星期的时间就读完了全书。

蒋方震对歌德的作品情有独钟。埃伯斯瓦尔德的周围有许多橡树，一到秋天，橡树的叶子落下来铺在地面上，到处都是黄澄澄的一片，宛如一幅优美的风景画。蒋方震经常席地而坐，高声朗诵歌德的作品。他的德语发音虽然不太准确，但声调抑扬顿挫、铿锵有力，给阿司特夫人留下了深刻印象。30年后，阿司特夫人对蒋方震的女儿们讲述当时的情景，犹自赞叹不已，说坐在"画"中诵读的蒋方震依稀如神仙中人。

在哲学方面，蒋方震对康德最为推崇，对康德的作品颇下了一番功夫。1930年他被蒋介石关进监狱后，仍在研究康德的著作。他还让人把一张康德的画像配上像框，挂在牢房的墙上，为自己增添战胜困难和噩运的信心与勇气。

蒋方震精通中国历史，对历史事件和人物的评价常有独到的见解，不喜欢人云亦云。到德国以后，他通过读书和游历，对欧洲的历史和文化有了深入的了解。他对古希腊的文明和古罗马的强盛赞叹不已。他对发轫于意大利的欧洲文艺复兴运动的历史尤其感兴趣。他利用假期到意大利游历，追寻达·芬奇、米开朗基罗等文艺复兴巨匠的足迹。他徘徊在罗马的大街小巷，体察一种全新的文化氛围和生存状态。

有一天，他到一家设在地窖中的小酒家，要了一盘牡蛎、一瓶酒，坐在角落里独斟独饮。四周摆放着酒瓶架，陈列着各式各样的醇醴美酒，使人仿佛置身于酒乡之国。突然间一个卖唱的人拉着小提琴唱着歌走进来，给这安谧宁静的酒家平添了几分浪漫的情调。

蒋方震参观了梵蒂冈的圣彼得大教堂，有幸看到了天主教的弥撒大典。在一片庄严肃穆的气氛中，教徒们诚惶诚恐地向教皇顶礼膜拜，一如中国的臣民向皇帝三跪九叩一样。蒋方震虽非教徒，但他的心灵也被那宏伟壮观的场面深深地震撼了。

蒋方震到历史名城佛罗伦萨，欣赏历代艺术大师的雕塑和绘画，领略传世之作巧夺天工的神韵。他到那不勒斯，参观被维苏威火山埋葬过七次的那座小城，既惊叹于大自然威力无比的破坏力，同时又深为当地人民与灾难斗争的勇气所折服。

在欧洲期间，蒋方震受到西方文化的熏陶，接受了民主精神和人文精神的洗礼，这些都对他那与众不同的独立人格的养成起到很大的促进作用。他后来写作出版了《欧洲文艺复兴史》，其基础就是在这个阶段奠定的。日本和德国的游学生涯，最终使他成为通古晓今、学贯中西的大学问家而名垂青史。

蒋方震在德国还受到共产主义思潮的影响。20世纪20年代他主编的《改造》杂志，发表多篇文章，参加了当时的社会主义和共产主义问题大讨论。他在《是不是奢侈的装饰品？》一文中回顾说："吾之共产思想盖发生于留德之时。吾见夫学府之宏博高远非有相当资产不可以得学也，吾见夫中产阶级之子弟以学费之困难而中途辍学也，吾乃言曰：贵族占有地位不要紧，贵族占有学问则可恶，资本家独占财产不要紧，资本家独占智识则可恶。"①蒋方震从小家贫,差点上不起学,所以他希望每一个人都能享有上学受教育的权利。他后来不遗余力地奖掖和提携后学、晚辈,与他早年的经历大有关系。

1907—1908年,清政府派驻德国的公使是孙宝琦。当时国际关系风云变幻,在远东有重大利益关系的英国和日本结成盟友,以对抗俄、美、德等国。德皇威廉二世审时度势,提出了结成中、美、德三国同盟的构想。他认为世界上德国最强、美国最富、中国最大,三国结盟,必将雄霸世界。他派人与驻德公使孙宝琦秘密磋商,并建议中国派特使赴美国进行商谈。

威廉二世打算等三国的协商略有眉目后,让皇太子到中国访问观光,以示隆重,以表诚意。

1909年4月,荫昌继孙宝琦担任驻德公使。荫昌十分欣赏蒋方震的才学,认定他将来必能成为国之栋梁,所以有意培养和提携他。荫昌打算让蒋方震负责德国皇太子访华时的各项接待工作,给他一个充分展现才华的机会。可惜的是三国同盟之议始终停留在口头上,没有实质性的进展,德国皇太子终未成行,接待工作也就无从谈起了。

---

① 蒋百里:《是不是奢侈的装饰品?》,蒋复璁、薛光前主编:《蒋百里全集》第1辑,第162页。

五、京华烟云

1910年秋,蒋方震结束了在德国的游学和实习,绕道莫斯科,乘火车经西伯利亚回到阔别四年的祖国。

当年派蒋方震赴德的盛京将军赵尔巽已不在东北,蒋方震在东北素无根基,没有赵尔巽,他在东北很难立足,所以他来到日本士官毕业生云集的北京城谋求发展。

清政府在新军之外,另组建了一支禁卫军,作为嫡系部队,由宗室载涛统领,并任命良弼为禁卫军第一协协统,辅佐载涛。由于载涛对军事一窍不通,良弼实际上担负着全军的管理和训练工作。

良弼得知蒋方震学成归国,十分高兴,将他接到光明殿胡同自己的家中居住,两人朝夕相处,商讨练兵大计。

良弼请蒋方震到第一协担任一名标统,助自己一臂之力,但蒋方震力辞不就,自请担任一名管带(相当于营长)。他在德国只担任过实习连长,他不想越级升迁,让别人说他是靠良弼升官发财的。他想凭自己的真本事从基层扎扎实实干起,在实践中锻炼和提高自己。

由于蒋方震学识渊博,带兵有方,且为人正直,待人谦和,所以很快就赢得士兵的尊敬和信任。当时军中逃兵非常之多,防不胜防,当官的叫苦不迭,因为军纪规定,逃兵达到一定数量,主官要受处罚,逃兵穿走的军装,也要由主官赔偿。由于蒋方震能善待士兵,所以在他任管带的四个月中,属下的500余名官兵中只出现了十余个逃兵,在全军各营中是逃兵数量最少的。他既受上司的赏识,又受士兵的拥戴,这在当时的军营中是比较少见的。后来,当赵尔巽调他去奉天任职时,士兵围住营门不让他走,他得到良弼的协助才得以脱身。

蒋方震在北京还常与吴禄贞、李书城等士官毕业生来往。吴禄贞从友人处筹得2万两银子送到庆亲王奕劻的手中,谋到驻扎保定的陆军第六镇统制(相当于师长)的职位。他摩拳擦掌,准备大干一番,练成一支能征善战的精兵。但到任以后他才发现事情远比想象的复杂,他时时受到陆军部各级官僚和军中守旧势力的掣肘,有令难行,有禁不止,想调的人调不进来,想撤换的部将撤换不了,使他陷入困境。这与蒋方震当年在东北的境遇颇为相似。吴禄贞见事情难为,遂生去意,向日本正金银行借款8000元,在北京东城大方家胡同修建了一所楼房常住下来,很少再过问保定的军务。李书城常追随吴禄贞左右,也应邀住进了这座楼房。

蒋方震回国后也成了吴禄贞府上的常客。当时,士官派在军队中已形成一定的势力,吴禄贞的家是他们聚会的一个主要场所。

吴禄贞曾介绍蒋方震和李书城到军谘府大臣载涛的府邸,替载涛整理和编辑他赴各国考察军事的记录。载涛不善于舞文弄墨,又不懂军事,让他担任军谘府大臣并统领禁卫军,实在是难为他了。

吴禄贞1907年随东三省总督徐世昌赴奉天,充任军事参议。由于日军寻找借口侵占了吉林延吉的间岛,挑起边界纠纷,徐世昌派吴禄贞充任延吉边务帮办,前往调查处理。根据历史文献和实地考察,吴禄贞写成《延吉边务报告书》三册,证明延吉自古就是中国领土,并据理交涉,迫使日军退出侵占的地方。有了这次正面交锋,吴禄贞、李书城等士官生对日本亡我中国之心有了深刻的洞察,对日本人的一举一动保持着高度的警惕,都想加强边防力量,御敌于国门之外。这与蒋方震从日本归来后赴奉天整军经武的初衷可谓不谋而合。现在他们几个人聚在一起,朝夕恳谈,讨论应付日本的长远之计。讨论结果,他们决定先给清政府上一道密折,提出几条建议,要清政府洞悉日本人之奸谋,采取有力措施,作未雨绸缪之计。

密折揭露了日本的侵略本质,明确指出:"日本图我,已非一日。甲午之战，启外人侮我之端；庚子之役，为各国进兵之导。胜俄以后，野心愈炽。夷朝鲜为版图，视东省为外府。"他们陈述了造成祸端的原因，列举了有关的证据，然后提出了一项治本之策和两项治标之策。

治本之策：改革中枢机构，将军事和行政分开管理，"凡与国防甲兵有关系之交通及外交事宜须受军谘大臣处理，以一事权；军机处改为内阁，以政事委之，不必令其参与军务"。

治标之策：一是制定外交政策，二是制订防御计划，内政外交双管齐下，有效遏制日本人的凶焰，使他们不敢轻举妄动。

他们在密折中还痛切陈述了国内军队腐败落后的情形。他们举第六镇为例加以说明。第六镇共有官长400名，而其中受过正规军事教育、符合军官条件者不足50人，甚至有年届60岁仍担任排长者，"官长如此，兵士可知。是曰新军，实为乌合"，其他如长官克扣军饷、体罚士兵；部队军纪败坏、装备简陋等弊端，不胜枚举。所以他们向清政府呼吁："冀自今始，急筹所以补救之道。否则，一旦有事，虽予以一月之准备，而拔队起程，未可期也；能战与否，未可知也。"[①]

他们呈上密折后，清政府特赐御馔，以资表扬和鼓励，并表示要采纳他们的建议。但是，由于辛亥革命的激荡风云很快席卷而来，清政府自身尚且不保，更谈不上加强边防抵御外侮了。

尽管如此，蒋方震对日本的狼子野心始终保持着高度的警惕。在以后的岁月里，他不论是在朝还是在野，不论处在顺境还是逆境，都始终关注着日本人的动向。他常年订阅日本的报纸，广泛接触日本朝野人士，研究日本的政治、经济、军事和外交动态，追踪日本对华政策的演变，为中国的国防建设出谋划策，奔走呼号，晚年拖着病弱之身积极投身全民族的抗日战

[①] 李书城：《我对吴禄贞的片断回忆》，《辛亥革命回忆录》第5集，中华书局1963年版，第453页。

争中，因劳累过度、积劳成疾而病逝于陆军大学代理校长任上。他为抗日而逝，实现了自己为国家、为民族"鞠躬尽瘁，死而后已"的诺言。这一切绝不是偶然的，在他早年的思想和活动中就可以看出，爱国主义对他来说不是一句空洞的口号，而是实实在在的行动。

蒋方震在北京还见到儿时的好伙伴张宗祥。张宗祥1899年中秀才，1902年中举人，因科举制度废除，无缘高中进士，乃于1910年到北京参加了选拔官吏的考试，获殿试一等的优异成绩，被选入大理院任推事。少时好友，京华聚首，自有聊不完的话题。

有一次他们两人深夜长谈，蒋方震说起与查品珍的婚约，感慨系之。他们订的是娃娃亲，谈不上有什么感情，后来蒋方震出国留学，眼界大开，觉得在文化程度、生活习惯和思维方式诸方面与查品珍差异太大，勉强成婚对两人都将是不幸之事，所以写信给母亲提出退婚。蒋母杨镇和婉转地对查家人说，蒋方震留学得许多年，恐怕会耽误查小姐的青春，不如解除婚约。但查小姐坚决不同意退婚，她答复说，若蒋方震留学十年，她便等待十年，若留学百年，她便等待百年。按当时风俗，两人订亲就等于结下了生死之约，女方无故遭男方退亲，是一件极为丢脸的事，为家族和个人考虑，查品珍当然不会轻易解除婚约。随着时间的推移，蒋方震和查品珍都接近了而立之年，即使按照今天的标准来看，他们也步入大龄青年的行列，这样继续拖下去，多有不妥，何况杨镇和还盼望着早一天抱孙子呢！

1911年早春，蒋方震返回硖石老家，与查品珍举行了婚礼。虽然他对这桩婚姻很不满意，但他别无选择。

蒋方震在硖石稍作逗留后，来到杭州，在西湖边上的高庄大宴宾客。他在杭州有许多同学和朋友，这顿喜酒是无论如何也免不了的。高庄是蒋方震的士官同学高子白的宅第，他们两人也是至交，兄弟般的友情保持了数十年。1938年蒋方震病逝后，高子白赋诗四首以为纪念，其中云：

忍将老泪哭齐年，童稚情亲倍黯然。
岂仅文章垂后世，更无谈笑获随肩。
攘夷方急中原日，贵志长悲欲晓天。
伯道乏儿苏武妇，我来何处吊新阡？
松坡早谢韵松亡，黯黯同侪欲息铓。
驱狄方期峰井伯，挥戈忽丧鲁灵光。
才闻汉节旋殊域，遽报箕星陨鬼方。①

在老家度过蜜月后，蒋方震告别母亲和新婚的妻子，回到北京继续担任禁卫军的管带。不久，赵尔巽调任东三省总督，召蒋方震前去任职，蒋方震遂再度出关，远赴奉天。

---

① 寂寞宜州山下月，只应黄九与参行。高子白：《挽诗》，蒋复璁、薛光前主编：《蒋百里全集》第6辑，第204页。

六、奉天历险

1911年4月20日,清政府谕命赵尔巽为东三省总督。

赵尔巽把蒋方震等人派往德国留学之后,在盛京将军任上并未待太长时间。

1906年底,在庆亲王奕劻和袁世凯的推动下,清政府决定将东北改为行省,派奕劻之子载振和徐世昌出关考察。当时,奕劻和袁世凯内外勾结,权势熏天,一切用人行政主要由他们二人商定。袁世凯认为东北改行省是扩张其北洋势力的绝好机会,所以在载振路过天津时大加贿赂和笼络,他的手下段芝贵还投载振所好,将女伶杨翠喜买下送给载振为妾,极尽巴结之能事。

1907年4月,东北正式改制,分为奉天、吉林和黑龙江三省,盛京将军一职撤销,以徐世昌为东三省总督,兼管三省将军军务,以唐绍仪、朱家宝和段芝贵分任奉、吉、黑三省巡抚,他们四人均是袁世凯的党羽。这样一来,清政府历来不愿让汉人染指的"龙兴之地"转眼间纳入袁党的势力范围,赵尔巽在东北失去立足之地。

清政府也没有亏待赵尔巽,调任他为四川总督,9月改授湖广总督,1908年又再度调任四川总督。

1909年1月2日袁世凯被勒令"回籍养病"后,徐世昌即于2月9日被调离,而以蒙古族人锡良接替东三省总督。

1911年初,赵尔巽进京朝见。4月18日,锡良因病免职,赵尔巽得到再回东北的机会。当年被人挤出奉天,而今蒙浩荡皇恩再度出关主政,赵尔巽打算以总督的身份在东北兴利除弊,有所作为,以不负众望。他上奏清政府，要求赋予他用人行政的便宜处置之权，以求事权划一而减少各方面的阻力。5月6日，清政府发布上谕，准其所请。谕曰：

> 东三省情形本与腹地不同，自日俄战后，改设行省以来，朝廷鉴及办事诸多棘手，更未尝尽以文法相绳，现值事机愈迫，尤须内外协力维持，以期稍补万一。着即照所请，所有用人及各项要政，均准其便宜措置。①

要想有所作为，网罗人才是要紧之务。赵尔巽上任伊始，即想到了当年派往德国学习军事的蒋方震，如此誉满中外的人才，怎能不为我所用？

他专折奏请朝廷批准蒋方震再回东北任督练公所总参议。与前次不同，蒋方震正在良弼的禁卫军中任管带，是中下级军官，越级升为总参议，不符合朝廷按部就班的升迁原则，赵尔巽就在奏折中加以变通，不提蒋方震的管带官衔，而称"陆军留学生蒋方震"，顺利地得到朝廷的批准。这样，蒋方震又成了头戴二品顶戴的高级官员了。

良弼视蒋方震为左右手，当然不愿放他走，但一则有清政府的谕旨，二则良弼也不能耽误蒋方震的前程，所以只有忍痛放人。

不过，营中官兵获知他们的管带要走，群情激昂，把蒋方震包围起来，坚决不让他走，连良弼也劝解不开。最后，良弼派人用梯子把蒋方震从楼房后面偷偷接下来，让他当天就乘火车离开了北京。

蒋方震赴奉天上任，见到老长官赵尔巽，也见到恩师陈仲恕。陈仲恕一直在赵尔巽幕府中，颇得赵的倚重。有缘则聚，缘尽则散，陈仲恕和蒋方震的师生缘绵延不绝，堪称一奇。

---

① 《宣统政纪》卷52（自宣统二年五月至宣统三年十二月），沈云龙主编：《近代中国史料丛刊》三编第十八辑，文海出版社1986年版，第905页。

此时的东北已与六年前大为不同,虽然张锡銮和张作霖等旧军人还较为活跃,拥有一定的实力,但新军的力量更大,军事装备和军事素质更好。以张绍曾为统制的新军第二十镇驻在新民府,以蓝天蔚为协统的第二混成协驻在奉天。张绍曾毕业于日本陆军士官学校第一期,与吴禄贞同学,蓝天蔚是第二期毕业生,与良弼同学,都是当时清政府军队中风头颇健的士官派骨干人物。有他们做后盾,蒋方震底气十足,豪气干云,按照自己的设想,大刀阔斧地行动起来。

蒋方震平生最大的抱负就是整军经武,巩固国防,抵御外侮。自留学日本开始,他就一直在关注和研究东北问题。东北地大物博,土地肥沃,矿藏丰富,前景广阔,然而北有沙皇俄国虎视眈眈,南有日本磨刀霍霍,如不立即振奋精神,建立强大的国防,必为敌国所乘,而使我国大好河山落入外人之手。

蒋方震对日本的情况了如指掌,而对俄国比较陌生。孙子云:"知己知彼,百战不殆。"只有了解对手,才能通筹对付的良策,为此,他特别提请赵尔巽批准,聘请彰德秋操时认识的西南才子李小川担任军事参议,打算派他去俄国留学考察。可惜的是,由于武昌起义爆发,天下大乱,李小川的俄国之行被迫取消了。

在蒋方震游学德国期间,张作霖的官越做越大。1907年徐世昌任东三省总督时,张作霖设下鸿门宴,将结拜兄弟杜立三骗到新民府杀死,然后派部队端掉了杜立三匪帮的老窝,立了大功,被清政府授为蓝翎都司。1908年,张作霖奉命率部驻防吉林的辽源,后移洮南,剿灭了蒙匪陶克陶胡帮和白音大赉帮,被擢升为洮南镇守使,并乘机将原来的五营兵力扩为七营,使其手下达到3500多人。他们多系土匪出身,数年来追随张作霖东征西战,行动飘忽,作风强悍,实战经验极为丰富,是一支不可轻视的力量。

奉天城里还有一股势力,那就是立宪派。1906年清政府迫于各方面的压力,宣布预备立宪。1909年在北京设立资政院,在各省设立谘议局,作为施行立宪的机关。谘议局设议长、副议长，议员由各府、州、县从官绅名流中选派，任期三年。时任奉天谘议局议长的是吴景濂，副议长是袁金铠，袁是赵尔巽的幕僚，与赵的关系非同一般。

1911年10月10日，武昌起义爆发，正式敲响了清王朝的丧钟。

10月22日，湖南和陕西革命党人起兵响应。23日江西九江新军举起义旗。29日，山西新军中的革命党人发动起义，杀死巡抚陆钟琦，建立山西军政府。10月30日，蔡锷、唐继尧等人在云南起义，组成云南军政府，蔡锷被选为都督。

11月初，上海、浙江、江苏、贵州、安徽、广西、福建、广东先后爆发革命，脱离了清政府的统治，武昌起义的星星之火以燎原之势燃遍了大半个中国。

蒋方震虽不是同盟会会员，与同盟会会员的交往也不深，但他绝不反对革命，因为他十分清楚，清政府腐败无能，似一株老朽不堪的枯木，无法长久支持下去，劲风一吹，必会轰然倒地。故而，他听到起义消息后即私下里对李小川说："革命早晚必成，你出国已成泡影，也毋庸再出关了，我看你南下参加革命为上策。"①

李小川依言南下，成为一名革命党人。蒋方震仍旧留在奉天，静观局势的变化，打算为东三省起而响应革命贡献一份力量。

武昌起义时，第二十镇统制张绍曾率部驻扎在河北滦州，第二混成协协统蓝天蔚虽然心向革命，但势力较为单薄，加上他手下的标统聂汝清和刘恩鸿反对革命，处处作梗，使蓝天蔚不敢轻举妄动，奉天局势仍被以赵尔巽为首的守旧派控制。善于投机的张作霖也乘机攫取到更大的权力，为他进一步称霸东三省、问鼎中原打下了基础。

武昌起义爆发时，赵尔巽正在黑龙江视察，闻讯后于10月15日匆忙返

---

① 陶菊隐：《蒋百里先生传》，第35页。

回奉天，连夜召集文武官员开会讨论应付变局的方策。会上众说纷纭，难有定见，最后谘议局副议长袁金铠提出上、中、下三策，供赵尔巽抉择。

袁的三策是：整军保境，震慑革命，策之上也；遥作勤王，静观事变，策之中也；响应民军，甘居叛逆，策之下也。袁并建议调张作霖所部进驻奉天，以收震慑之效。

赵尔巽对大清朝廷忠心耿耿，当然不会"响应民军"，他经过权衡，选择了袁金铠提出的上策，力求"整军保境，震慑革命"。但他深知张作霖的为人，阴险狡诈，诡计多端，土匪本性难改，所以没有调动张的部队，而是密调驻防通辽的后路巡防营统领吴俊升率部开往奉天。

然而张作霖可不是一盏省油的灯，他虽远在洮南，却无时无刻不在密切关注着奉天的动态。

赵尔巽任东三省总督后，为提高巡防营的战斗力，在奉天开设了讲武堂，轮训各营的中下级军官，张作霖的手下汤玉麟、张景惠、张作相等人均前往受训。

当张作相等人从洮南动身时，张作霖叮嘱他们要随时写信把省城奉天的情况告诉他，他已不甘心蛰居洮南一隅了。

在讲武堂受训的张景惠获悉赵尔巽的决定后，急忙报告了张作霖。张作霖认为这是千载难逢的好机会，当即决定先斩后奏，于10月26日亲率500名轻骑兵，从洮南星夜赶赴奉天，其余部队由参谋长依钦保率领，随后赶来。

张作霖未经许可，擅自调动部队，本为军法所不容，但因情势紧迫，正值用人之际，赵尔巽非但未予追究，反而任命张作霖为剿匪司令和奉天城防司令，统率马、步十四营，共5000余人，张作霖并表示坚决效忠赵尔巽，唯赵马首是瞻。

10月29日，张绍曾和蓝天蔚约同其他新军将领通电清政府，要求召开国会、组织责任内阁、制定宪法、特赦国犯、削除皇族特权等。电文语气强硬，声称如不允许，将统兵进攻北京。这就是有名的"滦州兵谏"。第六镇统制吴禄贞也与张绍曾等人取得联系，准备联合进攻北京。一时之间北京城里众说纷纭，一片恐慌。达官贵人纷纷避往天津，隆裕太后也预备携带小皇帝溥仪逃往热河避难，北方的形势对革命派极为有利。

然而就在此时，在河南彰德"养疾"的袁世凯复出，被授为钦差大臣，全权负责前方军事。

袁世凯上任伊始，即派人用2万元巨款买通吴禄贞的卫队长马步周，于11月7日在石家庄车站将吴刺死，使革命派遭受重挫。袁世凯还通过徐世昌授意张绍曾手下的第十四协协统潘矩楹逼迫张绍曾离开第二十镇，避往天津租界，部队则被分散调开。这样，吴、张、蓝等人联合进兵北京的计划就被袁世凯瓦解了。

蓝天蔚失去吴禄贞和张绍曾两大强援，孤掌难鸣，就在奉天与谘议局议长吴景濂和革命党人张榕等人开会密议，要采取措施迫使赵尔巽出走，然后以蓝天蔚为关外革命军"讨虏大都督"，张榕为奉天省都督兼总司令，吴景濂为奉天省民政长。蒋方震也参与了这些密谋活动。

赵尔巽获悉了蓝天蔚等人的密谋，乃与袁金铠等人筹划成立"奉天国民保安会"，于11月11日夜召开筹备会，拟定了简章。

就在这一天，梁启超来到奉天。

梁启超在日本与革命党人进行大论战后，数年来一直在推动立宪运动。武昌起义爆发后，他认为应该抢在革命党之前控制各地尤其是北京的局势，所以他计划利用与清政府内较开明的载涛、善耆、良弼等满洲亲贵建立的联系，发动禁卫军实行宫廷政变，同时策动吴禄贞、张绍曾和蓝天蔚等新军将领发动兵变威胁北京，造成内外夹攻之势，把昏聩颟顸的奕劻赶下台，拥立载涛为内阁总理，召开国会，以资政院和各省谘议局全体议员充任国会议员，并由清政府下罪己诏，对革命党人实行安抚，借此消弭革命，完成君主立宪大业。

为实现多年的夙愿,梁启超决定亲自回国指挥调度。11月6日,梁启超化名陈用,携随行人员四名,由日本乘"天草丸"轮船返国。9日,梁启超一行抵达大连。梁踏上祖国的土地,不觉豪情勃发,当即赋诗一首,大有主天下沉浮之英雄气概。其诗云:

> 虎牢天险今谁主,马角生时我却来。
> 醉抚危舷望灯火,商风狼藉暮潮哀。①

然而,一日数变的国内形势使梁启超的希望终成泡影。梁回国后,袁世凯复出,吴禄贞遇刺,张绍曾丢官,载涛和良弼的禁卫军被袁世凯牢牢控制,梁失去了凭借的力量。尽管如此,他仍决定赴北京进行一番拼搏。

11月11日,他由旅顺乘汽车抵达奉天,本拟先拜见赵尔巽,谈自己的政治主张,然而赵尔巽正在筹建保安会,自顾不暇。梁启超乃数次约见蒋方震,研讨形势,商议进退大计。

日本一别,忽忽数年,在国事艰危的多事之秋,梁启超与蒋方震再度聚首,均感慨系之!他们没有时间畅叙别来之情,谈的都是关乎中华民族前途和命运的国家大事。

11月12日下午,奉天保安会成立大会在谘议局召开,由赵尔巽和袁金铠主持,与会者有奉天军、政、农、工、商、学各界自治团体的代表。蓝天蔚、吴景濂、张榕等人欲乘此机会逼走赵尔巽,实现奉天独立的计划。为此,蓝命令他的队伍入城以控制局势。然而他手下的标统聂汝清、刘恩鸿抗命不从,蓝天蔚见部队已不听指挥,故未参加会议,守旧势力最终在会上占了上风。

---

① 梁启超:《舟抵大连望旅顺》,梁启超:《饮冰室合集》文集之四十五(下),中华书局1941年版,第69页。

大会开始后，张作霖紧随赵尔巽之后予以保护，他手下的张景惠、汤玉麟等人均密携手枪在会场内外警戒。

赵尔巽首先讲话，他说："当此关内风云多变的情势下，我们东三省是处于日俄两强之间，稍有异动，深恐前途不堪设想，最好望全省父老们各安生业，静观时局演变。"

革命党人赵忠鹄突然站起来打断了赵尔巽的讲话，使局面变得异常紧张起来。如果革命党人群起而攻之，很可能将赵尔巽赶下台。

就在这千钧一发的关键时刻，张作霖登上讲台，把手枪放在桌子上大叫道："我张某身为军人，只知听命保护赵大帅，倘有不平，我张某虽好交朋友，但我这支手枪，它是不交朋友的！"[①]

张作霖布置在会场内外的手下也都拿出手枪，威胁众人，再无人敢发一言，保安会就在这样的气氛中宣告成立了。

奉天保安会以赵尔巽为会长，谘议局议长吴景濂、第三十五协协统任祥祯为副会长，袁金铠为参谋总长，张榕、蒋方震为副总参谋长，聂汝清为军事部部长，张作霖为军事部副部长。

13日，奉天城里不断传出蓝天蔚将不利于梁启超的传言，熊希龄在大连也几次发电报给梁，促他尽快离开是非之地，梁只得与蒋方震等人告别，匆匆离开奉天，取道大连到日本去了。

同一天，赵尔巽决定削去蓝天蔚的兵权。他致电已到北京的袁世凯，汇报了奉天成立保安会的情况，并说蓝天蔚与手下的两个标统"素不相洽，今则全协皆不听其命令"，应解除其职务，由聂汝清暂时兼任第二混成协协统，继续驻扎奉天，以确保治安[②]。赵的请求得到袁世凯的批准。

[①] 宁武：《东北辛亥革命简述》，中国人民政治协商会议全国委员会文史资料研究委员会编：《辛亥革命回忆录》第5集，中华书局1963年版，第547页。

[②] 《宣统三年九月二十三日东三省总督赵尔巽致袁世凯电》，中国史学会主编：《辛亥革命》第7册，上海人民出版社1957年版，第421页。

11月14日，赵尔巽召见蓝天蔚，对他说南方风潮日烈，让他前去实地调查，据实以报，并拿出2000元旅费给他。蓝天蔚见大势已去，匆忙逃往大连，转赴上海。

蒋方震见革命派的势力大为削弱，难成气候，只好审时度势，深居简出，与赵尔巽等人小心周旋，等待时机。

张榕不愿一切听从赵尔巽的安排，就联络一部分人于11月17日成立了奉天联合急进会，张榕任会长，柳大年、李德瑚、张根仁为副会长，吴景濂和袁金铠等人为参议，办公地点设在小北关容光胡同张榕的住宅内。

张榕，字荫华，号辽鹤，1884年生于抚顺，籍隶汉军镶黄旗，是个富有传奇色彩的人物。1903年张榕到北京入京师译学馆学习，1904年日俄战争爆发后辍学返回家乡，组织关东独立自卫军，不久被清政府勒令解散。1905年7月，张榕再赴北京，创办秘密刊物，宣传革命，结识了志士吴樾。9月24日，吴樾在前门车站怀揣炸弹混上载泽等五大臣的专车，欲进行暗杀，因车身忽然震动，引发炸弹，吴樾骨碎腹裂，以身殉国，张榕作为同谋犯被捕入狱，判处终身监禁。1908年，张榕奇迹般地越狱成功，逃至日本东京，结识孙中山，加入同盟会。1910年秋，张榕潜返大连活动，武昌起义爆发后，他才到奉天。

联合急进会成立后，各地报名入会的人十分踊跃，不久，会员即达3万余人。张榕一边与赵尔巽、袁金铠等人虚与委蛇，一边密派党人赴各地策动起义。

1912年元旦，中华民国临时政府在南京成立，孙中山被推举为临时大总统，黎元洪任副总统，黄兴任陆军部总长。蓝天蔚被临时政府委任为北伐军第二军总司令，率领2000余人于1月中旬乘轮船到山东烟台，准备乘船渡渤海，在辽东登陆，与张榕的革命力量里应外合，赶走赵尔巽，策动东三省独立。

在蓝天蔚与张榕秘密联络之时，赵尔巽和张作霖等人决定先发制人，除掉张榕，免除后顾之忧。

1月23日夜，袁金铠和张作霖在德义楼宴请张榕，张榕不疑有他，欣然前往。饭后袁金铠又邀张榕去妓院消遣，当行至聚福班门口时，张作霖事先埋伏下的杀手于文甲和高金山突然出现，用手枪连向张榕射击，张榕猝不及防，被当场打死，年仅28岁。

张作霖随后派人抄了张榕的家，联合急进会秘书田亚宾和张榕的满族好友宝昆同遭杀害，家也被抄。此后接连数日，张作霖指挥部下在奉天大肆搜查革命党，凡遇剪去发辫或形迹可疑的人，即刻逮捕入狱甚至杀头，闹得奉天城内鸡飞狗跳，一片恐怖气氛。

蒋方震到总督衙门拜见赵尔巽，赵不在，便与恩师陈仲恕讨论时局，仍想谋求东北独立。忽然一个听差匆匆进来对陈仲恕说，张作霖带着人气势汹汹来到客厅，声称要见赵尔巽，但似乎另有图谋。

陈仲恕意识到张作霖是冲着蒋方震来的，急忙拿出身上的钞票，又向同事借了一些，交给蒋方震，叫他赶快从后门出去，乘火车离开奉天。

蒋方震不敢大意，急速赶到火车站，上了火车。不久，张作霖闻讯率人赶来，在各个车厢搜查了好几遍，没有见到蒋方震。张问一位列车员："蒋总参议在哪儿？我要替他送行，还有话向他说呢。"列车员回答说："未上车。"①张作霖搜索未果，带人悻悻而去。

蒋方震在哪里呢？他在厕所里。

原来，他上车后忽觉内急，要上厕所。火车未开时厕所本不打开，但列车员见蒋方震身着戎装，器宇轩昂，非等闲之辈，所以不敢怠慢，就开门让蒋方震进去了，而张作霖问的是另外一个列车员。这样前赶后凑，恰好让蒋方震躲过了此劫。

列车启动后，蒋方震心潮起伏，久久不能平静。两次满怀希望和激情来

---

① 陶菊隐：《蒋百里先生传》，第36页。

到奉天，两次带着遗憾和怅惘失望而归！这次若不是陈仲恕当机立断，自己很可能要遭张作霖的毒手。蒋方震虽不把个人的生死放在心上，但多年所学未得实践机会，整军经武的夙愿远未实现，如死在张作霖之流的手上，确实不会甘心。此次侥幸逃过一劫，更当珍惜一切机会，为自己的理想而奋斗。

七、游子回故乡

蒋方震在疾驰的列车上感叹：天下之大，何处是我蒋方震的落脚之地呢？

不如归去，回到朝思暮想的母亲身旁，回到魂牵梦萦的西子湖畔，如有机会，为家乡贡献一份力量，如无机会，就学弃官归隐的陶渊明，回硖石老家做一个教书匠，所谓"达则兼济天下，穷则独善其身"者是也。

蒋方震兼程南下，直趋杭州。

南方各省均告光复，齐聚于孙中山的中华民国临时政府旗帜之下。蒋方震的许多同学和校友都在临时政府与各省政府的军政部门谋到一官半职：蔡锷任云南省都督，蒋尊簋任浙江省都督，李小川在黄兴的陆军部任职，高子白在浙江省政府任职，士官学校的校友在军中任职的不计其数。

浙江是较早独立的一个省份。1907年秋瑾遇害以后，浙江革命党人不但没有被吓倒，反而加强了反清革命的宣传工作和准备活动，奠定了较好的群众基础。武昌起义的枪声点燃了浙江各地革命烽火。1911年11月5日，杭州革命党人率先发动起义，攻占军械局和浙江巡抚衙门，公举浙江谘议局议长汤寿潜为都督。

南京临时政府成立后，汤寿潜被任命为交通部总长。1912年1月11日，浙江都督府召集各方面代表22人开会，投票选举新都督，蒋尊簋得票最多，被推为都督，16日正式接任。

蒋方震回到杭州，回到朋友们中间，多年漂泊在外，郁积在心头的孤独和寂寞一扫而空。他每日与朋友们往来应酬，其乐融融。

远在云南的好友蔡锷获悉蒋方震回到杭州的消息，即于2月6日以都督

身份致电孙中山和黄兴,极力推荐蒋方震。其电文云:

> 南京孙大总统、黄总长鉴:临时政府成立,各部长官皆极一时之选,仰见任官唯贤,无任钦佩。惟缔造伊始,军事方殷,折冲樽俎之才,相需尤急,苟有所知,不敢壅闻。蒋方震君留学东西洋十余年,品行学术,经验资望,为东西洋留学生冠。亟应罗致,以餍海内之望。闻蒋已由奉返浙,如畀以参谋部总长,或他项军事重要职务,必能挈领提纲,措置裕如。不独中枢有得人之庆,而军国大计亦蒙其庥。锷于蒋君相知最深,为国荐贤,伏希留意。滇都督锷叩。①

此时南北议和已到关键阶段,孙中山和黄兴关注的重点是临时政府与袁世凯的谈判,人事安排已成不急之务,加上蒋方震不是同盟会会员,又未公开参加革命,在革命党中资望不足,所以蔡锷的建议没有得到孙中山和黄兴的采纳。

2月12日,清政府在各方面的压力之下,被迫接受优待皇室的条件,下诏退位。至此,统治中国达268年之久的清王朝宣告垮台。

退位诏书指明由袁世凯全权组织临时共和政府,与南京临时政府协商统一办法。孙中山为实践让位诺言,于2月13日向南京临时政府参议院提出辞职,并推荐袁世凯继任临时大总统。15日,参议院举行临时大总统选举后,一致选举袁世凯为临时大总统,南北议和宣告完成。

浙江都督蒋尊簋见蒋方震不为南京临时政府所用,就决定聘请他担任督署总参议,这对蒋方震而言,当然是为家乡的振兴大业尽力的一个好

---

① 蔡锷:《致孙中山黄兴电》,曾业英编:《蔡松坡集》,上海人民出版社1984年版,第228页。

机会。

然而，各种不利于蒋方震的闲言闲语在江浙一带流传开来。有人借蒋方震在良弼的禁卫军中担任过管带一事对他进行攻击，说他是反对革命的守旧派，甚至有人在报纸上公开指斥他为汉奸，给蒋方震的名誉造成极大的损害。其实，革命派在清政府军政部门中担任过职务的不知凡几，现在单攻击蒋方震一人，或许是别有用心的人为了不让他在新政府中担任职务而使的计谋。

黄兴虽然没有按蔡锷的建议委任蒋方震为参谋部总长，但对外界攻击诬蔑蒋方震之事没有坐视不管。2月25日，黄兴以陆军部总长的身份致电各报馆，为蒋方震辩诬，其电云：

> 各报馆鉴：阅昨日报，有电称蒋方震君为汉奸一节，殊为失实。现在南北统一，人人尽力民国，断未有甘心向虏者。前有小怨，亦在所不问，请登报申明，以彰公道。更盼浙省同盟会诸君，急为查究，有无挟嫌诬陷情节，以保本会名誉。黄兴叩。[1]

黄兴此电发表后，对蒋方震不利的各种流言不攻自破，为他出任总参议扫清了障碍。

尽管如此，被诬为"汉奸"一事给蒋方震心头留下的阴影始终挥之不去。另外，浙省军政界的情况也很复杂，既有革命党与立宪派的矛盾，又有革命党内各个派系间的斗争，蒋方震虽为浙江人，但游学在外十余年，除与蒋尊簋、高子白等人有同窗之谊外，与各党各派及浙江军队素无渊源，虽居总参议之位，但处境颇为尴尬。经过再三考虑，蒋方震辞去公职，回到硖石老家。

---

[1] 湖南社会科学院编：《黄兴集》，中华书局1981年版，第133—134页。

外面的世界很精彩,外面的世界也很无奈!离开家乡十余年的蒋方震暂时躲开了这纷纷扰扰的浮华尘世,像他的祖父蒋光煦一样寄情于硖石的山山水水,一边侍养老母,一边读书为文,倒也逍遥自在。

然而,蒋方震毕竟是蒋方震,他虽有陶渊明"采菊东篱下,悠然见南山"的名士气,但不想就此在"桃花源"中终老此生。他总有一种使命感。他时刻不忘自己对国家和民族担负的责任与义务。

他坚信古人的一句名言:天生我材必有用,千金散尽还复来。

他在等待时机。

第五章 保定军校，首任校长

蒋百里一听任他为校长，此正符合他实施建军方略。便说总统和总长有此意，他就不去云南，而愿去保定军校任职。段祺瑞反复述说保定军校乱象，但蒋百里还是愿知难赴任，段祺瑞只得颁发委任状。这一不发自段内心的任命，为蒋百里半年以后的壮举埋下了伏笔。

一、保定军校起风潮

古语云："山中方一日，世上已千年。"蒋方震家居数月，全国的形势已发生了很大的变化。

1912年3月10日，袁世凯在北京宣誓就任中华民国临时大总统职，以唐绍仪为内阁总理。唐绍仪经过与各方协商，于3月30日发表各部总长人选：外交陆征祥、内务赵秉钧、陆军段祺瑞、海军刘冠雄、财政熊希龄、司法王宠惠、教育蔡元培、农林宋教仁、工商陈其美、交通由唐绍仪兼任。革命党人本来要黄兴担任陆军总长，被袁世凯拒绝。袁答应成立南京留守处，由黄兴任留守，统率南方各省陆军。

4月1日，孙中山宣布解除自己的临时大总统职务。5日，参议院议决临时政府迁至北京。这样，全国的政治、军事全统一在袁世凯的北京政府手中，辛亥革命给社会带来的狂风巨浪暂时平静下来。

大局初定，百废待兴，行伍出身的袁世凯在处理纷繁复杂的国事之余，仍念念不忘军事人才的培养。

袁世凯以练兵起家，所以知道练兵首先要培养合格的军官。袁自小站练兵起，先后开办过新军陆军行营武备学堂、讲武堂、北洋行营将弁学堂、练官营、参谋学堂、测绘学堂、北洋速成武备学堂（后改称陆军速成学堂）、北洋陆军师范学堂、军械学堂、军医学堂、马医学堂、经理学堂、保定军官学堂等学校，培养了成千上万名效忠袁世凯的各级军官，构成袁记北洋军的骨干力量。袁世凯正是依靠这支力量，才在波谲云诡的辛亥革命风潮中使出纵横捭阖的种种手段，迫使清政府下诏退位、孙中山拱手让权，如愿以偿地当上了中华民国临时大总统。

在抓枪杆子和培养军事人才方面，袁世凯比孙中山棋高一着。

为革命奔波大半生的孙中山直到1924年才在广州开办了黄埔军校。

1912年七八月间，袁世凯即指示陆军总长段祺瑞开办保定陆军军官学校，10月20日，保定军校学生正式开课。

北有保定，南有黄埔。民国时期许多叱咤风云的人物都出自这两所学校，而保定比黄埔早开办了十余年。

保定军校从1912年开办至1923年结束的11年间，共培养了6000余名各种军事人才。保定军校直接隶属于陆军部军学司，学校的领导机构称为校本部，校长是负责一切事务的最高官员，以陆军少将衔以上的军职人员充任，历任校长为赵理泰、蒋方震、曲同丰、王汝贤、杨祖德、贾德耀、张鸿绪、孙树林。

在历任校长中，以蒋方震最为有名，不仅因为他学识渊博、品格高尚，为全体保定弟子所敬重，而且因为他曾举枪自杀，震惊全国，也为天下人树立了恪守承诺、勇于负责的好榜样。

校长之下设教育长，负责全校教学事务，相当于清末各学堂的监督，由少将衔军职人员充任。历任教育长是毛继承、张承礼、贾德耀、程长发、刘汝贤、孙树林、赵协璋。

教育长下设教育副官 人，一等副官、二等副官数人，由校级、尉级军官充任，协助教育长工作，并负责总务、庶务。

校本部下设五个专科，即步兵科、骑兵科、炮兵科、工兵科、辎重兵科。骑兵科和辎重兵科各设教务长一人，步、炮、工各科设科长一人，均由上校级军官充任，负责本科教学及管理。

各专科以下设学生连，每连设连长一人，由少校级军官充任。

连以下设排，每排设排长一人，上尉级别。

全校共设13个连，其中步兵科设七个连，每连设三个排；骑兵科设两个连，每连四个排；炮兵科设两个连，每连设三个排；工兵科设一个连，下设三个排；辎重兵科设一个连，下设三个排。

保定军校第一期学生共1114名，其中步兵科565人，骑兵科199人，炮兵科175人，工兵科94人，辎重兵科81人。

这些学生大有来历，其中许多人参加过辛亥革命炮火的洗礼，非一般中规中矩的学生可比，所以军校开办伊始，学校内就爆发了大风潮。

1906年，清政府练兵处制定了《陆军学堂办法》，规定陆军学堂分为四等：陆军小学堂、陆军中学堂、陆军兵官学堂、陆军大学堂。

陆军小学每省设一所，凡年满16岁的青年均可投考，三年毕业后择优升入陆军中学。全国共设陆军中学四所。第一陆军中学设在北京清河镇，收训河北、山东、山西、河南、奉天、吉林、黑龙江七省学生。第二陆军中学原计划设在西安，但因故未开办。第三陆军中学设在武昌，收训湖南、湖北、贵州、云南、广西、陕西、甘肃七省学生。第四陆军中学设在南京，收训江苏、江西、安徽、浙江、福建、广东、四川七省学生。

陆军中学学制两年，毕业后编为陆军入伍生，入伍实习半年，然后进入陆军军官学校学习。

1911年，三个陆军中学的毕业生共1200多人组成陆军入伍生队，分步、骑、炮、工、辎重五科，总队长是曾任过长江水师统领的萧先胜，教官及队排长大都是陆军速成学堂毕业生，也有一部分是行伍出身。

他们实习不到三个月，武昌起义的枪声打响了。消息传来，大部分学生奔走相告，兴奋异常，某些激进学生摩拳擦掌，准备起而响应。但一则群龙无首，没有一个极富号召力的人来领导；二则他们只有枪炮而无弹药，故而未敢轻动。萧先胜等旧军人和地方官吏害怕入伍生队造反会连累他们受朝廷的处分，就请求清政府陆军部批准，将入伍生队解散，遣返原籍。

入伍生们皆大欢喜，特别是南方的学生，因为当时已经独立的各省的军政府正在招兵买马，组织革命武装，需要大量军事干部，他们前去正好派上用场。

湖北学生刘文岛和张森到上海后，受到沪军都督陈其美的接见。陈其美委托他们组织了一支北伐敢死队，江苏学生季方等人都是敢死队成员。湖南的唐生智和广西的李品仙等人也在本省军队中担任了职务，其中有担任连排长乃至营团旅长者。

自南北和议告成，南北统一后，陆军部召回原来解散的入伍生队，开办保定陆军军官学校，又放宽尺度，凡各陆军中学和二期毕业而尚未入伍的学生，一律准予入校。陈铭枢即是南京陆军中学第二期的毕业生。他在校时即加入同盟会，积极参与革命活动。武昌起义后，他率领蒋光鼐、陈果夫和李章达等100余名同学奔赴武汉前线，被黄兴编为学生军，参加了战斗。后黄兴赴上海，选陈铭枢为卫士。南北议和后，陈铭枢辞职北上，入保定军校学习，成为蒋百里的学生。1930年蒋百里被蒋介石逮捕下狱，就是由陈铭枢多方营救出狱的。

辛亥革命时，南方各省都组建了学生军，准备北伐。1912年1月1日中华民国临时政府成立后，陆军部总长黄兴把各处的学生军集中到南京，合编为一个入伍生团，进行军事训练。黄兴打算以入伍生团为基础，办一所陆军学校，培养军事人才。南北统一后，黄兴的计划搁浅，北京政府陆军部同意把入伍生团插入保定军校学习。

这批入伍生由南京北上保定，引起保定军校学生的激烈反对，因而酿成一次风潮。

保定军校的学生都是经过小学六年、陆小三年、陆中二年，共11年的艰苦奋斗才进入军官学校的，所以他们认为南京入伍生团没有资格入学。此外，军校学生中有一些人担任过南方各省学生军的连排长，所以不愿与原来的下属同窗共学。

保定军校学生的态度引起了入伍生团的激烈抗争，双方矛盾不可调和，终至爆发械斗，引起北京政府和社会各界的关注。在军校学生的坚持下，陆军部不得不改变初衷，在武昌南湖设立陆军军官预备学校，专门收容南京入伍生团的学生。他们在武昌修学两年后,才转入保定军校,成为第三期的学员。后来在国共两党关系中扮演过重要角色的张治中就是入伍生团中的一员。

一波未平,一波又起。保定军校学生发现长官和教员多为陆军速成学堂或行伍出身的旧军人,他们学识有限,作风拖拉,旧军人的习气很深,这使学生们极为不满。

第一任校长赵理泰也难以服众。赵理泰,字康侯,安徽合肥人,天津北洋武备学堂毕业,清朝末年任清政府驻日本东京陆军留学生监督数年,回国后任陆军速成学堂总办。他任保定军校校长后,凡事因循守旧,少有创新,主要因袭过去速成学堂旧的办学方法,不能满足学生们求新知的强烈欲望。他缺乏军人的英武气度,衣着随便,连军服上的风纪扣也不扣好,偶尔带几个马弁前呼后拥地到学校溜达一下,其余时间,连他的影子都见不到。

骑兵科和炮兵科的学生率先贴出了墙报,大意是:无耻的速成学生,不学无术,居然要当我们的官长,大家应该起来把他们撵出校去。看到有人带头,其他人也纷纷贴出墙报,语气越来越激烈,要求把速成学堂的教官和连排长一律撤换。

校长赵理泰集合学生在操场上训话三四个钟头,但学生们坚决不让步,使他下不了台。他派陆军士官学校出身的教官分头去找学生代表谈话,进行调停,也没有结果。

事情传到陆军部,总长段祺瑞颇为恼火。他派军学司的科长丁锦和军法司的一个军法官到学校处理此事。丁锦在操场上集合学生训话:"今天陆军部总次长要我来,是准备把你们马上轰出去的。我想你们有些人是误会了。你们说速成学生不懂普通科学,不能当你们的官长,就是误会。殊不知他们的普通科学,是在家中自己学的,没有花公家的钱。你们的普通科学,是在陆军小学、陆军中学花了公家的钱学来的,现在你们还要闹事,想一想，对得起公家吗?"

学生们不为所动。

那位军法官则操着安徽口音威胁说:"你们大家想想，你们是军人，军人不服从命令，该当何罪?"①

但学生们是吓不倒的，他们依旧毫不退缩。

陆军部见风潮难以平息，就派当地驻军进行弹压。据10月12日天津《大公报》报道:"保定东关外陆军入伍生队大起风潮一节，已志前报。兹闻王统制占元以该生等气势汹汹，恐酿事端，特派军队二营前往该校围墙外驻扎，以资弹压。并闻由该校长官派密查数人，分赴内外，侦探各生之动静，兹已探获为首数人，解赴二镇执法处惩办。"②

出动的军队是驻扎保定的北洋陆军第二师王占元、鲍贵卿所部，炮兵于军校外进入阵地，机关枪对着军校大门，步兵主力四面包围军校，围墙外三步一岗，五步一哨，严禁翻墙出入，大门和侧门都断绝了交通，并以步兵一部进入校内操场，禁止各连学生互相往来。

与此同时，校长赵理泰发布告示，勒令闹事学生退出学校:

> 本校前有无知学生，诱众要挟，无理取闹，迭经明白开导，始终执迷不悟，无可理喻，刻已一律遵照部令，迫令出校。惟前颇有洁身引退，或先期请假，以避风潮恶习者，以此立志向学，嚼然不同，本校长殊深嘉许，现虽人数无多，而于此等有志各生，仍应照旧培植。合亟通告以上各项学生，仰即赶速，克日回校，切勿观望自误。③

---

① 刘莘园:《记保定陆军军官学校》，河北省政协文史资料研究委员会、保定市政协文史资料研究委员会编:《保定陆军军官学校》，河北人民出版社1987年版，第99—100页。
② 《陆军学堂风潮再志》，1912年10月12日《大公报》，第2张。
③ 《解散入伍生之公告》，1912年10月13日《大公报》，第2张。

赵理泰使出的是分化瓦解的手段。

王占元和校方根据陆军部的指示议定了解决办法：把学生分为留校和退学两大类来处理，愿留校的，送往第二师营房暂住，愿退学的，由摄影师拍摄半身照一张留存后即刻离校。结果，只有百余人愿意留校，绝大多数人自愿退学。这样，保定军校刚刚开办就面临着解体的危险。

消息传出，舆论哗然。参议院和众议院的议员就此事对政府和陆军部提出质询，各省派驻国会的军事代表大多支持学生，其中以湖南代表仇亮支持最力。至于国民党方面的报纸，更借题发挥，对北京政府口诛笔伐，对学生表示支持。

在舆论的强大压力下，陆军部不得不收回成命，让全体离校学生回校上课，并接受了学生提出的不得开除风潮活跃分子的要求。

10月19日，外出学生全部回校，第二天正式开课。

尽管风潮暂归平息，但学生们并不满意，因为他们的目的没有达到，他们盼望一个富有感召力并熟谙近代军事理论和军事教育的新校长来整顿校务，振奋精神。

风潮也引起袁世凯的关注。保定陆军学校虽开办不久，但在国人心目中的地位已高不可攀，如果校长一职择人不当，难免风潮迭起，影响到政府的威信，因此想到撤换赵理泰，另择贤能之士。

这时候袁世凯的身边有两位赏识蒋百里的人，一位是荫昌，一位是陈仲恕。

荫昌和蒋百里在德国作别回国后，历任江北提督、陆军部侍郎和尚书等职。武昌起义爆发后，清政府谕令荫昌统率第一军火速南下镇压。第一军由第四镇（统制吴凤岭）、第三混成协（协统王占元）和第十一混成协（协统李纯）组成。荫昌虽在德国学习过陆军，但缺乏实际指挥作战的经验，而吴凤岭、王占元和李纯等人都是袁世凯一手培植起来的，荫昌很难指挥裕如，所以在武汉前线屡战屡败。袁世凯复出伊始，即奏请以冯国璋接替荫昌担任第一军统帅，荫昌权力被夺，只好回北京供职。

袁世凯当上大总统后，没有亏待荫昌，委任他为总统府高等顾问、侍从武官长。

陈仲恕协助蒋百里逃离东北后继续留在赵尔巽幕府中。赵尔巽和张作霖冥顽不化，曾打算"武装勤王"，保卫清政府。然而清政府很快下诏退位，赵尔巽和张作霖见大势已去，转而赞成共和，赵尔巽由清朝的东三省总督变成中华民国的东三省都督。陈仲恕久在赵幕，熟知他的为人，料定这位念念不忘皇恩浩荡的前朝遗老在民国改元的新时代不会有什么大的作为，乃辞别而去，到北京投入袁世凯的门下，成为总统府秘书厅的秘书。

总统府最初设于外交大楼。总统府下设一秘书厅，凡需要罗致的人才，都由秘书厅发函邀请，以秘书名义到府办事，前后罗致了三四十人。总统袁世凯也设一张办公桌，但不在此处办公。不过，袁世凯每天中午都与秘书们同桌吃饭，边品尝美味边聊天，常聚者有张一麐、陈仲恕、叶恭绰、施愚、蔡乃煌等人①。

在保定军校闹风潮的时候，蒋百里结束了在硖石老家的读书生活，北上入京寻找出路，见到荫昌和陈仲恕等人。所以，当保定军校校长的人选问题被提上议事日程时，荫昌和陈仲恕即向袁世凯推荐了蒋百里。

袁世凯对蒋方震的大名早有耳闻，一经举荐，即表示同意，一则蒋方震学贯中西，文武双全，名望卓著，是个难得的人才，让他担任校长，可收得人之效，获爱才之名。二则蒋方震全无派系色彩，与北洋派无瓜葛，与国民党无渊源，又年轻，富有朝气，是北洋派、国民党和学生三方都能接受的人物。另外，袁世凯还有一个更深远的想法，即通过整改保定军校，培养出一批新的军事骨干，逐步取代北洋原来的老班底，因为他一手培植起来的段

---

① 曹汝霖：《一生之回忆》，香港春秋杂志社1966年版，第96页。

祺瑞和冯国璋等的势力已越来越大，渐有尾大不掉之势，使他心怀隐忧。

基于以上考虑，袁世凯直接下手令给陆军总长段祺瑞，委任蒋方震为保定军校校长。

此举使段祺瑞颇为不悦。

因为保定军校隶属陆军部直接管辖，被陆军部总长段祺瑞视为自己的地盘，袁不与他商量就直接决定校长人选，他觉得很不舒服，乃采取消极对抗之策，把任命令暂时压下，不予发表，想拖一段时间再说。

就在此时，云南都督蔡锷来电要蒋方震南下昆明，就任云南省民政长，蒋方震就到陆军部向段祺瑞辞行。

正在左右为难的段祺瑞闻言大喜，他认为云南省民政长是个名利双收的好差使，而军校校长是一个吃力不讨好的角色，蒋方震肯定不会舍弃肥差而自找苦吃，所以他就把袁要蒋任校长之事说了出来，只要蒋辞谢不就，他对袁世凯就有了交代，军校校长人选就可以另作计较。

出乎段祺瑞意料的是，蒋百里一听，即不假思索地回答说："这是建军基础，万万不可解散。总长如果要我当校长，我就不去云南也好。"①培养高素质的军事人才是蒋百里梦寐以求之事。蒋百里留洋多年，深知近代化的军队与过去的军队不同，官兵必须具备一定的文化知识，要有较高的素质。保定军校的学生文化程度高，又受过多年较为系统的军事教育，的确是一批难得的人才，蒋百里自信以自己的学识和能力，假以时日，必能把他们培养成国家的栋梁之材。

段祺瑞见事与愿违，便谈到保定军校的风潮，说学生的学杂费都由公家供给，每月每人有两元的生活补助费，还要闹事，实在不成体统，要管好这批人，不太容易。他想让蒋百里知难而退。但蒋百里不为所动，段祺瑞只得颁发委任状。他勉励蒋方震振奋精神，切实整顿，把军校办好，并表示将

---

① 陶菊隐：《蒋百里先生传》，第41页。

在经费方面给予一定的支持。

这是蒋百里期待多年的一个机会,所以他非常珍惜,他决心把全部的身心都投入教书育人中去。

十年树木,百年树人,蒋百里深知自己肩上担子的分量,他要做出骄人的业绩,以不辜负天下人的厚望和自己平生所学。

二、举枪自杀惊天下

刚过而立之年的蒋百里以少将军衔荣任保定陆军军官学校校长,在硖石老家来说,是一件惊天动地的大事,不但光耀了蒋氏家族的门庭,而且使硖石地方父老乡亲的脸上平添了不少光彩。蒋母杨镇和和蒋妻查品珍更是乐得合不拢嘴。想当年孤儿寡母苦苦奋斗,人世间的辛酸苦辣尝了个够,尤其难耐的是母子离别之苦和多年的思念牵挂。查品珍则是苦等多年,从一个豆蔻年华的少女成为年过30岁的老姑娘,才与"父母之命、媒妁之言"的夫君成亲,其间的艰辛和痛苦不足为外人道,只有自己默默地承受。

而今,这两个苦命的女人都得到最好的报偿,因为她们最亲的人有了一个光辉灿烂的前程。她们的辛苦没有白受,她们的等待终于有了结果,这是她们最为幸福的时刻。

就在众人同乐的时候,杭州府中学一位17岁的青年专为蒋百里出任校长之事卜了一卦,以测吉凶,卦辞云:

一二三四五六七,八九相逢数乃毕。
老阳未变不能生,占者逢之静者吉。[①]

这位青年细读卦辞,心中不禁掠过一丝隐忧。此卦得最后之数,预示着蒋百里任职不会太久;"静者吉"一句说明占此卦者不宜轻动,应采取"一动不如一静"的低姿态,继续观望和等待,以趋吉避祸,而蒋百里在家乡

---

① 陈从周:《徐志摩年谱》,上海书店1981年版,第7页。

休闲数月，所谓静极思动，这才北上入京，这一静一动之间，隐含着许多变数，非普通人可以预料。

这位青年当然不会把这次占卜的结果告诉蒋百里和蒋母，因为他们都在兴头上，给他们泼冷水既不礼貌，也犯忌讳，所谓"是福不是祸，是祸躲不过"，他只是悄悄地把这次占卜的结果做了记录，以求日后验证。

这位青年何许人也？他就是数年后蜚声海内外的天才诗人徐志摩。不过，当时他的名字叫徐章垿。

徐章垿，字槱森，1896年生于硖石镇保宁坊徐氏老屋，不但与蒋百里同乡，而且沾亲带故，因为他的姑父蒋谨旃是蒋百里的族兄。徐章垿于1918年赴美留学后改名志摩，不久，中外诗坛上就有了徐志摩的鼎鼎大名。蒋百里和徐志摩还有许多交往，此是后话。

准备就任保定军校校长的蒋百里并不知道徐章垿卜了一个凶卦，况且以他急于任事的心态而言，即使明知前路有刀山火海，他也会毫不犹豫地向前迈进。

保定军校的学生得知蒋百里接替赵理泰任校长的消息后，兴奋异常，立即派出步、骑、炮、工、辎重各兵种代表专程到北京迎接。

1912年12月15日，蒋百里乘火车抵达保定，正式就任校长一职。

上任伊始，蒋百里集全校师生讲话。他身着笔挺的黄呢军装，披着一袭红缎里子的黄呢披风，腰挂长长的指挥刀，脚蹬漆黑发亮的高筒马靴，骑一匹全身雪白的高头大马，那种卓尔不群的风度和笑傲江湖的威仪，令全体师生惊叹不已。

蒋百里以简洁的语言宣示了办好军校的宗旨，更以决绝的语气表明了"不成功，则成仁"的决心，他说：

> 今世之谈陆军者，不曰德国，即曰日本。这两国我皆到过，其军队我皆深入考察过。他们的人也不是三头六臂，他们的办法

也没有什么玄妙出奇。不过他们能本着爱国精神,上下一心,不断的努力,所以能有那样的成就。我相信我们的智慧能力,我更不相信我们的国家终于贫弱,我们的军队终不如人。我此次奉命来长本校,一定要使本校为最完整之军校,使在学诸君为最优秀之军官。将来治军,能训练出最精锐良好之军队。我必当献身于这一任务,实践斯言!万一不效,当自戕以谢天下! ①

对蒋百里"自戕以谢天下"的话,全体师生当时都没有放在心上,以为他不过是为了强调自己的决心而已,不料半年后枪声果然响起,使师生们在痛惜之余对他产生了更多的钦佩和敬仰。

蒋百里首先全方位了解军校的情况。

保定军校位于保定东北三四里的地方,校舍坐东向西,是一个长方形的大院子,四面的围墙都是砖砌的,墙外有护墙壕沟,南西北三面有木桥,壕沟边上是成排的杨柳树。

由学校西大门进入校院,首先映入眼帘的是四四方方的尚武堂。这是校长、教育长和其他校领导办公和住宿的地方。尚武堂门口有袁世凯亲题的楹联:

尚父鹰扬,简练揣摩成一派;
武侯经略,鞠躬尽瘁法千秋。②

尚武堂南北两侧的房屋大多是教官和职员的宿舍,西北角有官长会客厅和学生会客厅。尚武堂以东是面积很大的内操场,场中央有两棵十多米

---

① 史射陵:《保定军官学校沧桑史(一)》,台北,《艺文志》1968年第34期,第18页。
② 李宗黄:《李宗黄回忆录:八十三年奋斗史》第1册,台北,中国地方自治学会1972年版,第283页。

高的古柏树，树上安装了电灯，以备夜间活动时照明。

内操场的东端有几栋房子，是骑兵科第一连、第二连，炮兵科第一连、第二连，工兵连及辎重连的寝室、讲堂、自习室和各兵科的饭厅所在地。步兵科则按照七个连的前后次序住在内操场的南北两端。

靠北边的围墙内有官长厕所和洗脸室。东北角上驻着一支军乐队。东南角上有劈刺场，是训练刺杀等动作的小操场。转弯南行，则有官长厕所、学生厕所、洗脸室、大洗澡池、官长住室和医院等。由此转弯北行，有轻、重禁闭室。

在学校的围墙之外，还有不少场地和设施。围墙的东北边和东边，有器械操场、马棚、炮房等。围墙北面有宽约600米、长约800米的操场，四周都是杨柳树。操场东端有一个一米多高的石砌方台，称为演武厅，是检阅军队的地方。保定驻有不少军队，操场便由军校学生与驻军共同使用。

演武厅的东、南两面也有不少杨柳树，树林中间有军校的马场，初学骑马的学生，就在马场里练习马术。演武厅的南边是器械操场，有铁杆、双杠、浪桥、平台、跳台、天桥、木马、秋千等器械。

军校的房屋绝大多数是平房，而且很陈旧，光线也不好。

学生的情况很复杂，大体来说，这1000余名学生可分为三类：一是革命的或倾向革命的，他们大多加入过同盟会，参加过辛亥革命，担任过各级军职，少数人还负过伤；二是中立派，对政治不太关心，但求学好各门课程，顺利毕业，将来奔一个好的前程；三是坚决拥护清朝或北洋军阀、反对革命和反对国民党的，他们一般是满族学生，思想顽固守旧。

部分学生也没有摆脱当时军队共有的恶习，一有时间就大赌特赌，麻将、扑克、单双宝等赌法应有尽有。有些学生出手豪阔，一掷千金。师生中喝花酒、逛窑子的也不乏其人。北京的声色场所称为八大胡同，保定的则称为"八条胡同"，这里南莺北燕，浪语淫声，引得军校部分师生如过江之鲫，纷纷出入其门。据说有个叫艳卿的妓女姿色超群，技压群芳，在军校学生中就有"朋友"百余人之多。每逢节假日的夜晚,"打茶围"的军校学生络绎不绝,出入八条胡同,真是车如流水马如龙。

蒋百里经过通盘考虑,着手整顿校务与校风。

他首先将暮气沉沉的教育长毛继承调离,改以时任陆军部参事的张承礼为教育长。

张承礼,字耀亭,浙江杭州人,1902年15岁时即赴日本留学,入成城学校学习陆军,后入日本陆军士官学校,与蒋作宾、魏邦平等人同属第四期。张耀亭任参事时,蒋作宾任陆军部次长。张耀亭少年得志,才华出众,勇于任事,蒋百里要他来当教育长,颇有知人之明。蒋百里还撤换了一些速成学堂出身的教官和连、排长,代之以日本士官学校的毕业生,使师资力量得到加强。

蒋百里特别强调清洁与严肃,他认为不清洁象征着民族的衰老,不严肃意味着国民散漫无组织。他筹措了一笔钱,为每个学生制作了一套灰色呢军服,皮鞋、马靴等也换上新的,使学生的面貌焕然一新。他对学生的仪表非常重视,凡遇帽子未戴正、纽扣未扣好、皮带未扎紧的,他必令其止步,亲自加以纠正。

他严申军纪,强化管理,改进教学,处处以身作则,遇有教官缺席,就自己代课。在操场或野外,他常常亲自为学生示范。那年冬天保定大雪,他率全体学生到大操场作雪战游戏,寓教于乐,使大家都很开心。

蒋百里很重视对学生进行精神教育,每逢星期六下午,就集合师生讲述古今中外军事家的言论事迹,以激励同学们的士气。他亲笔签名给每个学生赠送了一册梁启超著的《中国之武士道》,内容都是军人忠于职守忠于国家的言行。

蒋百里非常关心学生的生活。他每天必巡视厨房,考察食物的营养成分,与学生共同进餐。他还按照日、德两国军校的成例,定期举行师生大会餐,以增进师生间的友谊。

经过一番整顿,军校面貌发生了很大的变化,学生对蒋百里的学识、风度和品格都很佩服,称他为"蒋百里师",终生不变。以后各期的学生虽未亲聆蒋百里的教诲,但常以"蒋百里师"的门生自居,堪称一奇。

蒋百里的得意门生龚浩对当时的情况作了精彩的描述:

> (蒋百里师)莅事之始,衣不解带,髭发则修;晨夕督励,不稍宽贷。自学生服食之微,以至课律,必戒必周,毋辍毋怠。日必匹马登坛,令如山岳;变化阵伍,如风雨骤至。监临所及,敬畏如神。晚或集合诸生,精神训话,又俨然博学鸿儒,引用古今中外学说思想,及伟人名将修养,如宫墙之俊美,若大海之汪波。凡所导学生于忘身报国之崇高伟大,令人热血沸腾,心灵浚发。不数月,士心翕服,教育猛进。①

另一个学生孙震也写道:"吾侪同学既惊于蒋百里师对教育之热诚及品学之优异,尤震惊于蒋百里师之多才多艺,群情翕服,奉命惟谨。一时校内学术研究之风甚盛,校风丕变,壁垒一新。"②

然而,蒋百里的军事教育之路并不是一帆风顺的。实际上,他在就任之日起就卷入复杂的人事纠纷中,并最终成了派系斗争的牺牲品。

保定军校由陆军部军学司直接管辖,用人、拨款、教改等事均需通过军学司,而军学司司长魏宗瀚和教育科长丁锦却因蒋百里不属他们一派而处处予以刁难和掣肘,使蒋百里逐渐陷入困境。

魏宗瀚,字海楼,陆军速成学堂出身,虽然到日本士官学校留过学,但回国后一直追随在段祺瑞左右,是段祺瑞身边的红人。他与士官派扞格不

---

① 龚浩:《蒋方震蒋百里先生之生平风格》,蒋复璁、薛光前主编:《蒋百里全集》第6辑,第262页。
② 孙震:《怀蒋百里师》,蒋复璁、薛光前主编:《蒋百里全集》第6辑,第277页。

人，处处关照甚至包庇速成学堂出身的人。当时的中国军界，北洋速成派与日本士官派的明争暗斗相当厉害，蒋百里虽然任人唯贤，对事不对人，但他的许多举措却触动了速成派的利益，他们认为是蒋百里有意与速成派过不去，所以就处处为难他，并散布各种流言蜚语，中伤他，贬抑他，打击他。魏宗瀚对蒋百里提倡的德国式军事教育也很反感，不以为然。

据1913年6月26日《大公报》发表的《保定军官学校职员为校长殉职缕陈情形书》揭露，在蒋百里任职期间，军学司直接干涉校务或加以掣肘之事，有以下数端：

1.军学司想方设法安插私人，良莠不分，贤奸倒置，某些品行不良者因有所恃，不把校纪国法放在眼里，或数月长假，或放弃责任，考试都不临场，视职责如儿戏，遭校长斥责亦毫不悔改。

2.有一位负责看护马匹的马术教官玩忽职守，使马匹在不到五个月的时间内死亡1/3，理应绳之以校纪，免职治罪，不料该教官竟向校长蒋百里行贿500元。蒋百里当即予以痛责，并将500元没收充公，令其反省悔过。此人不但不悔过，反而旷职两个月，最后请求辞职。但因此人属速成派，军学司不但不允许他辞职，反而予以嘉奖，坚持让他留任。

3.步兵三连排长刘克厚原为速成学堂毕业生，留学日本振武学校，未入士官学校即返回国内。刘克厚工作积极，为人忠厚，深得蒋百里倚重。后来，校方呈请军学司委任与刘克厚经历相同的赵以宽为炮兵科排长，而军学司以赵未入士官学校为由，不许派充排长，并且迁怒于刘克厚，将刘撤职。军学司这么做的内在原因是刘、赵与蒋百里走得太近，在魏宗瀚等人看来就是对速成派的背叛。

4.军校某连的苗连长，学识水平太低，任以学课而学课茫然，任以术科而术科不解，自知难以胜任，不愿误人子弟，请求军学司准予长假乞休，而魏宗瀚、丁锦等人则认为是蒋百里等人有意排挤苗连长，反而极力维持，不准苗连长所请。

5.教学用书,本已由有关方面批准统一教材,军校多次呈领,军学司搁置不问,致使教学受到影响。

6.军校学生李森春、赵仲英、张鸿藻、唐英四人,逾假不归,根据校规,应予开除,但军学司横加干预,不准开除此四人,使校纪成为一纸空文。

7.炮兵科长谭学夔是日本陆军炮工专科学校毕业生。他热心教育,恪尽职守,深得学生的拥戴,却遭到炮科某些人的嫉恨,竟以联名请假相要挟,致使谭离职他就。蒋百里为了挽留谭,亲赴军学司交涉,竟然见不到魏宗瀚的面。教育科长丁锦公然对蒋说,魏司长与谭学夔意见甚深,誓不两立。

以上种种仅是军学司刁难蒋百里、干预军校校务的典型事例,其他如请求武器、马匹、资金之类,军学司无不从中作梗,使蒋百里不胜其烦。

蒋百里任职期间,上海发生了一件轰动全国的政治谋杀案,对保定军校师生也产生了一定的冲击,因为被谋杀的是国民党代理理事长宋教仁,军校中一小部分学生离校南下,参加了孙中山领导的"二次革命"。

宋教仁,字得尊,号渔父,湖南省桃源县上香冲人,与蒋百里是同龄人。1904年宋教仁赴东京,创办《二十世纪之支那》杂志,宣传排满革命。1905年同盟会成立后被推举为同盟会司法部检事长和《民报》编辑。1911年1月,宋渔父回到上海,任《民立报》主笔,并与谭人凤等人在上海组建同盟会中部总会,积极筹备在长江流域发动革命。1912年1月南京临时政府成立,他任法制院院长。北京政府成立后,他任农林总长,不久辞职,专门从事政治活动,是一个富有激情的优秀演说家和政论家。

1912年8月,在宋教仁的积极推动下,同盟会联合统一共和党、国民共进会、共和实进会和国民公党组建了国民党,推孙中山为理事长,宋教仁、黄兴等人为理事,党务实由宋教仁主持。孙中山赴日本后,理事长由宋教仁代理。

1913年春,国民党在国会选举中以压倒性多数的优势获胜,力主责任内阁制的宋教仁穿梭奔走于全国各地,发表竞选演说,进行责任内阁制的宣传和鼓动,影响极大。

1913年3月20日晚,宋教仁在上海北站准备乘火车返北京参加即将召开的国会。正当他在站台上与送行的黄兴、廖仲恺等人话别时,突然从暗处冲出一名刺客,举枪向他射击。据说子弹浸了毒液,宋教仁于22日在昏迷中死去。

宋案发生后,全国掀起了一股抗议和声讨的巨浪。一时之间,各方函电交驰,舆论哗然,街谈巷议,沸沸扬扬。国民党人的反应尤其强烈,孙中山从日本回国后,决心发动"二次革命",武装讨袁。内阁总理赵秉钧在宋案中嫌疑极大,成为众矢之的,被迫辞职。袁世凯任命陆军总长段祺瑞代理国务总理,决心以武力对付南方革命力量的武装斗争。

保定军校的革命党人一直在密切注视着局势的发展。陈铭枢、蒋光鼐、季方等30多人,多次秘密集会,决心到南方去参加反袁起义,另有不少学生也跃跃欲试,准备南下有所作为。

蒋百里复出以后醉心于军事教育,不介入国内的政治斗争和党派纷争。他希望学生珍惜时间,学好本领,将来报效国家。宋案发生后,他告诫学生力持镇定,心无旁骛,坚持正常的学习,不要私自离校,因为成大事者要有定力,不必急于一时。

然而,言者谆谆,听者藐藐,前前后后还是有一些学生离开学校南下参加了"二次革命",如陈铭枢、季方等人,后来"二次革命"失败,他们亡命天涯,没有再回保定军校完成学业。

有人说蒋百里自杀是学生私自离校造成的。其实不然,学生离校之事虽然使蒋百里颇感不快,但他绝不会因此走上自杀绝路。实际上,致使蒋百里自戕的是陆军部军学司的刁难与掣肘。

蒋百里花很大精力精心制订了一份扩建军校的计划,以便为国家培育更多更好的军事人才。这份计划得到袁世凯的首肯，蒋百里满怀信心，在全校师生大会上予以宣布。然而，计划呈报陆军部却没有了下文。蒋百里通过总统府军事处副处长傅良佐询问此事，魏宗瀚说需要研议。蒋百里耐心等待了一段时间，仍不见动静，决定亲赴北京交涉。1913年6月17日，蒋百里到陆军部找魏宗瀚，魏说部里拿不出这笔钱支持他的计划。蒋百里说这件事已在全校宣布过，不能失信于全体师生，何况总统和军事处都赞同此事，但遭到魏宗瀚的嘲讽。

蒋百里气得脸色煞白，说不出一句话来，在回保定的火车上，他越想越失望，下决心以死明志，履行刚进校时对全体师生许下的诺言。

他回校后，脸色非常难看，与往日的温文尔雅截然不同。夜幕降临后，他让勤务兵李树义铺纸研墨，然后独自坐在办公室里，一边喝酒，一边奋笔疾书。他给教育长张耀亭和教官张翼鹏写了遗书，交代了后事，又给好友蔡锷写了一封长信，可惜这封信后来遗失了。他还给陆军总长段祺瑞写了信，但写好后又撕成碎片。

他给张耀亭的遗书，读之令人荡气回肠：

> 耀亭吾兄鉴之：仆于校事，不能尽责，今以身殉职。所有后事，处置如左：对于总长处，望即以告学生之语告之。惟有一事不能不加入者，对于军事，非有一至善之目的不能达到，勿以彼善于此之言聊以自慰也。校中款项，责成某经理提回，内有仆薪饷五百元，留作二姪女下半年结婚时费用足矣。家母处，望告以仆之死为殉职、殉国，善为劝解为祷。家中薄田数亩，老母寡妻，尚能度日。如能时常询问，聊慰高堂之寂寞也。十年知交，半年同事，知无不言，言无不尽，一朝永别，能无惨然！魂魄有灵，二十年后当再相见也。

张翼鹏,字印鹍,湖南人,日本陆军士官毕业生。蒋百里给张翼鹏的信,内容如下:

>半年以来,**诸君之惠我者至矣**!仆实不德,今以身殉职,是别无他法也,欲以此尊重职守之观念也。此致印鹍吾兄转诸同事诸君同鉴。①

几封书信写好,已是6月18日凌晨,蒋百里让李树义传令给号兵吹集合号。5时整,保定军校师生1000余人站在尚武堂前听校长蒋百里讲话。

蒋方震穿着黄呢军装由办公室走出来,直立在尚武堂的石阶上,表情严肃,神色凛然,以低沉的语调作告别演说:"我到本校后曾经教训过你们,我要你们做的事,你们必须办到,你们要我做的事,我同样也要办到;你们办不到,我要责罚你们,我办不到,我要责罚我自己。现在你们一切都还好,没有对不起我的事,我自己不能尽责任,是我对不起你们!"他还说:"事情办不好,应该辞职。但是中国的事到处都是一样,这儿办不好,那儿也未必行得通。你们不许动,不要灰心,要鼓起精神来担当中华民国未来的大任!"然后掏出手枪,朝着自己的胸膛开了一枪。勤务兵李树义见蒋百里自京城返回后行为反常,就一直在留意他的举动。当他看到蒋百里越说越悲愤,又伸手摸腰际,就觉得情形不对,预备上讲台。等蒋百里掏出手枪,他奋不顾身跳上台去,使劲拉蒋百里的右手。多亏他这一拉,才使子弹偏离了心脏,挽救了蒋百里的性命。

枪声划破了黎明的寂静。

学生被这突如其来的一幕惊呆了。

---

① 刘莘园:《记保定陆军军官学校》,河北省政协文史资料研究委员会、保定市政协文史资料研究委员会编:《保定陆军军官学校》,第104—105页。

步兵科的刘文岛首先反应过来,大叫一声:"校长自杀了!"①

只见蒋百里目光直视着学生,双手用力按着他的指挥刀,脸色惨白,殷红的鲜血浸透了胸部的军装。他吃力地向前挪动了几步,倒在地上。

站在前面的学生纷纷抢上前去,有的要扶他,有的要抱他,有的要背他,乱作一团。有的学生打电话给医院,有的跑出校去请医生。直到教育长张承礼闻讯赶到,宣布一切由他负责,才把局面稳定住。

张承礼和几个学生把蒋百里抬到校长室后,急忙打电报给总统府咨议孙翼中报告此事。孙和蒋百里是老朋友,曾在日本共同主办过《浙江潮》杂志。孙得到消息,立即通知了在总统府总务股任机要秘书的陈仲恕。

陈仲恕得知自己钟爱的弟子被逼得走上绝路,生死难料,顿觉血往上涌,双腿发软,心痛如遭针刺。他们师生情深义重,久而弥笃,以前学生数次身处逆境、险境,都是老师极力维护,助其脱困,而今老师身为总统府机要秘书,反而眼看着学生走上绝路而束手无策,怎不令老师扼腕痛惜和深深自责。

事情紧迫,陈仲恕来不及多想,立即面见袁世凯,汇报此事。袁世凯也未料到蒋方震是个如此有血性的人,闻报大惊。他连连跺着脚对陈仲恕说:"你快快打电话给交通总长曹汝霖,叫他快快到日本公使馆找日本好外科医生到保定,看看还有救否?"②

根据1901年签订的《辛丑条约》规定,日本驻华使馆驻有日本兵220人,有医官和军医各一人负责医疗事务。日本公使得到消息,立即派平户医生和护士长佐藤屋子乘坐交通部特备的专车前往保定。

火车到保定车站时,军校派副官长易金标来迎接。平户和佐藤屋子登上一辆漆黑发亮的马车。这是专门从伦敦新买来的校长专用车,非常华丽。

---

① 陶菊隐:《蒋百里先生传》,第44—45页。
② 陶菊隐:《蒋百里先生传》,第47页。

车前有六匹骏马奋蹄疾驰，车后有八名骑士执缰扈从，场面威武壮观，引得路人纷纷驻足观望。

到了校长室，平户仔细察看了蒋百里的伤势，不禁啧啧称奇。俗语云：无巧不成书，这原是小说家自圆其说的惯用之笔，但现在用来形容蒋百里的这一枪，再恰当不过：子弹由前胸的两根肋骨间射入，擦伤了桑叶式的小肺尖，然后从后背的两根肋骨间穿出，口腔里流出的血和胸腔内的瘀血都是从擦伤的肺部流出的，人无性命之忧，也无须做手术。这实在是一个奇迹，是不幸中之大幸。

平户说不用把伤者胸腔内的瘀血抽出来，以免影响到心脏，不如留待自干。伤者虽无生命危险，但需要长期静养，尤其要有良好的精神状态，不能再有悲观厌世之念。就蒋百里而言，精神上的安慰比药物治疗更为重要。

全校师生获悉蒋百里无生命危险，都松了一口气。平户因北京日本兵营中的病人也很多，不能久留，就命佐藤屋子留下继续看护蒋百里，自己于第二日返回北京。

蒋百里自杀的消息传出后，全国舆论大哗，慰问蒋百里的函电和信件，雪片似地从全国各地飞来。云南都督蔡锷首先发布通电，要求政府认真查明原因，追究有关人员的责任。与蒋百里在奉天共过事的湖南名流熊希龄发表声明谓："此案如不得水落石出，誓不干休。"[1] 北京的国会议员联合向政府提出质询，各省公法团也致电谴责政府。1913年6月21日，天津《大公报》就此事发表了一篇专评：

> 保定军官学校校长蒋方震自杀，其事甚奇，其气甚烈，传者曰，因陆军部军学司遇事掣肘，忿校事之不可为，故激而出此也。

---

[1] 陶菊隐：《蒋百里先生传》，第46页。

> 蒋之行宜不深知,然当其受任校长之时,该校风潮正剧,蒋入校而学生即兢兢率教,堆垛悉化烟云,是其长于军人教育,才望之足以服众也可知。夫以全校服从之校长,而忽出之以自杀,则其必有不可得之隐情也又可知。
>
> 观其事前之演说,与事后之遗书,又从容,又激烈,洵属可敬可悲。今陆军部已派员查办矣。吾不知奉派之员,果能秉公查明报告否,即能矣,段总长果能秉公切实处分否。
>
> 呜呼,我国教育之无进步,由于办学之非人者半,由于教育行政官之掣肘者亦半。今有蒋之以身殉学,非惟足以儆陆军部,内而教育部,外而教育司,尤当借镜自悟,而办理学务者,亦可以知所风矣。①

因舆论的压力,加上有宋教仁案的前车之鉴,袁世凯对蒋百里自杀案极为重视,下令陆军部彻查:"该案突然发生,其间必有种种之关系,因交谕该部饬即切实查明,详细呈复以备核办。"②

由于事涉陆军部,总长段祺瑞第二天一大早即来报告,说经陆军部调查,蒋百里自杀另有原因,与学校之事无关。袁世凯见段祺瑞敷衍塞责,立即沉下脸来,冷冷地说:"你陆军部莫管这件事,你莫听你手下人的话!"③

袁世凯撇开陆军部,命令总统府侍从武官长荫昌和参谋部次长陈宧负责调查此事。

荫昌和陈宧先到段祺瑞府上征求意见,段说这件事是魏宗瀚与蒋方震的私怨造成的,与公事无关。他先把陆军部的责任推得一干二净,同时又假惺惺地要求二人秉公查办,务求水落石出云云。

---

① 《闻评一》,1913年6月21日《大公报》,第1张。
② 《大总统交查蒋方震自杀案》,1913年6月22日《大公报》,第2张。
③ 陶菊隐:《蒋百里先生传》,第47页。

荫、陈二人熟知官场上的规矩，无非是大事化小，小事化了，如认真追究，各方面都会有麻烦，加上段祺瑞的态度已很明了，蒋方震的生命已无危险，最后也只能以"事出有因，查无实据"搪塞一番。

这时，因宋教仁案和善后大借款案引起的北洋派与国民党间的矛盾日趋尖锐，南北双方剑拔弩张，战争迫在眉睫，袁世凯决心用武力镇压南方的反抗，当然不会为蒋百里这件事而与段祺瑞闹翻，所以这件事就慢慢地不了了之了。

受自杀事件刺激最深的是格外爱戴校长蒋百里的保定军校师生。

事情发生后，大多数学生悲愤万分，各科马上推举学生代表，组成一个代表团，准备与魏宗瀚等人斗争。代表团通电各省，指责魏宗瀚、丁锦等人任用私人，破坏军事教育。教官中以张翼鹏、杨言昌为首的留日陆军士官派数十人联名向总统府控告魏宗瀚、丁锦任用私人，干扰军校校务，把持军事教育的种种罪状。

荫昌和陈宧派总统府军事处处长朱庆澜和参谋部科长黄慕松到军校调查。稍后，李士锐等人来校召集全校学生在操场演武厅讲话，学生推举总代表刘文岛和张森陈述一切，要求上面对此事有一个明确的交代。然而最终未见下文。后来蒋百里辞职，陆军部改派曲同丰担任校长，军校的风潮也就平息下去了。

在这次风潮中最为活跃的学生是刘文岛。

刘文岛，号尘苏，湖北省广济县人，生于1893年4月3日，是蒋百里的得意门生之一。蒋百里辞职后，刘文岛在军校的处境较艰难，蒋百里就资助他赴日本早稻田大学学习。刘学成后，于1918年回国。1918年底蒋百里随梁启超赴欧洲考察时，携刘文岛同行，助刘进入巴黎大学学习。刘于1925年获博士学位，回国后与老师蒋百里还有许多交往。

事件发生后，学生龚浩口占一绝：

> 武德衰微道不扬,先生说教振煌煌。
>
> 一声霹雳惊天地,唤起军魂撼八荒。①

蒋百里自杀案虽然最后不了了之,但他勇于负责、视死如归的精神却激励着他的学生。他的学识,他的品格,他的爱国精神,尤其是那惊天动地的一枪,使他成了保定系军人的精神领袖。

黄征夫回忆说:"就我所接触的许多保定出身的军人,大大小小,前前后后,只要谈起蒋百里先生,无人不敬重,无人不景仰。其实他只任保定军校第一期的校长,受他亲自训练过的只限于第一期的学生。但是很奇特,几乎所有保定军校的学生,不论前期后期,都是一致拥护他,所以'蒋老师'三字,成为保定生对他的普遍称呼。"②

施教者最大的幸福莫过于桃李满天下,蒋百里生而有幸,得数千弟子的衷心拥戴,为自己一生的名山事业增添了若许斑斓的色彩。

---

① 龚浩:《怀蒋师蒋百里先生并序》,蒋复璁、薛光前主编:《蒋百里全集》第6辑,第268页。
② 黄征夫:《怀蒋百里先生》,黄萍荪编:《蒋百里文选》,新阵地图书社1940年版,第397页。

三、梅花香自苦寒来

俗语有云：大难不死，必有后福。又说：官场失意，情场得意。证之蒋百里自杀前后的遭际，此言着实不虚。

蒋百里在鬼门关前走了一遭，可谓大难不死，至于有无后福，九死一生的蒋百里当时并未放在心上。不过，蒋百里确实因此而找到自己心爱的人，成就了一段美满和谐的异国婚姻，给他坎坷的人生旅途上增添了无穷的乐趣，给他因官场屡屡失意而变得暗淡的生活带来了温馨和活力。这段婚姻还赐予他五个美丽善良的女儿。只是，他为这"情场得意"四字所付出的代价未免太沉重了。

人生是许许多多看似偶然的因素组合而成的一个必然的过程。蒋百里由辉煌而堕入深渊，乃是"山重水复疑无路"，由深渊摆脱出来归于淡泊，乃是"柳暗花明又一村"，前者起因于军学司的掣肘，后者则归功于日本护士佐藤屋子的爱情。

佐藤屋子是日本北海道人，生于1890年，比蒋百里小八岁。父母共生下佐藤姐妹五人，以膝下无子为憾。佐藤屋子从小立志做一名职业妇女，让没有儿子的父母因自己而感到骄傲与自豪。在受过十年的基础教育后，佐藤屋子进入助产护士专门学校学习，毕业后在帝国大学产科实习了五年。实习结束，她被派来日本驻华使馆工作，没想到就此与中国结下了不解之缘。

佐藤屋子乘船到秦皇岛登岸，然后乘火车到北京。北京的糖炒栗子香气四溢、回味无穷，给这位异国他乡的女子留下了极为深刻的印象，她对中国的认识就是从这妙不可言的清香中开始的。

她随平户前往保定,虽说是一次不同寻常的出诊,但她绝未想到她的一生会就此彻底改变。

当时,上级神色严肃地对平户和她讲述了这次出诊任务的重要性,要他们立即乘专车出发。

在驰往保定的列车上,佐藤屋子一面观赏窗外的风景,一面想:"说走就走,真是救人如救火呀!"[1]

坐在校长蒋百里华丽的专用马车上,佐藤屋子初次体验到前呼后拥的豪阔场面带来的那种舒适惬意的感觉,恍惚间,自己似乎变成来自远方的一位公主。她想,校长的威风真是不一般呀!他为什么要自杀呢?有什么过不去的沟沟坎坎呢?

等见到"一枪惊天下"的蒋百里,佐藤屋子不禁一怔:面庞白皙清秀如处子,神态温文尔雅如文士,动作闲适潇洒如棋手,无论如何也难以把他与叱咤风云的将军和管理1000余人的军校校长联系在一起。这样的人举枪自杀,那得需要多大的决心和勇气啊!

平户回北京后,照料蒋百里的重担就落在佐藤屋子的肩上。平户在蒋百里的枕头下搜出许多安眠药,怀疑他还未消除自杀的念头,就对佐藤屋子说:"校长命不该绝,劝他放宽眼界,你的责任比我的重。"[2]

在给蒋百里打针、喂药、侍候饮食之际,佐藤屋子渐渐地与他熟络起来。

蒋百里在日本留学六年,二人之间不存在语言障碍。

佐藤屋子从别人口中了解到蒋百里的过去:日本留学,德国实习,得到德国名将的赞誉,的确是一个不可多得的人才。经过深思熟虑,她决定从"忍"字着手,对情绪低落的蒋百里加以劝解和开导。

---

[1] 陶菊隐:《蒋百里先生传》,第49页。
[2] 陶菊隐:《蒋百里先生传》,第50页。

何为忍？忍乃心上一把刀。忍不下一口气，勃然而起，以性命相搏，只是匹夫之勇。越王勾践卧薪尝胆灭吴国，韩信甘受胯下之辱而终成一代名将，司马迁忍宫刑之羞而终传千古文章，苏武牧羊19载归故里，他们都是古代忍者的典范。

佐藤屋子虽然不知道中国古代的这些故事，但她知道日本武士的忍耐功夫。日本武士虽有剖腹自杀以信守诺言的传统，但日本民族更看重的是一个忍字，忍常人所不能忍，受常人所不能受，百折不回，万难不惧。

某日，佐藤屋子见蒋百里心情比较好，乃乘机进言："忍是大勇者之所为，自杀非勇而系逃避人生责任。人生责任要以大无畏的精神冲破一切难关，求其理想之实现。你如果不能忍，将来如何能够成大功胜大业？有热血有能力的好男儿如果轻言牺牲，国事由何人承担，如何对得起国家及培植人才的老前辈？"[1]

这一席豪气干云的话出自一位东瀛窈窕淑女之口，长于口才善于辩论的蒋百里竟无言以对。作为一校之长，半年来他常以大道理训诫和勖勉下属及学生，不想今日却被护士小姐上了一课，他不禁怦然心动，对这位护士小姐刮目相看了。

日本北海道，自古多美人，在病中的蒋百里看来，佐藤屋子更是美中之冠、花中之魁，堪与沉鱼落雁、羞花闭月的中国古代四大美人相媲美。她讲起话来慢语轻声，如和风细雨；走起路来袅袅婷婷，似仙女凌波；做起事来有条不紊，如凤姐当家；待人接物则落落大方，似宝钗再生。尤其是她那粲然一笑，能使满屋生辉，举座皆欢。她体贴入微地照料，耐心细致地劝解，使病榻上的蒋百里得到极大的安慰。从她对"忍"字的理解来看，她是个有见识、明事理、识大体、顾大局的奇女子，非寻常贪图享受的流俗之人可比。蒋百里暗想，如能与此女共结连理，比翼齐飞，那真是不虚此生了。

---

[1] 陶菊隐：《蒋百里先生传》，第50—51页。

"洞房花烛夜，金榜题名时"，原是人生最快意的两件大事。对蒋百里来说，"金榜题名"的荣耀和风光已充分领略，另外，由于"父母之命，媒妁之言"的旧式婚姻，他与查品珍感情疏淡，鲜有倾心的恳谈与交流，致使"洞房花烛夜"徒有其名。蒋百里在夜深人静之际，每每有怅然若失之感。

佐藤屋子的出现给蒋百里带来了重新选择的机会。可以说，正是佐藤屋子使蒋百里彻底放弃了轻生之念，获得新生，再次焕发出青春的活力。

蒋百里决定试探一下佐藤屋子的意向。两星期后，他对佐藤屋子说："我依你的话不再轻生了，但以后遇到生死难关，没有像你这样的人在我身边，谁来提醒我、鼓励我、给我勇气呢？"[1]他这样说，既是一种试探，也是为以后继续追求埋下了一个伏笔。

佐藤屋子没有听出蒋百里的话外之音，她只是觉得高兴和自豪，因为她的努力没有白费，一个铁骨铮铮的汉子在她的劝慰下回心转意，完全弃绝了轻生之念，这是多么了不起的一件事啊！

这时的她根本没有其他方面的考虑，她所做的一切只是出于护士的职责和对蒋百里的敬重。这些年来忙忙碌碌，她还未认真考虑过自己的终身大事，至于嫁给一个中国人，她从来就没有过这样的念头。

远在杭州的张宗祥从报上获悉蒋百里自杀的消息后，急忙打电报到保定军校询问好友的生死，但未得到军校的回音。他又打电报到硖石，向蒋百里的家人打听消息，得知蒋母杨镇和在蒋百里自杀前就已启程北上。过了几天，报上说蒋百里子弹穿胸，幸而不死，张宗祥悬着的一颗心才放下来。

蒋母是到保定送亲的。军校有个教官叫尹凤鸣，也是日本士官学校毕业生，人很干练，蒋百里很器重他，就做主把堂侄女蒋珍慧许配于他，然后写信让母亲带着她到保定完婚。蒋百里在遗书中曾提及此事。

蒋母由蒋百里的堂兄蒋方夔陪同，携蒋珍慧由上海乘轮船北上，在天

---

[1] 陶菊隐:《蒋百里先生传》，第51页。

津听说了蒋百里自杀的消息。蒋母素来深明大义,知道儿子此举必有迫不得已的隐衷,她对蒋方霂说:"我虽只此一子,当他学陆军时,即以身许国。殉职与死于疆场初无二致,万一性命得保全,将来必有大事可任。"①

他们赶到保定时,蒋方震养伤已达三周。有了母亲的温语安慰,加上佐藤屋子细致周到的照料,蒋百里的身体和精神复原情况越来越好。随着对佐藤屋子了解的加深,蒋百里已跌入爱情的旋涡之中。

佐藤屋子见他总是用异样的目光审视自己,一副欲言又止的样子,这才意识到他对自己产生了恋情。她颇觉尴尬,因为她是本着治病救人的原则照料蒋百里的,感情方面的事,她从来没有考虑过。

北京来的一份电报解了她的围。有位日本贵夫人即将分娩,使馆催她回京照料,她乘机辞别蒋百里北上。蒋百里恋恋不舍,却也无可奈何,他只希望以后能再见到佐藤屋子,圆一个美丽的梦。

松、竹、梅岁寒三友,蒋百里最爱梅花。

梅花香自苦寒来,蒋百里知道,如不顶着严寒冒着风雪忘我追求,他是不会欣赏到梅花的艳丽,不会领略到梅花的芬芳的。

蒋百里和母亲到天津休养了三个月。其间,他致电陆军部辞职,得到批准。1913年9月2日,曲同丰正式接任保定军校校长职务。曲同丰虽然与蒋百里同为士官学校第三期的毕业生,但他与段祺瑞的关系非同一般,是段手下的"四大金刚"之一。

从天津到北京后,蒋百里住进位于东单的川田医院继续疗养。袁世凯亲自下手令委任他为总统府军事处参议,月薪300元。袁让陈仲恕到医院转告蒋百里,让他静心休养,不必急于上班任事。

蒋百里在川田医院又见到朝思暮想的佐藤屋子。他的伤是平户和佐藤屋子料理的,所以现在仍由他们负责。

---

① 陶菊隐:《蒋百里先生传》,第52页。

蒋百里决定抓住这次机会,向佐藤屋子发起求爱攻势,无奈她仍无动于衷,或婉言却之,或顾左右而言他,使蒋百里哭笑不得。

蒋百里使出了走上层路线的招数,他求大总统袁世凯帮忙。袁很看重蒋百里的才学和人品,这样的好事当然不会拒绝。袁特请日本驻华公使从中说合,公使又转托平户征求佐藤屋子的意见。

平户人到中年,妻儿都在东京。他见佐藤屋子漂亮,平日里常向她挤眉弄眼,甚至说些不三不四的话,颇有挑逗之意,使她非常反感。现在他来替蒋百里说媒,她当然不会给他好脸色看。她直言相告:绝无此意。

此事惊动了大总统和日本驻华公使,使佐藤屋子感觉到很大的压力,她不是一个爱出风头的人,却在不知不觉中成为众人注目的焦点,如何才能摆脱困境呢?"三十六计,走为上。"

她悄悄写信给家里,让父母给她发"母病速归"之类的急电,助她一臂之力。不久,父母依计拍来电报,她向公使辞职后,急匆匆地由天津浮海归国,暂时摆脱了压力和烦恼。

蒋百里却未因心上人的婉拒和回避而轻言放弃,他早就做好了"踏雪寻梅"的思想准备。

出院后,蒋百里赁屋居住于北京锡拉胡同,一边继续休养,一边读书为文,对法语尤其下了一番苦功夫,水平有了相当大的提高。

他的另外一件要事就是给心目中的"梅花"写信倾诉衷肠。佐藤屋子回国后,蒋百里设法打听到她家的地址,于是一封封道爱慕诉相思苦的信就飞到她的手中。蒋百里走南闯北,奔波半生,见过不少倾国倾城的美女艳姝,而对佐藤屋子却情有独钟,颇有"众里寻他千百度,蓦然回首,那人却在灯火阑珊处"的神奇感觉,所以他的信言辞热烈,感情诚挚,像一支支丘比特的神箭,射向佐藤屋子的芳心。他抱定一个宗旨:精诚所至,金石为开。

人非草木,孰能无情,温柔善良如佐藤屋子者更是如此,更何况她对蒋百里并非没有感情。

她向蒋百里道出自己的苦衷：日本女子嫁给中国人有很多的困难；她曾向父母提及此事，父母坚决反对，他们说日本不是没有好青年，何必嫁给一个身带暗伤的中国人呢？她劝蒋百里死了这条心。

收到此信，蒋百里大喜过望：以前她总是说"职责所在，别无他意"，给我软钉子碰，此信终于承认她的心中是有我的，只是因为种种困难而自我逃避罢了。

摸清了佐藤屋子的真情实感，蒋百里决定再烧一把烈火，一举攻占爱之堡垒。为此他使出了撒手锏绝招，写信给她说："我因你而生，你现在又想置我于死地！我马上到日本，要死就死在你的家里。"[1]

这手绝招摧毁了佐藤屋子心理上的最后一道防线，她了解蒋百里言出必行的个性，自杀过一次的人，再自杀一次绝不稀奇。她最终决定不顾一切阻力和困难，投入蒋百里的怀抱，把自己一生的福祸荣辱与他紧紧地联系在一起。

她把与蒋百里交往的详细情况告诉父母，把蒋百里的全部来信拿出来给父母看，父母终于被这一对异国儿女的挚诚爱情所感动了。母亲说："一个人呱呱坠地时，就把一生的命运带来，你救过他一次，便应当再救一次！爱情是无国界的，我料他终身不会让你受委屈，你若舍弃他再嫁别人，你此生必耿耿于怀，这精神的痛苦对你也是不利的。"平时寡言少语的父亲也满怀爱意地对女儿说："你嫁后若受别人的委屈，随时回国来，我把你应得的产业分下来留给你。"[2]

长达一年的求爱终于有了圆满的结局，蒋百里欣喜万分。他一面委托正在日本的士官学校同学周承炎迎护佐藤屋子，一面做结婚的准备工作。

---

[1] 陶菊隐:《蒋百里先生传》，第55页。
[2] 陶菊隐:《蒋百里先生传》，第56页。

1914年秋季的一天，佐藤屋子一行乘轮船抵达天津塘沽港，蒋百里满面春风，在码头上迎候。他让周承炎做证婚人，在天津德国饭店与心上人举行了婚礼。第二天，新婚夫妇联袂赴京。蒋母请来张宗祥夫妇等数位亲友，在锡拉胡同宅第设宴庆贺儿子新婚，大家尽欢而散。

一对有情人终成眷属，蒋百里补上了"洞房花烛夜"的缺憾，生活更加完善起来。

蒋百里酷爱梅花，给妻子起了个很好听的中国名字：左梅。后来，他在故乡硖石东山的西麓购地数亩，种植梅树200株，并广荫花草，号曰"梅园"，他还在园中造屋数间，预备晚年携左梅归隐故里，读书赏花，尽享天伦之乐。可惜在抗战期间，蒋百里客死异乡，梅园则被占领硖石的日本侵略军用作马厩，梅树被砍伐一空，一处美好的景致和一个美好的愿望都被日军彻底破坏了。

蒋百里的原配查品珍未生育，一直住在硖石蒋宅，于1939年冬谢世，享年59岁。

第六章

国防幕僚，反袁斗士

在北京，蔡锷住西城棉花胡同，蒋百里住东城锡拉胡同。蔡锷自1904年归国后，与蒋百里各自西东，十年阔别，一旦重逢，恍如隔世。有了私谈的机会，他俩常常互倾心膈，感叹事业不畅，改造中国军队的理想受阻，并一致认为：袁世凯、段祺瑞之流私心太重，地域观念太深，即使他们愿意放手练新军，也只能成为一人一系争权夺利的工具，而绝不能用以捍卫国家。这跟他们建立现代化国防的思想背道而驰。于是他们抛弃了利用袁氏建军的幻想，走上了反袁救国的道路。

一、参与反袁护国

蒋百里在追求红颜知己的同时，从未放弃对国家大事的关注和参与。

他与良师梁启超和益友蔡锷一道，积极参加了反对袁世凯称帝的护国运动。

辛亥岁末，梁启超在奉天与蒋百里匆匆作别，返回日本，静观时局的演变。待清帝逊位，南北议和告成，国内激进力量对梁的敌意消除之后，他才于1912年10月8日返抵天津，结束了长达14年的海外流亡生活，受到各界人士的热烈欢迎。

梁启超到京后积极参与政治活动，促成共和党、统一党和民主党的大联合，组成进步党，在国会中与国民党相抗衡。进步党以副总统黎元洪为理事长，梁启超、张骞、伍廷芳、孙武、那彦图、汤化龙、王震、蒲殿俊、王印川九人为理事，而梁启超实际上是进步党的领袖。

梁对袁世凯抱有幻想，在许多问题上维护和支持袁，先后担任司法部总长和币制局总裁等职，积极筹划全局，革新政治，想拥戴袁世凯走上正常的政治轨道，替国家做些建设事业。

然而，袁世凯毕竟不是乔治·华盛顿，他本质上是一个独裁者。当梁启超逐渐认识到这一点后，便开始一步步地走上与袁决裂的道路。

云南都督蔡锷则是应袁世凯之召于1913年10月到北京任职的。

孙中山发动"二次革命"反袁时，南方各省只有浙江都督朱瑞和云南都督蔡锷保持中立。不到两个月，"二次革命"失败，孙中山、黄兴等国民党人亡命日本，袁的北洋势力伸进南方，权势盛极一时。

蔡锷有意北上入京，到中枢要地，有一番作为，以实现整军经武建设国防的理想。他当时对袁世凯也抱有幻想，认为袁是中国的一个人才，能把中国治理好。袁对蔡则存在戒心和疑虑，很想把他调到京中，就近监视和约束。双方各有所谋，一拍即合。

1913年8月13日，蔡锷离开经营多年的云南，绕道越南河内北上赴京。10月4日，蔡锷乘火车抵达北京，受到各界人士的热烈欢迎。袁世凯也派代表到车站迎接，并致送大洋万元作为见面之礼。蔡锷辞谢不受，陆军部次长陈宧来劝说，如果拒绝，是对大总统的不礼貌行为，蔡锷只好接受下来。

袁世凯任命蔡锷为陆军部编译处副总裁（总裁为段祺瑞），并加昭威将军头衔。

蔡锷住西城护国寺街棉花胡同，蒋百里住东城锡拉胡同。昔日同窗，而今聚首京城。二人时相往还，谈理想，谈抱负，商讨军国大计。他们经常拜访恩师梁启超，师生三人又像在日本时一样荣辱与共了。

同蒋百里一样，蔡锷对军事改革和军事教育也十分热心，想在国家大一统的良好环境中开创出新局面。

蔡锷入京后，他把自己在西南时精心拟定的《军事计划》原稿交给蒋百里修改和润色。蔡锷的计划与蒋百里的抱负不谋而合，蒋百里力疾从公，昼夜披览，增删校改，最终定稿。可以说，《军事计划》是蔡锷和蒋百里二人的心血结晶。这份计划共七章，洋洋3万余言，全面论述了练兵的目的、国力和兵力、义务兵役制、兵器、编制、军事教育和军纪、人事和后勤保障等关系军事建设的重要问题，是中国军队实现近代化和国家化的一份纲领性文件。1914年5月，袁世凯组建参政院，委副总统黎元洪兼任院长，另遴选参政70人，其中有当朝显宦周学熙、梁士诒、王揖唐、陆征祥、杨度等人；有进步党名流梁启超、熊希龄、林长民、严复等人；有清末官僚赵尔巽、那彦图、李经羲、荫昌、于式枚等人，蔡锷和蒋尊簋也列名参政。

5月8日，袁世凯下令撤销总统府军事处，成立陆海军大元帅统率办事处，任段祺瑞、刘冠雄、陈宧、萨镇冰、王士珍、蔡锷为办事员，唐在礼为总务厅长，张士钰为副厅长，蒋百里、陈仪、程璧光、姚宝来、姚鸿法等人为军事参议官，蒋百里和蔡锷成了可以经常见面的同事。他们联络阎锡山、张绍曾、尹昌衡等11人组织军事研究会，经常聚会讨论和演讲各种军事问题及计划，还请外国军事专家举行演讲会，进行学术交流活动，力图改进军事教育，提高军事学术。

袁世凯还委蔡锷兼任全国经界局督办。经界局主管全国土地经界的测量，清丈田亩，确定各类田亩之等级及其应纳税之数额等事务。蒋百里对中国古代的井田制度颇有研究，认为井田制是抵御周边游牧民族侵袭和巩固农业经济的好办法。他和蔡锷计划把经界局主持的测量和清丈土地的工作与国防建设结合起来进行。为此，他们厘定了详细办法，但因与袁世凯的目的不同，计划被搁置起来。

随着时间的推移，袁世凯的独裁本质和勃勃野心逐渐暴露于世人面前。他施展一系列的手段，由临时大总统成为正式大总统，进而成为终身大总统。他并让国会同意，总统继任人可由袁推荐三个候选人（袁的儿子、孙子皆无不可），然后书于嘉禾金简，藏之金匮石室，届时交大总统选举会选举。这与封建帝王已无区别，而袁仍不满足，非要黄袍加身，让全国人民口呼万岁才肯罢休。

所谓上梁不正下梁歪，朝野上下一班趋炎附势的献媚之徒见袁世凯有称帝野心，就迎合他的心理，牵强附会，编造出种种天命攸归的瑞验，广泛传播，制造舆论。如1914年底，河南项城袁家祖茔坟丁来京报告，说袁世凯生父袁保中的坟侧生出一条紫藤，长逾丈许，蜿蜒盘绕，状似龙形。袁的妻妾子女听了大喜，认为这是袁将做皇帝的征兆。袁的心腹段芝贵、雷震春和张镇芳等人也策动袁世凯称帝。

对帝制最热心的是袁世凯的长子袁克定，因为他想等袁世凯死后子承父位，做君临天下的皇帝。他原住在北海团城，门上挂着"大爷处"的牌子。1914年7月，他以"养病"为名移住京郊汤山，暗中推动帝制。

袁克定知道梁启超名重海内外，虽已辞官不做，但一言一行仍有极大的影响力，如能取得梁的支持，则大事有望成功。

1915年1月，袁克定在汤山居所宴请梁启超，只有杨度一个陪客。席间，袁克定肆意诋毁共和政体，话里话外露出了要梁启超支持变更国体的意思。梁当即指出变更国体在内政和外交方面的危险性。两人话不投机，不欢而散。

梁对袁世凯想称帝之事早有耳闻，袁克定的一席话使他确信变更共和国体的阴谋正在酝酿之中。于是，他于2月间移居天津，表示不问政治，专事著述，与袁世凯拉开距离。

梁启超当年虽然极力主张君主立宪，反对革命，但他能顺应时代潮流，赶上时代步伐，与时俱进，在民国建立后坚决反对任何破坏共和政体的言行。对袁氏父子倒行逆施的阴谋活动，他当然要加以抵制。

4月底，梁启超在回粤省亲之前，以下属和知交的双重身份，致函袁世凯，规劝袁在国体问题上"践高洁之成言，谢非义之劝进"[①]，切勿帝制自为。

6月初，梁启超由粤北返，途经江、浙，对社会上的帝制传言甚感忧虑，乃于月底拉上袁世凯的心腹大将、时任江苏都督的冯国璋一道北上入京，劝阻袁世凯。

袁极善于表演，赌咒发誓说他绝无做皇帝之意，暂时蒙骗了梁启超和冯国璋，而实际上，他的帝制步伐进一步加快了。

袁之称帝，除国内一班利欲熏心的人鼓噪外，某些外国人也出于不同的目的加以推动。

1914年秋，第一次世界大战爆发，日本乘机出兵我国山东，占领德国

---

① 梁启超：《上总统书（国体问题）》，梁启超：《饮冰室合集》文集之三十四，中华书局1941年版，第3页。

租借我国的胶州湾和胶济铁路沿线各地。1915年1月，日本驻华公使日置益向袁世凯递交了灭亡中国的"二十一条"要求，同时表达了中国如改国体日本"必赞成"的意思加以利诱。5月9日，屈服于日本的压力，同时出于对日本支持他称帝的期盼，袁世凯不顾朝野舆论的反对，接受了"二十一条"的部分条款。

1915年8月3日，北京政府的"喉舌"《亚细亚报》发表了袁世凯的宪法顾问古德诺的文章，题为《共和与君主论》，大肆鼓吹实行君主制。袁的日本顾问有贺长雄则抛出《共和宪法持久策》一书，诬蔑中国不适合共和政体，要袁世凯做皇帝。

8月14日，在袁世凯的授意下，杨度纠合孙毓筠、严复、刘师培、李燮和、胡瑛，在北京组织了所谓"筹一国之治安"的筹安会，公开为恢复帝制鸣锣开道。

此举使袁世凯的称帝野心昭然若揭，梁启超、蔡锷、蒋百里等人遂下定了反袁的决心。

8月15日，蔡锷赴天津，与梁启超在汤觉顿家中密商对策，决定为了四万万中国人的人格起见，坚决反对袁世凯恢复帝制，并相约如果反袁成功，他们将功成身退，转入学界，专心学问。如果失败，则以身殉国，不逃租界，不逃外国。他们私下做好了军事反袁的准备，拟由蔡锷秘密联络云南和贵州的旧部以及各方反袁势力，发动起义。为了避免引起袁世凯的疑心，妨碍蔡锷的行动，他们约定此后表面上还装成政见不同的样子。

8月21日，梁启超花一夜功夫，写成洋洋万余言的《异哉所谓国体问题者》一文，交汤觉顿带回北京，准备刊登于报纸，在舆论界打出反对帝制的旗帜。

袁世凯闻讯，立即派亲信带20万元巨款赴天津，以10万元补作梁氏父亲的寿礼，以10万元作为梁氏出国游历的旅费，但梁氏不为所动。杨度不肯死心，让蔡锷赴天津，以师生之谊劝梁不要发表这篇文章。蔡锷佯装欣然从命的样子,到天津转了一圈,回来后对杨度说:人各有志,不能相强。

梁启超的文章在《大中华》杂志发表后,在社会上引起强烈反响。因蔡锷、蒋百里与梁启超有师生之谊,所以遭到袁党的怀疑,处境较为困难,幸亏杨度在袁世凯面前总是说他们的好话,加上他们表面上赞成帝制,袁党抓不到什么证据,暂时奈何不了他们。

梁文发表后,蔡锷逢人便说:"我们先生是书呆子,不识时务。"有人反问:"你为什么不劝你先生?"蔡回答说:"书呆子哪里劝得转来,但书呆子也不会做成什么事,何必管他呢!"①

蔡锷与蒋百里密商后,于8月25日在云南会馆召集军界友人,书写条幅,依次签名,佯装赞成帝制,以迷惑袁党:

> 主张中国国体宜用君主制者署名于后
> 八月二十五日
> 昭威将军　　蔡　锷
> 宣威将军　　蒋尊簋
> 义威将军　　孙　武
> 参谋次长　　唐在礼
> 陆军次长　　蒋作宾
> 陆军中将　　陆　锦
> 陆军中将　　贾师范
> 陆军中将　　张士钰
> 陆军少将　　张一爵

---

① 梁启超:《护国之役回顾谈》,梁启超:《饮冰室合集》文集之三十九,中华书局1989年版,第89—90页。

陆军少将　　姚鸿法

陆军少将　　蒋方震

陆军少将　　陈　仪

有一天，蔡锷在统率办事处，袁氏爪牙执赞成帝制题名录来试探他，他毫不犹豫地大书"赞成"二字。

为了进一步迷惑袁党，生活作风一向严谨的蔡锷开始涉足北京八大胡同妓院，装成沉湎声色、无所作为的样子。蔡锷与小凤仙的风流故事就是在此间产生的。

北京的妓院明代时设在东城内务部街，清代迁至南城，逐渐形成有名的八大胡同：陕西巷、石头胡同、小李纱帽胡同、王广福斜街（本名王寡妇斜街）、胭脂胡同、石顺胡同、韩家潭、皮条营。有好事者作诗一首，把八大胡同串了起来：

> 陕西巷里觅温柔，店过穿心回石头。
> 纱帽至今犹姓李，胭脂终古不知愁。
> 皮条营有东西别，石顺名曾大小留。
> 逛罢斜街王广福，韩家潭畔听歌喉。①

妓院分三级，头等称"清吟小班"，二等称"小班"，无清吟字样，三等称"茶室"，又称"下处"。妓家分南北两帮，彼此不相侵犯。南帮指来自南方的佳丽，活泼可爱，但多有流于浮滑者；北帮指北方女郎，诚实可靠，但不免拘谨固执。南帮均假托隶籍"姑苏"，故又称"苏帮"。

民国初年，达官贵人、富商巨贾、文人士子各色人等充斥京华，多喜冶

---

① 李路珂等编著：《北京古建筑地图》上册，清华大学出版社2009年版，第445页。

游。一时间，八大胡同冠盖云集，门庭若市，风华远胜清代。

蔡锷为使杨度不怀疑他，就随杨度去了陕西巷，在云吉班挑了一个妓女，名叫筱凤仙。

筱凤仙是南帮妓女，湖南人氏，与蔡锷同乡，艺名小凤仙，容貌平常，但略识文字，平常找她的客人极少。蔡锷涉足声色场所，本意并非品花赏色，所以只与小凤仙往来，有时甚至招摇过市，以掩人耳目。

实际上，蔡锷每周都去天津与梁启超筹商反袁大计，在京中则与蒋百里、韩凤楼、胡景伊等人联络，积极进行准备工作。

袁世凯的倒行逆施也引起远在海外的孙中山、黄兴等人的注意。"二次革命"失败后，大批国民党人亡命日本，孙中山欲组建中华革命党，与黄兴发生意见冲突，黄兴远走美国，留张孝准在东京做代表。

黄兴写密信劝蔡锷早日脱离虎口，回云南组织讨袁之师，并告诉他，东京的张孝准可以掩护他。

蔡锷复信谈了离京反袁的计划。不久，张孝准派李小川到北京找蒋百里和蔡锷面商一切。

李小川自从在东北与蒋百里分手，一直追随黄兴左右。此次回京，他佯称是为了谋求留学日本的公费资格而来的。他先见到蒋百里，蒋介绍他去拜访军需处处长唐在礼，交涉留学事宜。等官样文章做完，蒋百里即介绍李小川去棉花胡同，向蔡锷面交张孝准的密函。

李小川到蔡府，看到大门口有一个身穿雪青纺绸衫的瘦长汉子踱来踱去，正在等他，这个人就是大名鼎鼎的蔡锷。二人进入内室后，蔡锷握着李小川的手说："你是李小川先生？我就是松坡呀！"

他们关起门来密谈许久。蔡锷看了张孝准的信，对李说："你回去告诉韵农（张孝准字），他所谈的事我完全明白了。你见蒋百里的时候，你要他向人说，我和你两人未曾见面。"

李小川把蔡锷的话转告蒋百里，蒋笑着说："这样说岂不应了'此处无银三百两'的笑话了吗？最好别人不问及，我们也不提及。"李小川回东京后对人说："蔡将军诚然机警，可是蒋百里先生更机警。"①

张孝准不久又派一个姓何的人到北京，交给蔡锷一本密码。同时，戴戡、王伯群等蔡锷的旧部将领也经常出入蔡府，筹商反袁大计。

袁世凯对蔡锷始终不放心，乃授意手下人演出了一场搜查蔡府的丑剧。

1915年10月14日晨，蔡锷起床不久，有一军官带着七八个士兵冲进来，口称搜查违禁品。他们不顾蔡锷的反对，强行在各屋中翻箱倒柜，最后什么也未搜到，才扬长而去。

事后，蔡怒不可遏地打电话质问京畿军政执法处处长雷震春，雷连声道歉说："误会，误会！对不起，对不起！"其实这绝非误会，而是有意搞突然袭击，欲抓住蔡锷的把柄。原来是陕西人路孝忱向总统府告密，说云南有人反对帝制，与蔡锷等云南来京官员有书信往还，共同密谋。

搜查事件发生后，蔡锷决定加快行动步伐。他和戴戡、王伯群到天津，与梁启超商谈具体部署。他们计划云南和贵州同时起义，然后策动广西响应。随后即派戴戡和王伯群先行南下，作为蔡锷的开路先锋。

11月11日，蔡锷佯称有病，请假赴天津疗养。行前到蒋百里家中，两人谈到深夜。

蔡到天津，先住共立医院，后住德义楼旅馆，做逃离虎口的最后准备。袁世凯派蒋百里赴天津劝蔡回京，蒋、蔡二人在德义楼整整谈了一夜的讨袁计划。蒋百里回京后向袁报告说："松坡未知去向，在津未曾找到。"②

袁世凯见蒋百里敷衍搪塞，对他也起了疑心。

12月2日深夜3时，蔡锷避开他人耳目，从德义楼悄悄来到梁启超家，改穿日本和服，变换姓名，一早便登上日本的运煤船"山东丸"东渡。蔡上

---

① 陶菊隐:《蒋百里先生传》，第57—58页。
② 陶菊隐:《蒋百里先生传》，第58页。

船前给在京的周钟岳发一电报,请其代拟一纸续假呈文,向袁世凯报告,内称:"现在假期已满,病仍未愈,惟有仰恳俯赐矜全,准予续假三月,俾得迁地疗养,并请派员代理,免旷职务,不胜迫切待命之至。"①

袁见蔡有"迁地疗养"之请,知道大事不好,急派军事参议陈仪赴天津催蔡返京。陈仪到天津时,蔡锷已在波涛汹涌的大洋之上了。

1915年12月12日,袁世凯冒天下之大不韪登基称帝,改国号为中华帝国,以1916年为洪宪元年。

蔡锷抵日本后,在张孝准、石陶钧等人的掩护和协助下,乘船从神户出发,经香港和越南直趋云南,于12月19日抵达昆明。25日,蔡锷、唐继尧等人联名发布通电,举起义旗,打响了反袁护国的第一枪。

梁启超于12月16日离开天津南下,18日抵达上海。他在上海深居简出,住了70余日,在极艰苦的条件下运筹帷幄,指陈方略,将反袁护国运动步步推向前进。

蒋百里本与蔡锷约定,稍后南下,参与反袁之役。在蔡锷和梁启超南下之后,蒋百里受到袁氏党羽的严密监视,脱离虎口已非易事。蒋百里不能马上南行,只好韬光养晦,伺机而动。

1916年1月,蔡锷亲率讨袁护国军第一军进入四川,与北洋军作战,双方在泸州、纳溪、自流井一带展开了殊死搏杀。由于护国军仓促起事,准备不足,兵员既少,枪弹匮乏,粮饷不继,一度在数倍于己且兵精粮足的北洋军面前陷入极为被动的状态。各省中只有贵州于1月27日响应起义,宣布独立,其余仍在观望,坐视护国军孤军奋战。

面对护国军前线紧张危急的形势,坐镇上海的梁启超焦灼万分,忧心不已,决定尽快策动广西都督陆荣廷宣布独立,使滇、桂、黔连成一片,以

---

① 周钟岳:《惺庵回顾续录》,中国人民政治协商会议云南省委员会文史资料研究委员会编:《云南文史资料选辑》第5辑,1964年,第160页。

消除护国军的后顾之忧，壮大反袁护国的力量。

1月25日，梁启超紧急致书陆荣廷，晓以大义。2月18日，梁再次致电陆，催其尽快举事。陆荣廷与张作霖的经历颇相似，也出身绿林，受清政府招安，辛亥革命后攫取权力，成为广西都督。1913年"二次革命"期间镇压革命党人发动的柳州起义，杀害蒋翊武、刘古香、李群等大批革命党人，被袁世凯封为大将军。陆对梁启超和蔡锷十分敬佩，对袁世凯称帝改元的丑行极为不满，早有反意。陆接到梁的信函后，即派陈祖虞和唐伯珊二人到上海迎接梁到广西，说只要梁一到，广西即宣布独立。

3月4日，在日本驻沪武官青木和其属官松井的帮助下，梁启超躲过袁世凯派来的密探的监视，与汤觉顿、黄溯初等七人，乘船离开上海南下。因袁世凯向两广要隘及越南、香港当局发出了扣留梁启超的通电，梁到香港后只能蛰伏舟中，避人耳目，而派汤觉顿和唐伯珊携广西起义计划先行入桂。

3月15日，陆荣廷宣布广西独立。

在四川前线艰苦作战的护国军闻讯深受鼓舞，士气大振，在蔡锷指挥下发动反攻，屡屡得手，极大地改变了战场上的不利形势。

袁世凯则遭到重大打击。在四面楚歌声中，他知道大势已去，乃以退为进，于3月22日宣布取消帝制，并要求南方护国力量取消独立，继续尊奉他做大总统。

经过战斗洗礼的反袁护国力量不会再被袁的骗人花招所蒙蔽。只有将袁世凯赶下台，才能使他再也得不到祸害民国的机会。

4月4日，梁启超历经千辛万苦，终于抵达南宁。他坚决主张逼袁退位。

4月6日，广东都督龙济光迫于形势，宣布广东独立。龙是袁世凯的忠实爪牙，他宣布独立完全是不得已而为之的缓兵之计。为联合龙济光，梁启超和陆荣廷派汤觉顿等人为代表到广州会谈。4月12日，在广州海珠召开的联席会议上，双方争执不下，龙济光部将颜启汉竟拔枪射击，杀害了汤觉顿等三人，酿成了震惊一时的海珠惨案。龙济光因此遭到各方的强烈谴责，不得不作出让步，与广西方面进行合作。

为了约束龙济光，尽快结束广东内部的混乱局面，出师北伐，梁启超等人于5月1日在广东肇庆发起成立了两广护国军都司令部，以岑春煊任都司令，梁启超任都参谋，下设参谋部、秘书厅、参议厅、外交局、财政局、盐务局、饷械厅、副官处等机关。本部之外，还设有将校团，都司令部直辖军队四个师两个混成旅又一个独立团。

梁启超召来蒋百里，委以都司令部出师计划股主任之职，为出师北伐出谋划策。

蒋百里是3月离开北京的。

由于前方战事吃紧，加上全国各地反袁称帝的人越来越多，袁氏党羽对蒋百里的监视有所放松，而且蒋百里韬光养晦，没有露出丝毫反袁的痕迹，袁世凯对他的疑心也淡了。蒋百里决定利用这个机会逃脱羁縻，南下会友。

有一天，蒋百里上班归来，对夫人左梅说："我明天就要动身了。"①

结婚一年多来，蒋百里和左梅夫唱妇随，伉俪情深。蒋母在京中陪住三个月，见儿媳对儿子照顾得十分周到，便放心南归硖石老家。

自袁世凯的称帝野心暴露后，左梅看到丈夫常与蔡锷等人秘密筹商计议，就知道他们必会有重大的举措。但对国家大事，蒋百里从来不对她谈，她也从来不问，她只是怀着无限情意默默地照顾着丈夫的饮食起居，希望丈夫的枪伤彻底痊愈，体格强健起来，为国家多做些事情。

蔡锷出京后，她知道丈夫迟早会步其后尘。这一天终于来临了。

晚上，蒋百里一边喝酒，一边在灯下写信。直到凌晨2时，写完了五封信，他才解衣就寝。左梅知道丈夫此去山高路险，吉凶难料，颇为担忧，在

---

① 陶菊隐：《蒋百里先生传》，第59页。

床上辗转反侧，一夜未眠。

第二天一大早，蒋百里夫妇即起了床。蒋百里把五封信留给夫人左梅，说他到南京后就打电报给夫人报平安，那时夫人即把信发出，其中一信致袁世凯，要他及早回头，取消帝制，另外的信是给段祺瑞等人的。蒋百里还给夫人左梅留下200元生活费，嘱咐她，如果北京发生骚乱，她应到东交民巷的日本使馆暂避。

蒋百里辞别夫人左梅，顺利地出了朝阳门，雇了一匹毛驴，骑至廊坊，购三等车票乘火车南下而去。此次骑驴离京，虽不像往年奉天历险那样惊心动魄，但蒋百里的心情却比那次沉重得多，他牵挂着妻子左梅的安危。结婚以来，初次离别，不知何时再相会，也不知能否再相会！

然而，为了国家大事，他顾不了这么多了。

蒋百里到上海后，梁启超已率人赴广西。蒋百里与蔡锷取得联系，拟由上海乘船到四川，辅助蔡指挥作战。梁启超闻蒋百里抵沪，即函召他到两广，为两广军队的北伐出谋划策。

这样，蒋百里辗转来到广东，与梁启超会合，担任了两广护国军都司令部出师计划股主任。

袁世凯的帝制已经取消，北伐的目的在于迫使袁下台。蒋百里提出了北伐的方略：仿照拿破仑的突出战术，出师湖南，攻取武汉，与四川的蔡锷护国军遥相呼应。

然而，北伐计划未及实行，蒋百里即随梁启超离开广东赴上海了。

5月6日，在四川前线指挥作战的袁世凯的心腹陈宣与蔡锷达成停战协议。为了进一步分化北洋军阀，孤立袁世凯，梁启超决定亲往南京争取手握重兵的江苏都督冯国璋反袁。

5月17日，梁启超率蒋百里等人乘船离开广州，前往上海。轮船经过香港时，梁启超在船舱里正襟危坐，给父亲写信报平安。其实，他的父亲已于3月14日在香港病逝，当时他正在由香港赴海防的途中。亲友们因他肩负救国大任，便匿丧不报，将他一直蒙在鼓里。

蒋百里已经得知这个噩耗，他既不能对梁明言，又不忍看梁写信，只好悄悄地躲开，在没人看见的地方暗自垂泪。蒋百里是个孝子，也是个性情中人，他从不掩饰自己的感情。他是由梁启超的丧父之痛想到自己父亲的早逝，所谓"树欲静而风不止，子欲养而亲不待"是也！想到这些，他仰天叹息，禁不住悲从中来，潸然泪下。

5月22日和29日，袁世凯的两位心腹，四川都督陈宦和湖南都督汤芗铭，先后在蔡锷和汤化龙的策动下宣布独立，给袁造成巨大的打击。6月6日，袁在全国人民的唾骂声中，在众叛亲离的凄凉惨景中一命呜呼。一代枭雄，命归黄泉，是非功过，任后人去评说。

5月29日，梁启超的弟弟梁启勋从香港来到上海，告知父亲病逝真相。梁启超闻讯悲痛万分，立即向护国军政府致电请求辞去本兼各职，闭门居丧，以守礼制。

袁氏去世后，副总统黎元洪依法继任总统。6月24日，北京政府颁布命令，以蔡锷为益武将军，督理四川军务。因在上海已无事可做，蒋百里决定西入巴蜀，辅助蔡锷。行前，他派李树义到京把左梅迎至上海，住在四川路德国饭店。同一天，蒋母也由硖石到上海，劫后余生的一家人再度团圆。

蒋百里夫妇成婚以来，左梅还未回过娘家。为了让夫人左梅体面地回日本探亲，蒋百里拿出历年积存的4000元钱，让夫人左梅购买金银首饰和各种礼物。蒋百里想，左梅固然可以安贫乐道，不图虚荣，但初次归省父母，如果太寒酸了，难免让周围邻居小瞧。

送走夫人左梅，安顿好母亲，蒋百里携李树义乔装打扮，避开军警的检查，乘轮船沿长江西行。

到达重庆后，他们或乘纤夫的小舟逆流而上，或乘轿夫的小轿盘山而行，一路风餐露宿，赶去与蔡锷会合。

二、哭送挚友蔡锷

袁世凯殒命后,护国军的使命宣告完成,四川局势稳定下来。然而,十分不幸的是,再造民国的第一功臣蔡锷的病却越来越严重了。

他的病是肺结核转喉头结核。1915年深秋的一天早晨,他在中南海漫步,遇疾风而感到喉咙剧痛,经医生检查,方知病已不轻,如不是真有病,袁世凯绝不会准病假让他赴天津治疗。

蔡锷是强忍着病痛的折磨赴云南领导反袁起义的。1915年12月25日,朱德率滇军第十团从蒙自到昆明参加起义,见到蔡锷。后来,朱德对当时的情形作了如下描述:

> 蔡锷起身向我们走来的时候,我大吃一惊,说不出话来。他瘦得像鬼,两颊下陷,整个脸上只有两眼还闪闪发光。肺结核正威胁着他的生命。那时他的声音已很微弱,我们必须很留心才能听得清。当他向我走来的时候,我低头流泪,一句话也说不出来。①

蔡锷力疾从公,督率军队喋血疆场,终于达成反袁护国的目标,在人间留下千古英名。

1916年6月24日,他受命督理四川军务。28日,他由永宁出发,经大

---

① [美]史沫特莱:《伟大的道路——朱德的生平和时代》,梅念译,生活·读书·新知三联书店1979年版,第131页。

洲驿、纳溪，于7月1日抵达泸州，住在朱德指挥部附近的住宅内。梁启超获悉蔡锷病情加重，特别致电在重庆的德国医生阿密思到泸州诊治。阿密思做了错误诊断，使用驱梅疗法，给蔡锷打了一针洒佛散，致使病情急剧恶化。7月5日，蔡锷致电北京政府请假东渡日本治疗，但未获批准。7月6日，北京政府正式任命蔡为四川督军兼省长。

蔡锷病卧在床，仍把秘书和参谋长叫到床前，研究重建四川的计划。朱德劝他多休息，不要劳累。但他以低弱的声音说，他剩下的日子不多了，而他做的事则可能会决定西南地区甚至是全国的命运。

由于四川各界殷切希望蔡锷到成都视事，他便强支病体，于7月21日离开泸州，乘坐轿子，率五个团的兵力向成都进发。

蒋百里到泸州时，蔡锷已经离去，他只好循路急追，终于在离成都不远的龙泉驿赶上蔡锷的大队人马。

北京一别，倏忽间已是半年，再度重逢，物是人非，两位好友均感慨系之！蒋百里见蔡锷病势沉重，与离开北京前判若两人，不觉悚然心惊。他决心竭尽全力为蔡锷分担痛苦和忧愁。

蒋百里间关万里，前来与蔡锷共患难，使蔡颇为感动，同时解了他的燃眉之急：他正在为找人代理四川督军以便东渡日本治疗发愁呢！他正式请求蒋百里代理他的职务，让他放心地出国治病。但是，蒋百里拒绝了。他感谢蔡锷的器重和信任，但他更愿意陪伴在蔡锷的身旁，为蔡锷的康复尽一份心力。蔡锷见他态度坚决，只好改委他为总参议，改而保荐罗佩金代理四川督军，保荐戴戡代理省长兼会办四川军务。

7月29日，蔡锷率大队人马抵达成都，受到各界人士的热烈欢迎。那天，成都万人空巷，人人都想一睹蔡锷的风采。

蔡锷在成都一面大刀阔斧地处理善后事务，如整理在四川的各路军队，统一财政收支，制定军队和官吏奖惩条例等；一面还挤出时间，游览了杜甫草堂和望江楼等风景名胜。他虽在病中，但仍不乏豪迈激越的雄魄，有诗为证：

谒杜甫草堂
锦城多少闲丝管，不识人间有战争。
要与先生横铁笛，一时吹作共和声。

别望江楼
锦城河暖溅惊波，忍听巴人下里歌！
敢唱满江红一阕，从头收拾旧山河。①

然而，蔡锷纵有雄心万丈，却抵不住病魔的侵袭。8月7日，他带领总参议蒋百里、代理副官长李小川和秘书唐辙等人，告别舍不得他走的成都父老，踏上东渡日本的旅程。

他们先到泸州，在朱德的指挥部休息了几天。蔡锷虚弱得连两三步路都走不动，声音微弱，朱德必须弓身到床边才能听到他说的话。蔡锷低声说，这次去日本，既费时间又费钱，因为已经自知没救了。他并不畏死，只是为中国的前途担忧。

告别朱德，蔡锷一行乘船东下。那天，朱德、孙炳文和许多官兵到码头送行，他们心情沉重地目送蔡锷的船消失在长江的浓雾里。朱德怅然若失，心情久久不能平复，为此，孙炳文劝了他很久。

蔡锷一行在重庆稍作停留，换乘轮船沿长江下驶，于8月29日抵达上海。前来拜会的各界人士络绎不绝。由于蔡锷重病在身，只能拒而不见。从海外归来的黄兴也在病中，闻蔡锷抵沪，特派其子黄一欧前往码头迎候，代致问候之意。蔡锷和黄兴这两位多年肝胆相照的挚友，在沪上数度会面。蔡

---

① 毛注青等：《蔡锷集》，湖南人民出版社1983年版，第518页。

锷东渡时，黄兴还亲往码头送别，不想竟成了永诀。

还有梁启超与蔡锷又会了面。梁启超、蔡锷和蒋百里师生三人初聚于东京，再会于京华，多年来亦师亦友的情谊未减，救国救民的初衷未改。此次再度聚首沪上，情形却大为不同，三人内心都明白，这是一次生离死别的聚会。梁启超回忆说："他到上海时，我会着他，几乎连面目也认识不清楚，喉咙哑到一点声音也没有。医生都看着这病是不能救了。"①

9月9日，蔡锷和蒋百里等人离开上海，乘船东渡。到日本后，蔡锷住进福冈大学医院治疗。过神户时，日本记者纷纷前来采访，因蔡锷说话已极为困难，就由蒋百里代表他发表谈话。蒋百里说："将军之病，实因袁氏叛国而起。纳溪之战，将军已感觉喉头哽塞，到泸州时竟至完全不能发声。七月二十日由叙府赴成都，在那里住了九天，病情更为严重。北京当局劝其住西山静养，将军则以不能杜门谢客为虑，所以来到贵国就医。"②

福冈医院的医疗条件虽优于国内，无奈蔡锷已病入膏肓，即令华佗再世也无回天之术了。

当时左梅正在温泉休养，接到电报后，即赶到东京与蒋百里相会，然后同赴福冈，就近照料床榻之上的蔡锷。

1916年10月31日，黄兴病逝于上海，蔡锷闻讯，极为悲痛，立即函请上海的张嘉森代表他前往致祭，并强支病体，亲书哭黄兴的挽联一副：

以勇健开国，而宁静持身，贯彻实行，是能创作一生者；
曾送我海上，忽哭君天涯，惊起挥泪，难为卧病九州人。③

这是蔡锷的绝笔。等他的书信寄到张嘉森手中时，他已在日本病逝了。

---

① 梁启超：《护国之役回顾谈》，梁启超：《饮冰室合集》文集之三十九，第97页。
② 陶菊隐：《蒋百里传》，中华书局1985年版，第43页。
③ 毛注青等：《蔡锷集》，第527页。

11月4日，蔡锷精神较好，叫人买来西瓜，要与蒋百里等人分享。蒋百里担心凉西瓜影响他的喉咙，只让他喝了少许西瓜水。

蔡锷向蒋百里谈了四点希望：（1）愿人民和政府协力同心，采取有效政策，向有希望的积极方面迈进；（2）现在各派意见多乖，争权夺利，对国家极为有害，愿为民望者，以道德爱国；（3）此次在四川阵亡及出力人员，令罗佩金和戴戡核实后，呈请俱恤；（4）锷以短命，未能战死疆场，尽力民国，应行薄葬。他最后说，他的病恐怕治不好，万一不起，就将上述意思通电全国。蒋百里劝他安心养病，勿以国事为念，以免劳心伤神，影响治疗。蒋百里没有想到，这席谈话竟成了蔡松坡的遗言。

11月7日早晨，医生给蔡松坡打了一针，使他的精神大有好转，早餐和午餐都吃了一碗粥，喝了一小碗燕窝汤，还喝了牛奶和葛汤等。他与蒋百里闲谈一阵，两人都觉得很愉快。他们还凭窗观看了日本的飞机演习，蔡松坡不禁心念一动：这也许是个好兆头，我的病自此以后将有转机。

然而，这不过是蔡松坡大限来临之前的回光返照。到了傍晚，他的病况急转直下，气促痰涌，口不能言，到8时更为严重。

11月8日凌晨4时，蔡锷带着对祖国和人民的无限依恋，带着他一生的丰功伟业永远离开了人世，年仅35岁。

国之栋梁英年早逝，华夏大地天人同悲！北京、上海、长沙、昆明、成都等许多地方都设灵堂，参加吊唁的各界人士络绎不绝。在北京，蔡锷的红颜知己小凤仙也白马素车，亲到灵堂致祭。

蒋百里遽失挚友，痛苦绝望达于极点。老天，何亡吾友如此之速耶？当年蒋百里举枪自杀，子弹穿胸而过，犹能死而复生，创造人间奇迹。而今，在战场上叱咤风云的蔡松坡却抵御不了结核菌的侵蚀而命归黄泉，难道真有一种无形的力量在主宰着我们每个人的命运吗？

北京政府决定拨款两万元为蔡锷治丧，并追赠蔡锷为上将军，与陆军上将黄兴一同举行国葬。

蒋百里忍痛含悲，亲手操办挚友的丧事，以告慰挚友的在天之灵。他选购上等的棺材盛殓蔡松坡。蔡锷身着全套黑色礼服，铺盖白湖绉里红缎面的被褥，口含金币，身旁放着他生前爱用的伽楠珠一串，至鸽并宝大方晶章两个。

蒋百里在崇福寺设立灵堂，停放蔡松坡灵柩，周围布满五颜六色的菊花，陪伴蔡松坡的英灵。蒋百里以挚友的身份向前来吊唁的中日友人答礼。蒋百里并请寺里的和尚诵经，为蔡松坡的灵魂超度。

1916年12月初，蒋百里、石陶钧、李小川等人护送蔡锷的灵柩返回上海。12月14日，各界人士在上海举行隆重的追悼大会，蒋百里、石陶钧和梁启超等人相继发言，悼念一代人杰蔡锷。

在沪上停留期间，蒋百里写了《蔡公行状略》，勾勒了蔡锷色彩斑斓、波澜壮阔的传奇生涯，颂扬了蔡锷整军经武、再造民国的丰功伟绩，讴歌了蔡锷淡泊名利、一心为国的高贵品质。

梁启超和蒋百里还在上海发起成立了松社，并附设松坡图书馆，收藏有关的图书资料，以纪念蔡锷。

左梅也随同蒋百里返回国内。时蒋母仍住在上海，她见儿媳腹部高隆，已身怀六甲，不禁喜上眉梢：自己抱孙子的心愿看来快要实现了。

1917年2月，蒋百里携夫人左梅北上至京，准备迎接新生命的出世。他们赁屋居住在乃兹府胡同，原在锡拉胡同的住处早已退租。1916年蒋百里南下后，左梅在锡拉胡同独居一月，因生活拮据，只得变卖家具，退掉房子，改住在一位亲戚家中，以节省开销。

鉴于蒋百里等人在护国运动中的贡献，云南督军唐继尧于1917年1月17日特致电陆军部为蒋百里等人请奖：

  查自举义以来，出力各文武，业经先后请奖在案。兹复查有陆军少将张孝准、蒋方震，滇、黔护国军参谋长石陶钧，器识闳远，学部优长，于此次战事，参赞机密，筹备饷械，毅力苦心，不辞艰险，实属卓有勤劳，且均历任中将职务，论功行赏，未便独令向隅，拟恳将张孝准、蒋方震、石陶钧三员均授为陆军中将，以资策励。①

2月，陆军部复电，加张孝准、蒋百里中将军衔，石陶钧晋升为少将。

4月初，左梅很顺利地生下一位千金小姐，蒋百里可谓双喜临门。

初为人父的蒋百里欣喜异常，特别为女儿起名蒋昭，希望她像汉代才女班昭一样聪敏好学，长大后有所作为。

第二天，蒋百里即离开左梅母女南下，因为他还有许多重要的事情要做。

他直趋湖南长沙，会晤湖南督军谭延闿，为蔡锷选择茔地。经多方勘察，选定了岳麓山万寿寺后的一个地方。

4月12日，各界人士在长沙为蔡锷举行了隆重的国葬。

蔡锷从日本士官学校毕业返国后，曾应湖南巡抚端方之聘到长沙供职。1905年春，他写下诗作《登岳麓山》：

苍苍云树直参天，万水千山拜眼前。
环顾中原谁是主？从容骑马上峰巅。②

这是何等豪迈的气魄！这是何等远大的抱负！十年之后，写诗之人金戈铁马，驱驰疆场，成为反袁称帝、再造民国的第一功臣，苍茫大地，舍我

---

① 《唐继尧以蒋百里等护国反袁有功请授陆军中将衔与陆军部往来电》（1917年1月17日），中国第二历史档案馆编：《中华民国史档案资料汇编》第三辑军事（二），江苏古籍出版社1991年版，第485—486页。
② 毛注青等：《蔡锷集》，第40页。

其谁?

而今,岳麓山仍然郁郁葱葱,湘江水依旧奔流不息,作诗之人却已长眠于斯了。

"出师未捷身先死,常使英雄泪满襟。"悲哉,蔡公!哀哉,蔡公!壮哉,蔡公!蒋百里吟一首古诗,为你叹息,蒋百里掬一捧长泪,为你送行!你将与岳麓青山长存,与旭日明月同辉。

从此以后,蒋百里经常到岳麓山凭吊故友。

第七章

弃戎从文，文坛奇才

1919年前后，蒋百里与梁启超赴欧洲考察。回国后，他写出《欧洲文艺复兴史》一书，这本书仅14个月就连印了三次。他也成为梁启超最得力的助手，号称『智囊』。1923年松坡图书馆在北京成立后，梁启超任馆长，蒋百里则主持编辑部。

一、重游欧洲，观感一新

蒋百里自蔡锷逝世后，在建设现代化国防的事业上固然受到一次沉重的打击，在私人情感上也有刻骨难忘的悲痛。他挂着公府顾问的头衔，正是居闲曹，啜冷羹，以有用之才，无用武之地，岁月蹉跎，不免抚髀兴叹。他不敢把内心的苦闷形之于外，以免左梅听了挂心，可是左梅早已窥破了他的隐衷。

左梅建议把买钻戒的4000元购买住宅一所，在北京作久居计。蒋百里当然表示同意。他们在北新桥锅烧胡同买下了房屋一幢，搬家的那天，蒋百里风趣地说："我现在居然也成了个有产阶级了。"左梅也笑着说："古人有所谓金屋，我们这房子可以叫作金刚钻屋。"购屋实价3950元，50元作为搬家用途。

蒋百里跟梁启超经常有往来，他视梁为"谊兼师友"，梁则叫他"老朋友"，而不肯以师自居。梁在北京所办的《庸言报》和他所主编的《大中华杂志》，凡是有关军事的论文，都请蒋百里执笔，而蒋百里的"军事学者"之名大噪。有人疑蒋百里为研究系，其实他始终保持其无党无派之身，并未参加任何派系。

蔡锷死后，梁在政治上颇有前路茫茫之感。刚巧对德参战问题发生，他又跟继袁而起的北洋派领袖段祺瑞结合起来，文字上鼓吹段所主张的对德参战甚力。不料参战问题引起府院之争，段被罢免下台，张勋乘机闹复辟（拥护废帝宣统重上台），段又以"讨逆"之名，东山再起。段的讨逆檄文就是梁的手笔。

段再起组阁时，任汪大燮为外交总长，汤化龙为内政总长，梁启超为财政总长,林长民为司法总长,范源濂为教育总长。以上五人都是研究系的成员,这是研究系炙手可热的一个时期。不过梁根据多年经验,知道依人为活没有前途,还想席蔡锷之余荫,在西南建立研究系的武力根据地。正当其时,发生了戴戡被川军杀害和蒋百里铩羽而归的事件,梁的建军计划又成泡影,研究系仍是政治上依草附木的"寄生虫"。

蒋百里由四川回到北京后,梁做了财政总长,蒋百里的老师陈仲恕做了财政部的秘书长。梁见蒋百里穷困潦倒,想任命他一个职务以解决生活问题。但蒋百里意兴不属,仍想从事建军和建设现代化国防的工作。此时手握大权的段祺瑞,过去与蒋百里有过一段不愉快的历史,乃以公府顾问的空头衔羁縻蒋百里,而不肯给予实职。

蔡锷逝世后,梁用公款在上海购有房屋一所,曰松社,用以纪念蔡锷。松社附设松坡图书馆,规模尚未具备。随后北洋政府在北京建立更大规模的松坡图书馆,以10万元购买杨守毅①的藏书为基本图书,延梁兼任馆长,梁便结束上海松社,把其中存书搬到北京来,并入北京的松坡图书馆。梁在馆长下设总务、图书两部,聘蹇念益(研究系成员)和蒋百里分别主持。蒋百里一面参加松坡图书馆的工作,一面译书自遣,所译德文书《职分论》(商务版)就是在这时译成的。这是他第一部问世的长篇作品。

1917年是民国多事之一年,张勋复辟失败后,段祺瑞继承了袁世凯的"武力统一"政策,挑起两次南北战争。段打内战打红了眼,索性投入日本军国主义者的怀抱,向日本借款购械,用以压倒国内的敌人。段的卖国外交又导致了1919年的五四运动。梁启超和蒋百里等人就是在五四运动前夕作欧洲大陆壮游的。

梁出国的名义为欧洲考察团,精选了一批学有专长的名人为随员,如外交刘崇杰、工业丁文江、政治张君劢、军事蒋百里、经济徐新六等人。他

---

① 杨守毅,清末民初著名学者和藏书家。

们此行的目的，是以"民间团体"参加巴黎和会，并巡视西欧战场，考察德国在第一次世界大战时失败的原因及欧洲战后的新形势。

考察团一行于1918年12月23日由北京动身，在上海转乘海轮出国，所乘为日本轮船"横滨丸"。梁一脚登上这艘船，就记起1916年南下参加倒袁时，乘此船躲在煤舱里，偷偷过香港，而今煤舱已改作理发室，不似当年之漆黑一团了。

梁邀蒋百里同住一室，请其主持考察团的一切杂务。时值第一次世界大战之后，海运尚未畅通，这艘船足足走了45天，才于1919年2月11日到伦敦，他们在此住了一星期，即转赴巴黎去观光2月18日和会的开幕式。

考察团在巴黎住在中国公使馆附近的先生街，每晚必举行餐谈会，讨论中国应向和会提出的各种问题，以备中国出席和会代表团参考。

梁初次到欧洲来，对欧洲艺术、文学、哲学、历史、政治、经济、军事无所不好。他虽懂得日文，但不甚精通，对蟹行文字则完全为门外汉。蒋百里兼擅日、德两国文字，英、法文也有一定的基础，梁在译文（日文）上经常要向他请教，因此倚之如左右手。

蒋百里研究学术的精神和接受新事物的热情，恰恰与梁相同。梁对欧洲文艺复兴史深感兴趣，自己出题目请法国名流轮流讲解，叫蒋百里记下来。后来就请蒋百里整理这些资料写成《欧洲文艺复兴史》（共学会丛书，商务版），梁启超为之作序。梁写文章有如和会代表顾维钧（字少川），以词锋犀利著称，在国内外崭露头角。

河，往往奔腾而下不能自制，所写序文比之原著的篇幅更长，梁看了也不免失笑，因此把序文改成《清代学术概论》一书。另写短序交蒋百里发表。

巴黎和会闭幕后，3月7日考察团一行由巴黎出发，由马仑河经凡尔登入洛、亚两州，折而至莱茵河右岸联军阵地，再到比利时，循着缪司河穿过兴登堡线，于17日回抵巴黎。他们看到，战后的欧洲是遍体鳞伤的欧洲，过去的繁华都被炮火吞没了，代之者为一片荒烟蔓草，其间点缀着林林总总的新坟。墓中人过去的冤亲和种族之见，到此一笔勾销，大家静静地躺在密密麻麻的十字架下。

此时，欧洲到处没有旅馆，火车也支离破碎，私人旅行是不可能的。由于考察团一行都是中国的名流学者，法国政府特派官员护送随行。在凡尔登所见，残垣断壁，一片荒凉，路面都是坑坑洼洼，炮台穴位建筑在地下，最深处距地面有达数十丈的，下有教堂、音乐厅、消费合作社等。这些战时设备，说明欧洲文明国家虽在存亡呼吸之顷，对于士兵的待遇，无不尽力照顾，这对蒋百里又是个强烈的刺激：他回顾我国军阀，驱使一群无教练的佣兵，受着非人的待遇，替他们演着成王败寇的迷藏戏，真是不可同日而语。

蒋百里早年留学德国时，服膺于德国的军国主义，此时军国主义已经崩溃，欧洲民主主义抬了头，所以无论政治、经济和军事都完全改变了样子。这次他到欧洲来，思想上起了极其重大的变化，主张"寓兵于农"、"生活与战斗一致"，尤其赞赏瑞士的民兵制。这种思想是根据时代的演进、专制与民主的变化而产生的。

参观凡尔登炮台时，考察团一行知道法国政府曾经颁给这座炮台一枚勋章，参加联军的各国政府也都纷纷给予勋章。炮台旁有兵器陈列馆，所陈列者都是德军败退后遗弃的钢盔、军服、炮弹和指挥刀等。

参观比利时的列日炮台时，守炮台的正是当时守军战至最后之一人。他对蒋百里讲述战时情况，德军如何进攻，炮台如何还击，谈到战情紧张处，此人的眼光倏地迸出怒火来，声调转为激昂，同时指手画脚地描摹两军肉搏的姿势，恍如旧景重现。

参观战地完毕后，梁启超请蒋百里写了《德国战败之诸因》一文。此文结论是："军阀之为政，以刚强自喜，而结果也，必陷于优柔而自亡，外强而中干，上刚而下柔。""兵之为物也，有极端性，未有不求战而其兵可强者，亦未有兵既强而不求战者。"这是一篇反对军阀和反对军国主义（黩武主义)的文章。

这次考察团一行在欧洲游历了十个月,最后仍由伦敦乘轮船回国。梁启超在国外购有书籍万余册,回国后著有《欧游心影录》(商务版)一书。

二、五四运动后

——联省自治运动

1919年的五四运动,由打倒卖国贼进而打倒读死书的书呆子,以古文鸣世的林纾、严复等人,虽还抱残守缺,可是号称一代文宗的梁启超,却抵挡不住潮流的冲击,开始用语体文写文章。

五四运动的大本营为北大。研究系为了配合这股新潮流,张东荪在上海主持《时事新报》,蓝公武在北京办《国民公报》,陈博生也在北京办《晨钟报》(《晨报》前身),都成了新文化运动的同路人。当时有一段流行一时的寓言,话说众议院议长汤化龙有秘书四人,除陈博生、李大钊、霍俪白以外,另一人忘其名。李大钊作了一篇描写大家庭生活的小说:这一家子有三位少爷同爱着一位侍女,大少爷吃喝嫖赌无所不为,二少爷安分守己,想改造家庭而勇气不足,只有三少爷想脱离家庭而去参加革命。侍女对大少爷表示厌恶,对二少爷虽也垂青而嫌其无用,后来跟着三少爷跑了。小说中所讲的大少爷影射北洋派,二少爷是研究系的化身,三少爷指国共合作。那位侍女是李的自况。后来他脱离研究系而成了国共两党的跨党分子。

梁启超由欧洲回国后,有将研究系改组为党的愿望,丁文江、张君劢两人极为赞成,想以胡适之为桥梁,打通北大路线,表面不拥戴一个党魁,暗中则以梁与蔡元培为其领导人；并打算以新文化运动为政治运动的前驱。由于张东荪反对党教合一，此议遂被搁置。此次组党虽未成，却未尝不是张君劢办政治大学的契机，也是成立民社党的一个远因。

梁对欧洲文艺复兴推崇备至，想高举这面大旗，在中国大干一场，其理想中之目标有二：一为整理国学，一为灌输西方新思想及新科学，融合二者来确定中国的文化路线。他抱此雄心壮志，是因风靡一时的新文化运动，尚缺少一个中心机构。后来壮志未酬，也就是二少爷失恋的必然结果。

梁在北京建立了三个推进新文化运动的机构，一是读书俱乐部，后与松坡图书馆合并；二是在北京石达子庙欧美同学会内设立共学社，收集政治、经济、军事、文艺多种文稿，交由商务出版丛书；三是与蔡元培、汪大燮三人共同发起讲学社，预定每年请一位驰名国际的学者来华举行讲演会，推汪为招待会的主持人。一、二两者都由蒋百里主持，讲学社也由蒋百里担任总干事。所延国际名人有杜威（由北大邀请而由讲学社转请的），胡适之担任翻译；罗素、赵元任担任翻译；泰戈尔、徐志摩担任翻译；杜里舒、张君劢担任翻译。

同一时期，蒋百里所主编的《改造》杂志，就是张东荪、蓝公武合办的《改造与解放》的后身，执笔之士有丁文江、张君劢等人。蒋百里的文章则散见于《晨报》及《时事新报》，常用化名发表，《改造》的短评也多出其手。

适当其时，国人苦于内战打个不停，涌起了一片"废督裁兵"的呼声。大家不约而同地咕哝着："兵是老百姓出钱来养活的，而让老百姓活不下去的也正是他们。""兵是用以对外的，而现在却用以对内。""以国家豢养之兵，供个人争权夺利之私。"有些军阀看见国人都骂兵，便也顺着潮流高呼废督裁兵，可是一废到他们自己的头上来，或者要裁他们的部队，他们便要哇啦哇啦乱叫要造起反来，果然吓得他们的政府（包括中央和地方政府）赶快收回成命，驯至增加他们的兵额，提高他们的待遇，以免引火焚身。有些更狡猾的军人，废督而改称总司令，这也是换汤不换药的一个骗局。

蒋百里写过《裁兵计划》与《精兵主义》两文，其中有许多道理，刚好说到人们的心坎上，因此受到广大读者的欢迎。过去他在文坛上仅是梁启超的一名助手，此时则骎骎乎自成一家而传诵一时了。

北洋派的武力统一政策招致全国反独裁、反内战的巨大浪潮，政治制度便由中央集权转入地方分治的一个新阶段。研究系原是反对分权主义的，因其本身一再为北洋派所抛弃，其政治理论也逐渐有所改变，如熊希龄提倡湖南实行自治，进而达到联省自治，就是一例[①]。为此，湖南省政府邀集了一批省内外名流，在岳麓山举行讲演会，蒋百里就是被邀之一人。随后他又参加了湖南的制宪工作。他的弟子大多在湖南，他又喜看爱晚亭的红叶，他的好友蔡松坡即长眠于此，所以每年秋天他总要到湖南跑一趟。

随后蒋百里又当选了浙江省议员，参加了所谓"三色宪法"的制定工作——制定三种省宪，红皮代表左倾，蓝皮代表右倾，黄皮代表中间派——交由全省公民总投票解决。

蒋百里南返时，梁启超集陶诗赠予一联："相期各努力，别后长相思。"

[①] 20世纪20年代军阀混战时期，由于时代的局限性，我国名流提倡所谓以本省人治理本省的自治运动，因之省自治和联省自治之说风靡一时。事实上这一学说恰恰成了地方军阀割据一省的理论根据，对国家毫无裨益。直到中国共产党成立后，我国人民找到"只有社会主义才能救中国"的真理，才把一切异端邪说扫到历史"垃圾堆"里去了。

三、母死妻病，生活凄凉

从1920年到1923年，蒋百里在家庭生活中，接二连三地发生了许多不如意事。

1923年，蒋百里的第五女蒋和生下来还未满月的时候，他想到幽静的西山小住，以便进行写作。他一定要左梅跟着一块儿去，左梅认为产妇在自己家里调养，总比住在外面好，蒋百里则深信西山优美的环境和新鲜的空气，对久居城市者的健康大有益处。左梅拗不过丈夫，只好勉强顺从。

蒋百里在西山租了一所久无人居的屋子，室外的空气虽好，怎奈室内到处都是蛛网尘封，而且带有湿重的霉气；加以北地早寒，左梅深夜着了凉，因此害起产后热来。慌得蒋百里嘘寒问暖，哪里还有心情进行写作呢！

蒋百里的家庭很不简单：太夫人虽然秉性慈祥，但毕竟是个旧时代的女性，望孙之心弥切。左梅一连生下五个女儿，在重男轻女的旧观念下，女儿不能解决传宗接代的问题，太夫人口虽不言，左梅察言观色早已窥知其隐。她又像往日一样，深觉对婆母负了咎，因而忸怩不安。

蒋百里处在新旧递嬗的时代，关于婚姻问题，一方父母之命不敢违，一方自由之爱又无法自制，因此造成中国大家庭所共有的重婚悲剧：蒋百里也经常觉得对左梅负了咎，精神上同样有所不安。

左梅过不惯中国大家庭的生活，但她有着这么一位温存体贴的丈夫，其人格和学问又都是出类拔萃的，哪里忍心绝裾而去。除开旧时代留下来的创痕，单就夫妻俩的关系而论，实在不愧为美满家庭，偶有意见不合，亦仅口头上争论一下，从未达到面红耳赤的地步。这次左梅的病，蒋百里疑心由于内心郁结而起，但又避免作正面的询问，这又形成了家庭中的一道

"暗礁"。

当他俩迁回城内时,大女儿蒋昭站在门外迎候着。她远远地大声叫唤:"可了不得,奶奶病死了,你们快回来看电报呀!"蒋百里是个情感丰富的人,回想灯下课读和母子相依为命的幼年生活,使他像触电般浑身痉挛起来。他抢步跑到屋子里,找到从硖石发来的电报,当天就南下去奔丧,左梅则入德国医院疗养。

过了49天,蒋百里偕湖南吊丧代表龚浩北来。第二天早餐的时候,火车经过徐州,蒋百里忽然若有所感地说:"将来有这么一天,我们对日作战,津浦、京汉两路必被日军占领。我们国防应以三阳为据点,即洛阳、襄阳、衡阳。"龚听了这个怪论,觉得他的老师蒋百里太敏感。他暗自沉吟:"将来中日两国开战,无论怎样,我们的半壁河山不会沦于敌手。"他不便跟老师蒋百里抬杠,只好付之一笑。

四、过冯军旅，交浅言深

这一年正是北方政局动荡较烈的一年。直系军阀自接连战胜皖、奉两系军阀后，吴佩孚主张"恢复法统"，把隐居津门的黎元洪迎接复职。直系首领曹锟对于他手下第一号大将吴佩孚，自不能不言听计从，内心却起了芥蒂，以此引起直系内部的保洛之争①。直系诸将大多恨吴平日以"长子"自居，压制他们过甚，因此纷纷倒在保曹的方面。在众口难调的情况下，吴不敢一意孤行，对于改选总统的问题，只好置而不问。

直系的第二号大将冯玉祥，从陕西调兵到河南，帮助吴打败了权势煊赫的张作霖，因而坐上了豫督的位子。冯久慕蒋百里的盛名，经常请他到开封向官兵演讲军事学。此时，吴、冯二人产生了两雄相厄的矛盾，吴以明升暗降的手法，保冯到北京任陆军检阅使，而夺去其河南地盘，于是扩大了直系内部的裂痕，冯也依附保曹以抗洛吴。

冯在北京南苑埋头练兵，仍请蒋百里每星期到军中讲演一次。蒋百里葬母北返后，一天，冯部五旅长公宴欢迎，把冯想请他当参谋长的内心转达出来。蒋百里不愿以无党超然之身，卷入政争旋涡，便含含糊糊地用别的话岔开了。

又一天，蒋百里应邀前去讲演，走进张之江的旅长室，室内阒无一人。外面有电话打进来，蒋百里无意中把听机接在手里，听得对方兴高采烈地报告好消息："喂，事情办好了，黎老头儿已经乘车出京了哇！"这就是1923

---

① 保定为曹锟的驻地，洛阳为吴佩孚的驻地。此书以记述蒋百里的言行为核心，不能畅写当年时事，但后者又与蒋百里的言行有关，不能避而不写。作者只能采取简写的办法，以免篇幅冗长。

年6月13日北京军警"逼宫"之一幕,以索饷为名逼走了黎元洪。

蒋百里刚把听机放下,张之江就走进房来了。蒋百里把这消息告诉了他。他忸怩地问道:"您看这件事情应当怎么办?"蒋百里答:"总统好不好是另一问题,总之应求政治解决,军人不应有此动作。"

张之江一声不吭。蒋百里也自觉交浅言深,从此不再到冯部中去讲演了。

五、洛吴兵败，大言不惭

吴佩孚与蒋百里也有一线之缘。有一天，河南籍国会议员王敬芳到洛阳去见吴，偶然谈到蒋百里，吴赞不绝口地说了许多"久仰"的话：蒋百里对吴就产生了一种较好的印象。

张作霖在第一次直奉战争中战败退往关外后，坚决反对曹锟的贿选总统，与孙中山及皖系军阀结成奉皖粤三角反直同盟。随后吴帮助直系的后起之秀孙传芳从福建出兵，进攻皖系的浙督卢永祥，引起江浙之战，由此发展为直、奉两系的第二次战争。1924年9月17日，吴应曹锟之召到北京，主持讨奉军事。他在公府四照堂点将，分配出关讨奉任务，以彭寿莘、王怀庆、冯玉祥为一、二、三路总司令。吴退下来的时候，就找蒋百里密谈："您以前在奉天主持训练新军，对那边的情形很熟悉，我想请您辛苦同去一趟。"蒋百里与奉系本有宿怨，无论公谊、私情都是同意打奉系的。可是，在这翻云覆雨的军阀混战时代，他不愿以无党派之身，染上任何方面的"色彩"，便说："我离开那边多年，今昔情况不大同，未便妄参末议。"

"我打奉天有充分把握"，吴满有信心地说。"我不放心的是西南，想派两师军队请您指挥，开到湖南，防止他们乘虚北伐，我想您是不会推辞的了。"

吴的意思很明白，湖南挂着"阻南拒北"的自治招牌，如派北方大将率兵入湘，必将引起湖南"假途灭虢"的猜疑，而湖南为防粤前哨，驻防湘南的湘军师长唐生智是蒋百里的得意门生，派蒋百里率兵入湘，表示他对湖南并无领土野心，应当不至于引起反感。可是蒋百里呢？他不愿投入直奉战争的旋涡，怎肯置身于南北战争的冲要？而吴以对奉军情紧急，无暇对防粤一事作进一步的探讨，就不再深谈下去了。蒋百里对吴虽推谢一切责任，私心却未尝不觉得这位"北方之强"，对于一个毫无渊源的局外人，不惜寄以腹心之任，因此对他的好感加深了。

冯离开北京前往喜峰口的时候，蒋百里还亲自前往送行。

蒋百里的侄儿蒋慰堂在清华大学当教授。1924年10月23日，蒋百里一大早去看蒋慰堂，忽见城门已经关闭，大街上到处张贴"陆军检阅使冯"的告示，知道直系内部发生了极大的变化。蒋百里向蒋慰堂吁了一口气说："子玉是完了，当他危困的时候，我得前去看他一趟。"

当天的京津火车已停开，蒋百里找到住在北京饭店的友人王赓，介绍一个乘汽车往天津的美国公使馆职员，得以附车同行，到津后转往秦皇岛与吴相见。蒋百里满以为经过这番大挫折，这位"长胜将军"的气焰应该大大地降低下去，哪里晓得，这个自信力极强而又倔强到底的末路英雄，毫无沮丧情绪，兀自大模大样地坐着，大声大气地说话，一面大谈其《易经》玄理，一面蘸墨写着擘窠大字，不逊四照堂点将的那股威风。

吴不承认自己是失败者，只等各路人马调齐，莫说冯玉祥，就是奉、冯同西南联合起来对付他一个，也都经不起他的铁拳之一击。冯部回师之一幕，不过延长了他的作战期，对于最后胜利，是绝对有把握而无丝毫之影响的[①]。

蒋百里具有新军人的头脑，根本不同意这个旧军人夜郎自大的盲见，深知吴的大势已去，决不能出现起死回生的奇迹。又意识到四面树敌是兵家大忌，而南北两面作战，莫说在兵败如山倒的时刻，就是在军事上占有绝对优势的形势下，也是难以取胜的。他不愿跟吴争论，并未把这些意见提出来。

---

① 蒋百里与吴的谈话记录，由徐志摩保存。

蒋百里由天津南下，在上海慕尔鸣路①租下一所房屋，迎接左梅母女来沪，他自己到杭州去访问士官老同学孙传芳。此时孙已跃起为直系巨头之一，不肯再受吴佩孚的节制、指挥了。

① 慕尔鸣路今改茂名路。

六、联直讨奉，赴粤谈洽

蒋百里心中打下腹稿，打算先团结直系的残余势力，然后从中牵线，介绍他们与广东的新兴力量相结合，共同讨伐奉系，从而统一全中国。他在广东方面线索很多，先派门人刘文岛、李拯中两人前往联系。

北方消息，吴在奉、冯两系的夹击下，果然落得个全军覆灭的下场，他狼狈不堪地乘舰南逃，由吴淞口折入长江，止于湖北之黄州。在这时期，散布长江一带的直系军阀，还拥有相当强大的武力，只因人人首鼠两端，对吴采取了既不忍拒亦不敢迎的"骑墙"态度，吴才略略认识到世道之艰难与人心之叵测，但他仍然我行我素，自以为是而不自知其非。直至冯系国民军与奉军发生利害上的冲突，孙传芳乘机宣布讨奉，吴亦以汉口为其据点，自称"十四省讨贼联军总司令"，这个"贼"指的是马贼出身的奉系张作霖。

此次宣布讨奉，吴、孙二人有如桴鼓之相应，表面看来，像是直系军阀大团结的象征，其实这是奉系军阀把他们逼上梁山的：奉军到处抢地盘，争权利，使得直系军阀人人自危，特别是孙传芳的浙江地盘与杨宇霆的江苏地盘相毗连，孙传芳不能坐以待毙，便在杭州召开五省军事会议，商讨出兵讨奉。在此关键时刻，五省出席代表面面相觑，谁也不肯自告奋勇，孙只得挺身而出，愿意攻打头阵。他想推出一人来做各路诸侯之长。他向五省代表表示："根据当前形势，南京是不难打下来的，可是打到南京，祸就闯得大了。最好的办法是：请玉帅（吴）出面主持全局，蒋百里做他的参谋长，发号施令趋于统一，咱们才有制胜的把握。"

奉系方面，皖督姜登选和苏督杨宇霆，都是蒋百里的士官后期同学。姜在蚌埠有信跟蒋百里往来。蒋百里的侄婿尹凤鸣，与杨为士官同期同学，时任金陵兵工厂总办。此时蒋百里的大部分时间在杭州做孙的座上客，偶然也到汉口访吴，对吴、孙之间起了一种桥梁的作用。

浙江发动讨奉的一天，杨在南京召开军事会议，陈调元、白宝山等人均应召参加。杨说他未带一兵一卒南来，就是表示并无侵略邻省的野心，"如果要我走，我马上就可以走"。话音刚落，陈调元马上站起来大声地说："督办说得对，我们今天就在此地替督办饯行。"杨说："很好，让我就浴后马上渡江北上。"原来，杨是借"水遁"之计逃出"虎口"的。他悄悄邀同尹凤鸣从督署侧门溜出来，偷偷渡江溜到浦口，他的专车候在站头升火待发。他早已估计到从津浦线到沪宁线，奉军布下了"一字长蛇阵"，随时随地都有被切断的危险。他决定哪一天发生这种危险，哪一天他就爬上专车北逃。专车之前备有压道车，这位奉系的"智多星"提防有人暗算，自己跳上了压道车，把随员和行李都抛在专车上，借以迷惑追兵。

陈调元等人在督署花厅里坐了很久，"嘿，姓杨的洗澡怎么洗上了一两个钟头"！他们随即发觉这位督办已经逃走，马上电知津浦南段沿途驻军，遇有专车驶过，立即向之开火。果然有一辆专车过站，驻军开枪射击，专车是被阻止停下来，可是压道车早已箭一般飞驶过去了。

津浦线奉军奉命急速撤退，不许还击追军，所以孙传芳的队伍仅仅放了几排冷枪，就一举而入六朝金粉之地。他还眼巴巴指望吴佩孚移驻南京，主持全局，发号施令，追击奉军。可是吴今天也不来，明天也不来，使孙大为失望。

七、任吴总参，不和而去

蒋百里就是在这时刻化装到汉口去就任十四省讨贼联军总参谋长的。蒋百里的到来，使吴大为高兴。据总部人员反映：吴是个眼高于顶的人，但对蒋百里礼敬备至，呼为先生而不称其职位，每次见到他，总是站起身来迎送。此外，对秘书长张其锽也很尊重，呼为"省长"而不称其名号①。

蒋百里做吴的参谋长，一来有感于往日推诚相与之情，而最重要的任务是，正如前面所指，第一步完成直系的内部团结，第二步"搭桥"把直系与广东的新兴力量联合起来，共同打倒奉系，进而达成南北统一。

这里应当分析一下当时吴的实力及其动向。吴的本钱早在山海关输光，此次又在汉口挂帅，除收回留在后方的少许部队外，绝大部分都是从四面八方拼凑起来的。这些队伍震于他往日的威名，投奔到他的旗帜下，目的在于搭伙求财，叫他们打硬仗是办不到的。吴所组织的十四省联军，不但把孙传芳手下的东南五省包括在内，还把西南部分省区的杂牌队伍也拉进来凑数，所以实际上他是个空头大帅，非往日可比。

内部是一团糟，假如吴的政治手腕高明点，善于应付各方，也许还可延长残局。可是吴是个既不知己又不知彼的妄人，经过一次惨败，老脾气一点没有改变。蒋百里告诫他不可四面树敌，尤其不可两面作战，他口里"嗯嗯"地应着，心里却把它当作耳边风。他想先打冯玉祥，然后再打张作霖；

---

① 张其锽是1918年湘军（南军）派往衡阳签订湘直和约的代表，吴、张两人因嗜好相同，结为异姓兄弟。张为广西人，一度任广西省省长。

先消灭唐生智①，然后再扫荡两广。他认为像他吴佩孚这样一个顶天立地的男儿汉，平南扫北都可马到成功。

由于吴把冯玉祥当作最主要的敌人，就有属于奉系的鲁督张宗昌，以山东同乡的资格，在奉、吴之间暗中"搭桥"。吴怕蒋百里反对，对于与此有关的电信往返，都不让总参谋长蒋百里过目。蒋百里劝吴莫过问湖南的事，吴口虽不言，暗中却又自言自语，"我不管谁管"。

蒋百里派往广东的学生，工作很有成绩，刘文岛做了第八军的党代表②，李拯中当了陈铭枢的副官长。唐、陈二人都是蒋百里的保定军校生出身。蒋百里派人到广东联系的计划，事前并未向吴请命，他以为这件事情对吴绝对有利，等到事机成熟，再和他商量，一定可以通得过③。哪里晓得，此时吴的联奉计划已经成熟，因此，蒋百里的巧计成了虚活。原来，吴挂着"讨贼联军"的招牌，这个"贼"是个来无影去无踪的"贼"，一会儿飞到东，一会儿飞到西。现在旧账不算算新账，这顶"贼""帽子"又套在冯的头上了。等到联奉计划木已成舟，消息不免外露，蒋百里不由得暗暗发起急来："我到这里是来参讨奉之谋的，怎好跟你打着这个莫名其妙的磨磨转儿呢？"

吴对蒋百里虽仍有醴酒之设，虽仍呼为先生，站起身来迎进送出，但是言不听计不从，蒋百里已经到了不得不走的阶段。他便请假回上海，随即向吴电请辞职。吴见他用的是明电，认为"范增辞项王而行，乃是项王的奇耻大辱"，不由得大不高兴起来。蒋百里是个重感情的直性汉子，不久看见吴的处境步步恶化，不但广东要打他，连他所卵翼而得到发展的孙传芳也视

---

① 此时湖南政局已变，有所谓唐（生智）叶（开鑫）之战，叶部站在吴的方面，吴任叶为讨贼联军湖南总司令。
② 唐生智已加入国民革命军，广东政府任刘为第八军军长。
③ 不久，吴也派代表潘赞化到广东联系。潘来迟一步，冯玉祥的代表先到广东，已与广东革命政府接洽成功，就无人再来理睬吴的代表了。

之为赘疣①，不但冯玉祥的国民军很仇视他，就是他所结识的新朋友张作霖也很看他不起。蒋百里怀着善意劝他知难而退，吴又错把善意当作恶意，看了这个电报，气得半晌说不出话来。

蒋百里有一位朋友蹇念益住在他的家中。一天，蹇念益私下跟左梅商量："有一句话我本来不应说，说出来请你莫见怪。这些日子，蒋百里看起来精神很颓丧。他实在是中国文武兼资的人才，怀才未遇不是他个人的过错，而是国家的一个损失。他终非池中物，嫂夫人应当好好将护他，莫让他忧郁以戕其身。"左梅表示谢意说："芑言敢不拜嘉。生活方面我是照顾得到的，但精神方面更重要，就不能不靠朋友多多安慰他了。"

蒋百里曾介绍挚友唐天如任吴的副秘书长，蒋百里走后，他还留在汉口。一天，吴和他共餐时，唐偶然谈到蒋百里近况不佳："他近来穷得更厉害了。大帅虽跟他意见不合，但朋友毕竟是朋友。我想到上海去看他。"吴转过脸来问张佩兰："你手里还有多少钱？"张说："昨天宜昌送来1000元，我用了200元，还剩下800元。"吴叫她如数拿出来，以300元作唐的旅费，500元指定赠给蒋百里补贴家用。

唐到上海盘桓了几天，劝蒋百里到汉口见吴一面，以弥补不告而去的裂痕："他不贪财，不惜死，毕竟还是磊落光明的旧军人。思想落伍是时代铸就了的，50岁以上的人要改也改不了。"

蒋百里接受了这个意见，便邀请他同去汉口。唐说："我到汉口是来帮老朋友的忙，不是去混饭吃的。你走了，我留在那儿干吗？"于是蒋百里乘长江轮溯流而上，唐则乘海轮回香港老家去了。

蒋百里在汉口跟吴吃过几顿饭，谈过几次，但不涉及政治和军事问题。他抽暇到长沙看过唐生智，恰好陈铭枢也由广东来，陈当时属于革命军第

---

① 1925年10月，由于奉军集中徐州节节南移，孙传芳被迫渡江作战，长驱而入徐州。此后孙又转而联冯讨奉，也不再理睬吴佩孚了。

四军,是来与唐商讨北伐问题的。

蒋百里由长沙回上海后,由于家用的匮乏和内心的空虚,一度想回硖石作归耕之计。左梅百般抚慰他:"你不是山林之材,我们在上海省吃俭用也还是可以住得下去的。"为了省吃俭用,他们由慕尔鸣路搬往极司非尔路①一所小屋子里,住过一段时期。

其实,蒋百里并非毫无出路,由于某些出路跟他的心境不调和,他不愿为出岫之云。1926年,湘军由地方军改称国民革命军,经过数度的军事会议,决定推蒋百里与刘文岛为湘军全权正、副代表,到广东接洽北伐问题。此时蒋百里已回上海,副代表刘文岛衔命先行。他在广州晋见了当时的国民革命军总司令蒋介石,蒋向他表示:"蒋百里先生如肯参加革命,对革命事业的进展必然大有帮助:他是老成持重的稳健派,稳健派参加革命,能使国人更加认识革命的重要性,具有提高士气和转移国际观感的双重作用。"

刘退而分访国民政府各当局,很多人主张推蒋百里为革命军总参谋长。这是因为,那时总参谋长一职由第四军军长李济深兼任,李难以兼顾,改派东路前敌总指挥白崇禧暂代,而白也是个忙人,即将出发督师。如由蒋百里正式继任此职,不但学力和名望都很相称,而且北伐军正面出湖南,湖南军人大多是他的学生,关于行军假道和配合作战等问题,商谈起来必然更加顺利。这一消息传到上海,蒋百里倒反而不以为然。他刚刚当过吴佩孚的参谋长,忽然又跑到广东去当蒋介石的参谋长,外面就会有流言蜚语,认为与个人气节有关。这种狷介自持的书生之见,就是他不肯南行的原因。

事有凑巧,此时孙传芳也想请蒋百里任五省联军总参谋长。蒋百里暗自好笑:"这里是参谋长,那里也是参谋长,绕来绕去都是参谋长,好像我生下来就是参谋长的材料。"由于蒋百里不做参谋长,孙就请他做上海市市长或江苏省省长,他又不愿卷入政治旋涡,遂介绍丁文江自代。丁又转介陈

---

① 今改为万航渡路。

陶遗①为江苏省省长，而自居为淞沪市政督办，孙也一一接受而发表了。

革命军自广东出师北伐，一路由湖南打到湖北，吴佩孚天天向孙传芳告急。告急电用"十万火急"、"百万火急"、"限即刻到"的急电打出去，孙却按兵不动："我从前盼望你到南京你不来，现在你请我到汉口我也不去。"他已自立为东南五省的联军总司令，不肯再受那个"空头大帅"的指挥了。在革命军、吴两军血染汀泗桥的时候，他还有另一个更恶毒的阴谋，想利用鹬蚌相持之局，坐收渔人之利，对他的心腹将领道出这番心事来。

蒋百里对孙的期望也像过去对吴的一样，想撮合他与革命军合作，以奉军为共同目标，进而完成中国的统一大业。但孙自己估价太高，提出对等议和以及革命军退回广东的条件，这不过是上海人所讲的"自说自话"罢了。

当时主张同革命军合作的，还有蒋百里的士官老同学陈仪。此人在孙的手下任浙军第一师长兼徐州总司令。1916年8月15日，孙视察徐州防务时，陈向之询及与革命军的谅解程度有无进展。孙说："我已派周赤忱到广州，我决定不跟他们打起来。"不久陈到南京见孙时，孙又告以已加派陈其采②到广州去了。

一天，孙密召蒋百里、陈仪和陈陶遗到私室密商与南方战或和的问题。这三位都是主张与革命军合作讨奉的。蒋百里进一步提出更具体的建议，由五省联军担任津浦线，革命军担任京汉线，以会师京津、统一中国为最后目标。此时蒋介石的代表张群也秘密到了南京，孙传芳召开军事会议，公开征求五省将领的意见。陈调元首先站起来请缨讨赤。此人向以圆滑著称，从来不作极端论调，而且只求保全实力，害怕冒险牺牲。他不是孙的嫡系。经

---

① 陈陶遗原为同盟会的秘密会员，清末被两江总督端方逮捕，随后又予以释放，端方自号"陶斋"，所以陈改名陶遗，作为虎口余生的纪念。

② 周赤忱也是士官生，又做过蒋百里夫妇的现成媒人，见本书第五章。陈其采为陈果夫、陈立夫之叔，时任杭州中国银行副行长。

他这么一撩拨,孙又觉得五省士气大有可用,不妨与革命军一决雌雄。

蒋百里和陈仪见孙变了卦,便来劝他说:"雪轩①的话是靠不住的,你莫上他的当。"

"我一定不会打,你们不要不相信我!"孙用肯定的语气稳定他们。

"既然不打,怎么要动员卢香亭的第二师开往九江去呢?"第二师是孙的基本部队,陈仪对孙的话不能无疑。

孙回答说:"这就是不打的用心。江西防务太空虚,难保对方不乘虚而入。我方必须加强实力,才可以防止对方冒险尝试。我再给你一个证据,你在徐州的兵,我一个也不调动,归你指挥的李贞义旅(混成旅),也不调走。你放心回徐州好了。"

陈仪回徐州后,发现报载南北两军在赣西铜鼓、修水接触的消息,又打电报质问孙。孙立即回电问陈:"我想加派两人跟革命军接洽,你有适当的人才没有?"陈推荐自己的参谋长葛敬恩和参谋徐培根。孙叫葛快来,不可迟误。

其实,孙对与革命军战或和的问题,始终未下决心。等到葛衔命西上时,吴佩孚已被彻底打垮,蒋介石亲自到江西督师,葛未及与之见面,而江西的战鼓又咚咚地响起来了。

后来,五省联军在江西一败涂地,最先投奔革命军的就是那位请缨讨赤的陈调元。陈仪自然也加入革命阵线。而孙却步了吴佩孚的后尘,由反奉变为联奉,甚至比吴更卑劣,不是联奉而是降奉。蒋百里每向人提及这事,还抱有"竖子不足与谋"之感。

---

① 陈调元,字雪轩。

八、参与文化活动

蒋百里自欧洲归来，他追随梁启超进行了一系列社会文化活动。

当时的中国，各派军阀明争暗斗，时有混战发生，社会陷入更大的动荡和不安之中。另外，新文化运动的浪潮正在飞扬激荡，社会上流传着各种各样的思潮，文化领域出现了百家争鸣的新局面，各种政治组织和社会团体纷纷创办报刊，宣传自己救国救民的主张。一向以天下为己任的梁启超，当然不会置身事外。追随梁启超积极参与文化活动的有蒋百里、张东荪、丁文江、徐新六、蓝公武、陈博生、张君劢和舒新城等人，其中蒋百里是梁启超最得力的助手之一。

欧洲之行使梁启超眼界大开，他决定在推进中外文化交流方面做一些具体工作，拿西方文化"补助"中国文化，使中西文化"起一种化合作用"，成为一个"新文化系统"。共学社与讲学社正是在这种思想的主导下建立起来的。

1920年4月，梁启超、蒋百里、张君劢、张东荪等人发起建立了共学社，社会名流如蔡元培、张謇、张元济、胡汝麟等人亦列名其中。共学社的宗旨是"培养新人才，宣传新文化，开拓新政治"。共学社的经费由发起人和加入共学社的人捐助。梁启超身体力行，首先将自己的新著《欧游心影录》的稿费4000元全部捐出。在他的带动下，王敬芳捐助3000元，胡汝麟捐助2000元，蹇念益、蓝公武、向构甫等人各捐助1000元，商务印书馆则出资3万元。

由于梁启超醉心于著述和演讲，负责共学社具体工作的实际上是蒋百里。

共学社的事务主要有四项，一是编辑出版《改造》杂志；二是编译欧美新书，交商务印书馆出版；三是倡导图书馆事业；四是选派留学生。

早在赴欧洲之前，梁启超、蒋百里、张君劢、张东荪等人就发起组织了北京新学会，其宗旨是从学术思想上谋求根本的改造，以为将来中国的基础。

1919年9月，张东荪、俞颂华等人以北京新学会的名义创办了《解放与改造》杂志，以"解放自我、改造自我、解放世界、改造世界"为办刊宗旨。在该杂志出版的24期中，讨论社会主义的文章和译文占了绝大部分。

梁启超归国后，对《解放与改造》进行了必要的整顿，自任主编，由蒋百里等人负责具体事务，于1920年9月将该杂志易名为《改造》予以出版。《改造》为16开本，每卷12期，1922年9月出版至第4卷第10期停刊。

蒋百里先后在《改造》杂志上发表了《代军阀而兴者谁？》《我的社会主义讨论》《是不是奢侈的装饰品？》《社会主义怎样宣传？》《如何是义务民兵制》等十余篇文章，表述了自己对政治、社会和军事等方面的看法。

编译新书是共学社的一项重要工作，在共学社同人的努力下，这项工作取得很大的成就。共学社1920年9月开始出版丛书，共分文学、哲学、史学、俄罗斯文学、经济、教育、时代、通俗、哲人笔记、科学十大类，计100余种，对新学科、新思想的传播和中外文化的交流起了很大的推动作用。

梁启超和蒋百里还把对蔡锷的怀念之情倾注到松坡图书馆的发展上。1920年从欧洲归来后，梁启超决定把松社从上海迁至北京，并向政府正式申请创办松坡图书馆，以松社原有的6000余种图书和政府拨给的藏书家杨守毅的2.4万余册中文古籍为基本藏书。1923年，黎元洪政府批准了建馆申请，并拨北海快雪堂及西城石虎胡同7号为馆址，前者专存中文书籍，后者专存外文书籍。

1923年11月4日，松坡图书馆在北京正式成立，梁启超组建松坡图书馆干事会，设编辑与总务两部，梁自任馆长，蒋百里主持编辑部，蹇念益主持总务部。

为维持图书馆的正常运转，梁启超亲书《松坡图书馆劝捐启》，向社会公开募捐："蔡将军为再造民国之伟大人物，而其唯一之留贻纪念，实在本馆。

本馆永存，则蔡将军之精神随而永存。本馆光大，则将军之志事随而光大。

凡登斯堂者，高山仰止，景行行止，爱国之心，油然生焉。然则所关系者，又岂徒在以典籍嘉惠士林而已？海外内同志，其或亦有乐于是欤。"[1]

梁在募捐的同时，还亲写大字卖钱筹集经费。他每天晚饭后休息十分钟，抽支烟，然后开始写大字，每个大字可卖八元钱，每月可得二三千元，全部用于图书馆的日常经费和购书费。

在梁启超和蒋百里等人的努力下，松坡图书馆成为当时一所颇具规模的私立图书馆。后来，该馆并入北京图书馆。

讲学社是1920年9月由梁启超与蔡元培、汪大燮等人发起成立的，宗旨是聘请"国外名哲"来华讲学，每年一人。作为讲学社的总干事，蒋百里在聘请国际名人来华讲学的过程中做了许多具体工作。

讲学社的经费，一是每年由政府资助2万元，二是每年由商务印书馆资助5000元，其余由讲学社董事会成员个人捐助。董事会由20人组成，他们是：汪大燮、蔡元培、王宠惠、熊希龄、张一麐、范源濂、蒋梦麟、王敬芳、金邦正、张伯苓、严修、张謇、张元济、黄炎培、郭秉文、胡汝麟、林长民、沈恩浮、陈小庄及梁启超。

讲学社先后邀请美国哲学家杜威、英国哲学家罗素、德国哲学家杜里舒和印度大文豪泰戈尔来华讲学，在学术界和思想界产生了极大的反响。

---

[1] 梁启超：《松坡图书馆劝捐启》，梁启超：《饮冰室合集》文集之四十，第29—30页。

杜威是美国著名哲学家，是实用主义哲学芝加哥学派的主要创始人。他的实用主义哲学要点是：强调立足现实生活，把确定信念当作出发点，把采取行动当作主要手段，把获得效果当作最高目的。他主张用科学来建立哲学，注重实效，推崇经验，特别强调观念与经验的效用、功能或活动。

杜威先后在北京、天津、太原、济南等地巡回讲演，由他的学生、著名学者胡适担任翻译。

英国哲学家罗素在哲学上主张中立一元论，认为构成世界的材料既不是纯粹的心，也不是纯粹的物，也不是心与物的二元对立，而是一种非心非物、对于心物都取中立态度的东西。在政治上，他崇尚洛克的自由主义，宣扬民主个人主义。他把斯巴达主义、法西斯主义和社会主义放在一起，认为代表专制独裁传统，从而加以抨击和排斥；他把雅典的民主政治、洛克的自由主义和欧美的民主政治放在一起，认为代表自由主义传统，从而加以赞扬和倡导。

罗素于1920年秋来华，1921年秋归国，在中国学术界掀起一股罗素热。部分学者组织了罗素研究社，出版发行了《罗素月刊》，弘扬罗素的思想观点。讲学社则组织翻译了"罗素丛书"，系统介绍罗素的著作和思想。

杜里舒属于生命派哲学家，极力宣扬动力生命说，与生命哲学和现代非理性主义的代表人物柏格森的观点相近。杜里舒于1922年来华后，进行了长达一年的学术演讲和文化交流活动，在学术界也产生了很大的影响。

印度大文豪泰戈尔来华，是中国文化界的一件盛事。为泰戈尔担任翻译的是著名诗人徐志摩，蒋百里则代表讲学社具体负责接待工作。

此时的徐志摩，已不是当年在杭州府中学为蒋百里抽签卜卦的那个少年郎徐章垿了。

1915年夏，徐章垿从杭州一中毕业后考入北京大学预科，住在锡拉胡同蒋百里的家中。同年秋，徐回硖石老家与宝山县官宦之家的千金小姐张幼仪结婚，当时徐19岁，张仅16岁。

1918年夏，徐章垿经蒋百里介绍，在北京拜见了退出政界的梁启超，成为梁的入室弟子。8月14日，徐从上海搭乘"南京号"客轮，"乘长风，破万里浪"，赴美国留学。到美国后，他正式改名徐志摩。他先入美国克拉克大学学习一年，然后转赴英国，在举世闻名的剑桥大学接受了洗礼和熏陶，思想发生了质的飞跃，文思和诗情如山泉般喷涌而出，一发而不可收，成为中国现代史上具有独特魅力的抒情诗人。

1922年10月15日，徐志摩结束游学生涯，返回上海。他在硖石老家稍作停留后，就北上与梁启超和蒋百里等人会面，并在北京住了下来。1923年北京松坡图书馆成立后，徐志摩担任图书馆的英文秘书。蒋百里因事务繁忙，常在南北之间奔走，松坡图书馆的工作由侄儿蒋复璁协助办理。为方便起见，蒋百里在上海慕尔鸣路（今茂名路）租了房子，以为来往居住之用。

1924年4月，蒋百里和徐志摩联袂赴沪迎接印度诗哲泰戈尔。

4月12日，泰戈尔乘日本船"热田丸号"来华，下榻于上海沧州饭店。翌日下午1时，蒋百里和徐志摩等人在闸北寺举行集会，热烈欢迎来自印度的大诗人泰戈尔。下午3时，蒋百里迎护泰戈尔等人来到慕尔鸣路37号自己家中休息。泰戈尔兴致很高，在蒋百里家门前与欢迎者摄影留念。

4月14日，蒋百里和徐志摩等人陪泰戈尔前往杭州，畅游西湖。蒋、徐二人都是杭州通，对杭州的历史地理、自然景观和风俗人情等莫不了然于胸，加上泰戈尔具有灵异的禀赋和深邃的洞察力，能够充分领略西湖之美、苏堤之妙，宾主之间真可谓心有灵犀一点通。

从杭州回到上海稍作停留后，泰戈尔一行北上赴京。途中，泰戈尔在南京和济南各演讲一次。4月23日，文化界人士翘首以盼的大文豪抵达北京。27日，梁启超、胡适、蒋百里、徐志摩等数十人，在天坛公园草坪上为泰戈尔举行了隆重的欢迎仪式。梁启超首先致辞对泰戈尔的来访表示热烈欢迎。接着,鬓发斑白、睿智大度的泰戈尔由林长民的女儿林徽因搀扶上台发表演说,由徐志摩担任翻译。有人对当时的情景作了生动地描述:"林小姐人艳如花,和老诗人挟臂而行,加上长袍白面、郊荒岛瘦的徐志摩,有如苍松竹梅的一幅三友图。徐氏在翻译泰戈尔的英语演说时,用了中国语汇中最美的修辞,以硖石官话出之,便是一首首的小诗,飞瀑流泉,淙淙可听。"这真是一次激动人心的聚会。

1924年5月7日是泰戈尔的生日,讲学社在北京协和大礼堂为他举行了盛况空前的祝寿大会。梁启超、胡适分别致祝寿词后,祝寿大会进入表演阶段。骤然间,舞台帷幕前大放光明,聚光灯的光圈里出现了一幅优美典雅、如诗如画的艺术造型:一位玲珑娇媚的少女和一个稚气天真的幼童,正仰望着一弯冉冉升起的新月。这幅取意于泰戈尔名诗《新月集》的造型,赢得全场雷鸣般的掌声。

接着,徐志摩和陆小曼等人用英语演出了泰戈尔的著名诗剧《齐德拉》,把祝寿大会推向高潮。最后,梁启超给泰戈尔取了一个颇有象征意义的中国名字——竺震旦。他说,泰氏之名拉宾德拉寓有"太阳"与"雷雨"之意,中译当为"震旦",表示如日之升,如雷之震。此外,"震旦"一词,也是古代印度称呼中国的名字,将泰氏取名"震旦"再合适不过。又据我国往昔译称外国人名时,常以国名为姓,而印度古称"天竺",所以梁为泰氏取名"竺震旦"。梁启超满怀深情地说:"今日我们所敬爱的天竺诗圣在他所爱的震旦地方过他六十四岁的生日,我用极诚挚极喜悦的情绪将两个国名连起来赠给他一个新名曰竺震旦。我希望我们对于他的热爱跟着这名儿永远嵌在他的心灵上,我希望印度人和中国的旧爱,借竺震旦这个人复活转来。"[①]这次盛会给泰戈尔留下了深刻印象,是中印两国人民友好交往史上

---

① 梁启超:《泰谷尔的中国名——竺震旦》,梁启超:《饮冰室合集》文集之四十一,第47—48页。

的一段佳话。

梁启超与蒋百里之间也有一段佳话传至后世。1920年底,蒋百里写成《欧洲文艺复兴史》一书,作为游欧归来后给国人的一份献礼。他请梁启超为本书作序,梁启超通读全书,对书中内容和蒋百里的才华大为激赏,提笔作序,文思泉涌,一发而不可收,几日内写成洋洋6万余言,篇幅超过了蒋百里的原书。序文超过正文,天下无此体例,梁启超与蒋百里相顾莞尔。梁启超另写一短序,交与蒋百里,而将长序冠以《清代学术概论》之名,另行单独出版,反过来又请蒋百里为这本书写了序言。

蒋百里的《欧洲文艺复兴史》,是中国第一部系统介绍欧洲文艺复兴的书籍,篇幅虽然不大,内涵却很丰富,能够提纲挈领,抓住要点,深入浅出,融会贯通,是一部颇具开创性的著作。这本书问世之后,极受欢迎,一年中多次再版,蒋百里本人也被誉为文艺复兴时代型的人物。曹聚仁在一篇回忆文章中对蒋百里给予了很高的评价:

> 要我比附的话,我倒觉得清末戊戌政变、辛亥革命以迄五四运动前后的思想波澜、人物性格,和欧洲文艺复兴时代颇为相似。如可比附的话,我倒想把蒋百里先生比作雷渥那德·文西(即达·芬奇——引者)。文艺复兴时代的人物,都是多方面的,有多方面的兴趣和光芒。以文西而论,他是科学家、画家,又是雕塑名家,又尝为工程师,在北意大利开了一条运河,又曾在米兰造了许多堡垒。他又是音乐家、格物学家、军事学家,而且为后世飞行设计的幻想人,他真够得上"多才多艺"四字的赞语。这种多方面光芒的人物,当时还很多,即如米克兰哲罗也是身兼绘画、雕塑、建筑、工程、诗人、生理解剖等技术的。蒋先生一身既为军事学家,又为政论家,又擅长文史研究,字也写得很好,也是多方面,其谈讲说述,滔滔不绝,风趣横溢,也颇有文

西的气概。他著作《欧洲文艺复兴史》,对于那时期的气息,体会得很亲切,文字中也流露着闪眼的光芒。

这既是对蒋百里的赞词,也是对他在那个时代所起的作用的肯定。曹聚仁堪称蒋百里的一个知音。

第八章

培养人才，桃李天下

他是中国近代国防理论的开创者，他所编写的《国防论》几乎影响了近代的国民党高级将领。他曾留学日本和德国，回国之后担任过保定军校校长一职。蒋百里对学生十分严格，所谓严师出高徒，在抗战时期，蒋百里所带出来的保定军校生成为中国军队高级将领的中流砥柱，苦战在抗战一线。

一、民国建军曲折过程

国民革命军进入长江流域后，中国的军事系统有了重要的改变。现将中国近代所谓建军的几段过程简记如下：

清末所谓中兴时代，其主力湘、淮二军都是由地方团队改编建成的。这两支武力帮助清朝挽回了颓局，却不能对外作战，种下了中国军队勇于内争而怯于外战的恶因。甲午之役，湘、淮军一败涂地，清政府才感到军队现代化的重要性，乃有成立新建陆军及派遣武学生留学日本的一些措施。此后中国军队划分为中央军（国军）和地方军，前者具有国防性质，后者就是由绿营蜕化而来的巡防营，用以震慑内部。

新建陆军抓在北洋大臣袁世凯的手里，北洋派的启蒙时代就是小站练兵。那时候，留日的武学生出国不久，新建陆军的将才不能不取之于士学堂（北洋武备学堂）出身的武学生。后来袁的两个大将，冯国璋和段祺瑞都是士学生出身。袁利用练兵的机会，灌输奴化教育，把新军建造为既不忠于国家，又不忠于清政府的个人武力，开辟了后来武人以国家的军队为个人政治资本的先例。清政府看出袁的野心，解除了他的兵权，改由"黄带子"（清政府的贵族）主持练兵。但是袁的势力已经养成，辛亥革命一起，北洋派新军不受清政府的调度，清政府不得不起用袁，袁就以偷天换日的手段，把清政府的统治权夺了过来。

袁的武力建立在矛盾与牵制的基础之上：一面用学生（其实是士学生）出身的新军人，一面又用行伍出身的旧军人。他认为前者的军事技术优于后者，后者对他个人效忠的程度优于前者。至于在日本留学的洋学生，由于他们在海外吸收了新思想、新意识，能把国家观念置于报私恩的观念之上，他当然更不放心。所以袁所用的大多是曹锟、王占元、张怀芝之类的"马弁人才"。日本士官生在北方吃不开，便纷纷向南方活动去了。

"二次革命"时，扑灭了基础未固的国民党的武力，从此北洋军布满了全国，马弁人才都做了绾军符的元戎大将。他们果真坚定不移地效忠袁个人吗？他们所忠的是自己的功名富贵，拥戴袁的动机是利用袁做他们的工具，正像袁利用他们做工具一样。等到他们的地位高了，就把本身的利益放在第一位，非袁所能控制。加以北洋军军纪废弛，引起民怨沸腾，把北洋派这个名词变成强盗集团的代称。

同时，袁看到他早年的心腹冯、段诸将，不但暮气沉沉，而且对他的态度也变得桀骜不驯，有如往日他对待清政府的态度，不由得冷飕飕地打起寒战来。他认为有新陈代谢之必要，于是另造新的军事系统，着手编练由他父子亲自主持的模范军，以为家天下的新工具；另外仍吸收绿营游勇出身的张勋、倪嗣冲之流，作为辅助力量。由于他不放心别人，别人也不放心他，结果他被半新半旧和士学生出身的两个将领，用"软罢工"的手段把他罢倒了。

继袁而起的段祺瑞，不但排斥西南，且进而排斥北洋派中的异己者，结果北洋派分裂为直、皖两系。皖系引巡防军出身的奉军为己助，奉军忽左忽右周旋于直、皖两系之间，于是北洋派内又造成新兴的奉系势力。段也不放心别人，向日本借款购械编练清一色的"参战军"（后改边防军），这又蹈了袁氏编练模范军的覆辙，引起北洋诸将的不满，结果，他被直系的后起之秀吴佩孚打倒了。

袁、段、吴三人都有以北洋派的兵力统一全国的愿望，这是共同之点。但是三人的作风有所不同：袁所采取的是总统制，段所采取的是内阁制，同样把兵权集中于个人中央。吴所采取的巡阅使制，是以地方军阀遥制中央。直至1926年广东革命军出师北伐，把北洋军各派先后打倒，北洋派这个名词才被扫进历史的"垃圾堆"，永远不能翻身。

在北洋派控制北京政权的同时，日本士官出身的洋学生，在西南各省也有所发展。到了革命军出师北伐，士官系炙手可热的时代已经过去，保定军校出身的学生开始抬头，尤其集中在川、湘两省。以湖南而论，师长级有贺耀祖、唐生智等人，旅团长级有李品仙、何键、刘兴、周斓、龚浩、吴尚、刘建绪、叶琪、廖磊、王东原、万耀煌、李觉、彭位仁、李云杰、刘邦锐等人。由于北伐军进展得太快，保定系的军官也纷纷上升为高级将领，中下级军官便由蒋介石所领导的黄埔军校生来填充。1927年，武汉政府也继南京之后宣布反共，俄顾问加仑因而去职，一度内定以蒋百里为军事委员兼革命军总顾问，因政府东迁作罢。

国民政府迁往南京后，蒋介石命刘文岛到上海，迎接蒋百里到南京，在三元巷总部接谈。蒋也称蒋百里为先生，礼貌甚为优渥。接连谈了好几次，所谈的军事问题较少。蒋百里认为，国民党统一中国没有问题，问题在于外交方面，中国的外交第一线是日本。如果日本对中国革命怀有戒心，势必引起中日纠纷。革命军在打倒本国军阀的阶段，对日本宜采取缓兵之计，莫让它袒护中国的残余军阀；等到统一告成，国防建设有了头绪，再和日本清算不迟。蒋介石深以为然，即请蒋百里以个人资格东渡，与日本田中首相及朝野人士有所接洽。但蒋百里因无党派之身，不能代表国府，所以后来改派戴季陶、黄郛等人赓续进行。蒋介石又请蒋百里重游德国，代聘军事顾问，蒋百里因病未能成行，改派军政部次长陈仪前往。

1927年8月，孙传芳部由浦口等处渡江南犯，引起龙潭之役。结果，孙部战败北窜，几乎全军覆没。尔后长江上下游划分为两种势力范围，南京为桂系横戈跃马之地，武汉则为湘系驰马试剑之场。蒋介石下野东渡，以免身当其冲。随后新桂系组织了讨唐的西征军，唐也通电下野到日本"养疴"去了。

二、几大军阀之间关系

1928年西征（讨唐）之役，除以桂军为主力外，还动员了第二、第六、第四十四三个湘军。西征军打到两湖，第六军军长程潜当上了湘鄂临时政委会主席，第二军军长鲁涤平做了湖南省政府主席，第四十四军军长叶开鑫也在作战过程中挂过前敌指挥的头衔，表面看来，两湖还是湖南人的天下。可是，隔不多时，叶部被包围缴了械，程潜被囚禁，鲁涤平被逐走，湘鄂政委会换了武汉政分会的招牌，主席换了李宗仁的名字，从此桂系成了两湖的新统治者。

桂系对唐生智旧部采取了怀柔和分化政策。唐部李品仙、廖磊、叶琪等人，都是广西人而在湖南发迹的客籍将领，桂系把他们吸收过来，命李品仙以第十二路军总指挥名义，率领第八（李自兼军长）、第三十六（军长廖磊）两军由平汉路北上讨奉，归第四集团军前敌总指挥白崇禧指挥（第四集团军总司令由李宗仁兼任）。至于事前通款桂系的第三十五军军长何键，则以"清乡"会办名义留在湖南，用以牵制兼任湖南"清乡"督办的鲁涤平。

南京方面，由于汪、蒋再度合作，蒋介石早已复任了总司令，此时又有所谓第二次"宁汉之争"，即蒋的中央集权和桂系的地方分权的斗争。

1928年6月，张作霖鉴于大势已去，乘火车退回关外，行至皇姑屯车站，被日本人预先装置的定时炸弹炸死。日本人暗杀张作霖，与是年5月3日日军炮轰济南城，造成"五三惨案"，正是同一动机，就是蒋百里以前所预料到的："革命军统一全国没有问题，问题在于外交方面。"具体地说，就是日本军国主义分子对中国革命心存疑忌，不愿中国完成统一大业。

写到这里，东三省的前后形势值得重提一笔。当年蒋百里学成归国时，各方争相罗致，他偏偏看中了冰封雪盖的边城，愿意帮助赵尔巽建立新军，就因为东北是中国国防的第一线，想在这里完成其引为终生职志的现代化国防建设。后来第一次直奉之战，吴佩孚打到榆关，不敢用兵关外，也是害怕牵动外交，不得不戛然而止。此次奉军退回关外，眼见中国统一即将完成，日本军国主义者不得不挺身而出，先将失去效用的工具张作霖炸死，然后将东北置于自己的直接控制下，这就是九一八事变的前因。

奉军退出平津后，阎锡山和白崇禧的部队先后开到接防。国民政府派何成濬为接收大员，叫他以北平市市长兼任北平行营主任，节制平津一带的中央军。蒋介石看见当前形势大好，一定要做全国统一后的第一任国家元首，乃于1928年10月举行国民政府大改组，自兼国民政府主席，调各地政治分会主席来京服务，美其名曰"加强中枢"。在以谭延闿为首的行政院内，以阎锡山为内政部部长，冯玉祥为军政部部长，并以李宗仁为军事参议院院长[①]。同时，召开全国编遣会议，规定全国陆军以师为最高单位，实行军民分治，严禁各军自由提款。显而易见，这些措施是以中央集权代替地方分权的露骨表现，于是引起地方军人的反对，有的称病不来，有的高唱辞职出洋，这些表现都是以退为进的政治手法。

1929年2月19日，武汉政治分会公然下令免湖南省政府主席鲁涤平的本兼各职，并派军队分途进入湖南。桂系军阀如此跋扈，蒋介石不能再容忍了，乃于3月13日宣布撤销全国各地政治分会，26日下令讨伐桂系，当时称为国民党的第二次西征之役。

---

① 军事参议院为新设立的机构，其性质类似北洋政府时代的"将军府"，收容失去地盘、地位的高级军人为军事参议员。

三、既要用唐，又要疑唐

此时桂系的兵力，由两广、两湖一直伸展到平汉、平津各线，散漫而不集中，犯了兵家的大忌。蒋介石为求速战速决，于是起用了唐生智，叫他单刀赴会，接收唐山驻军。所谓唐山驻军都是白崇禧的部队，也就是唐的旧部。桂系自接收唐部以来，军长换了广西人，而自师长乃至全体兵士都是湖南人，拔桂帜，易湘帜，楚弓楚得，物还原主，看起来不难手到擒来。但在联系的过程中，还费了不少的气力。

首先，蒋介石不信任唐，请性格中和的蒋百里为保证人，叫他同主持北平行营的何成濬接头。蒋百里设了一个连环计，起用唐生智为第五路总指挥，辖第八、第九两军，第八军是唐生智的旧部湘军，第九军是何成濬在北方收编的杂牌军。九军军长由何兼任，而第五路又归北平行营指挥，这样一来，何是唐的直接上司，唐又是何的直接上司，正是你中有我，我中有你。

随后唐在唐山很快就把旧部接收过来，斩断了桂系的"蛇头"，而在"蛇腰"的武汉，蒋介石收买了李宗仁的倒戈部下，4月5日，中央军占领了武汉。

蒋桂战争时期，蒋百里的友人徐新六主持浙江兴业银行，劝蒋百里久居上海。刚巧国富门路①有一所小洋房正在标卖，蒋百里变卖北京的"金刚钻"屋价7500元，其不足之数，即以此屋向兴业抵借，从此蒋百里在上海便有自己的住宅了。

---

① 国富门路今改为安亭路。

唐的五路总部设于北平的顺承王府旧址。唐电迎蒋百里及夫人左梅北上，事前替他们布置了锡拉胡同旧居。蒋百里下榻于当年与左梅结婚的洞房，过去明月入怀，眼前桃李盛开①，是他一生中最绚烂的一个时期。

但是蒋介石对唐总是不放心，又内调为军事参议院院长，虽未解除其五路总指挥的兼职，事实上却想把他留在京内"翊赞中枢"。

1929年是中国内战不停的一年，讨桂之后又有讨张（张发奎）之役，讨张之后又有讨伐②。另外，还有以北方冯玉祥、阎锡山为对象的另一大战也在酝酿之中，冯、阎反对编遣会议，反对中央集权，蒋跟他们明争暗斗酝酿了好几个月，终于走到武力解决的阶段。

蒋介石每逢对内作战，总是把杂牌军放在前面打头阵，而以自己直辖的中央军为殿后部队，唐部湘军在杂牌军中战斗力最强，而又驻在易于调动的北平，中央军则因战役频仍，大多分散调出，因此想把第五路调充讨伐冯、阎的"炮灰"。蒋所顾虑的是，唐也是一个野心勃勃的军阀，此时软禁在南京，如果放虎归山，可能与冯、阎联合而成为自己的另一劲敌。蒋又想到，唐部高级将领都是保定军校出身，如果派蒋百里代唐担任五路总指挥，一定可以指挥如意。于是，他一再电请蒋百里来京，面商一切。

1929年8月，蒋百里应召到南京时，蒋介石给予前所未有的盛大欢迎，自下关至新街口一带，沿途高悬"欢迎军界泰斗蒋百里先生"的横幅标语，下车后盛宴为之洗尘，以国民政府文武大员为陪。宴后密室私语，请其出任五路总指挥，率领湘军第五十一、第五十二两师南下讨冯。蒋百里是个洁身自好之士，岂肯以师道之尊而夺门人之席，当然敬谢不敏。他提出两个理由来回答：一、第五路湘军两师与唐具有悠久的历史关系，如果临阵易帅，必将影响士气；二、他以浙江人而领湘军，即使上面将领不反对，必将引起下

---

① 指保定军官系的最盛时期。
② 指新桂系之役。新桂系指有左倾色彩的俞作柏、李明瑞等部。

面士兵的怀疑。两个理由都具有很大的说服力，蒋对这个问题也认为不妥而放弃了。

随后，蒋百里进一步出面来担保唐不至于与冯联合，劝蒋介石用之不疑。蒋介石一再考虑，此时除利用唐部而外，也无可调之兵，只好接受蒋百里的意见，放唐回到军中。

蒋介石也是个善于随机应变的人，在唐出京之前，百端予以抚慰，甚至愿意彼此结盟为兄弟，以示掬诚相见[①]。是年9月，唐由南京北上到北平，即奉令率部移防津浦线之兖州。10月讨冯军事发动，蒋介石又下令前方各军概归唐指挥，电中有"即本总司令，亦唯唐总指挥之意见是从"之语。蒋介石的这套怀柔手法，可算做到至矣尽矣了。

唐部开到兖州后，折而西行开至陇海线，直达郑州、洛阳一带。11月15日，冯、唐两军开始接触时，冯部由于前线将领不和，蒋介石方乘机放出孙良诚"倒戈投诚"的"空气"，于是宋哲元下令急遽撤退，所以战事只打了15天，冯部退驻潼关以西，唐部也在洛阳屯兵不进，双方在豫西一带形成对峙之局。

不料一波未平，一波又起，冯、唐战争告一段落不到两个月，12月5日，唐忽领衔通电劝蒋介石下野。这个电报有许多杂牌军将领列名，似乎声势浩大，但电文语气尚属和缓，仍呼蒋介石为"钧座"，蒋介石也复电表示可以考虑，一面派邵力子到上海与蒋百里相商[②]，拟调唐为军政部部长，请其代征同意。这显然是蒋介石的缓兵之计，蒋百里认为这样做便是表示不信任唐，实为止沸扬汤之举。因此他表示不赞成。同时，蒋百里另有密电致唐，提出"东不如西"的建议，唐也不肯同意。究竟"东不如西"的含义是什么，下文自有分解。

[①] 唐生智出发之前，蒋介石邀请其到郊外汤山温泉共度周末，以戴季陶为陪。蒋先入池就浴，戴乘机提出蒋、唐结盟之议，唐表示不敢高攀，因而作罢。

[②] 邵力子与蒋百里是上海经济学堂的老同学，此校成立于1898年，不久停办。

四、"东不如西"的含义

为了说明"东不如西"的含义，这里必须叙述一件骇人听闻的政情内幕。

民国初年，有两个湖北人同住在北京：一个是江陵人胡鄂公，时任众议院议员；一个是公安人樊耀南，他早年在日本明治大学肄业，回国后派往新疆任高等审判厅厅长，其后因病辞职回北京，住在湖广会馆。江陵和公安以前都属旧荆州府。这两人既有小同乡之谊，加以意气相投，因此平日颇有往来。

1917年，汤化龙任北京政府内务总长的时候（汤是湖北蕲春人），樊耀南向他谋外放，汤问他想外放到哪一省去，他说希望仍回新疆。那时候，新疆是个孤悬西北的边区，一般人视为畏途，樊独有万里投荒的勇气，汤就提请任之为新疆阿克苏道道尹。

阿克苏道是新疆官场中有名的肥缺。胡鄂公到湖广会馆去道贺，樊开玩笑地说："且慢，且慢，你知道虬髯客扬威海外当上扶余国国王的故事吗？区区不才，如果也有这么一天，一定欢迎老朋友前去观光，当以国宾之礼相待。"

樊带了姨太太和一名年轻女仆去上任，到了新疆，督军兼省长杨增新改任为迪化道道尹（迪化就是现在的新疆首府乌鲁木齐）。樊是个精明强干的能吏，任事不久，就取得杨的信任，除本职外，还先后派他兼任军务厅厅长、外交部新疆特派员、俄文专科学校校长等职。他和政务厅厅长金树仁（杨的干儿子）号称杨手下的头等红人。

杨是云南蒙自人，早年宦游新疆，1912年继新疆第二任都督袁鸿祐之后成为新疆的统治者。杨外表平易近人,手段却极其毒辣,经常任意诛戮异己。他对内、对外都有一套手腕,而新疆远在塞外,无人与之竞争,故能久于其任。金树仁是甘肃和州人,久任政务厅厅长,是个庸碌无能的旧官僚。根据这些情况,樊就捺下了他的政治野心,耐心地等待着,只等杨增新一旦去世,他就可以稳稳坐上新疆的头把交椅。哪知等了十年,杨却依然健在。1928年6月,张作霖退往关外,杨增新即于6月21日通电宣布拥护南京国民政府,改称新疆总司令。7月12日,国民政府加委杨为新疆省政府主席。

1928年7月7日,俄文专科学校举行学生毕业典礼,这在新疆是个引人注目的盛典。樊耀南恭请杨增新率领全城文武参加,并备酒席三桌,杨同偕来大员坐在正中一桌,所率卫士则在院外另设佳肴款待。酒过两巡,突有伏甲一人跃出,开枪向杨射击,杨大喝一声"干吗"?说时迟,那时快,又有数人冲出来打接应,杨才中枪倒毙地下,时年66岁(同时被击毙者有旅长杜发荣、团长高连堃、副官长张学文及卫士十余人,重伤者有建设厅厅长阎毓善、电政监督陈汝彬)。值得注意的是,政务厅厅长金树仁参加典礼时,忽然中途退席,得以安然无恙。

杨中弹毙命后,樊率领死党30余人直奔督署,找到关防大印,立即宣布接任新疆省政府主席,并发出通报,召集各厅道来署开会。

樊接事后未及两小时,又有一支人马杀到,樊与同谋者21人抵抗了约一小时,因弹尽援绝,当场被捕,无一幸免。

这支人马是金树仁领来声称为杨报仇的军队。原来,这是一幕"螳螂捕蝉,黄雀在后"的恶剧:杨增新为人残忍好杀,刻薄寡恩,他的手下人经常处于严密监视下。樊、金二人偶然互吐衷曲,认为这种日子很不好过,因此订下了诛此独夫的生死誓约。不料金背盟反噬,遂有第二次政变发生。当晚,樊被绑在马号拴马桩,被兵士挖眼拔须,死状很惨。同谋死党,亦均被杀。

事发后,金将事变原委电告南京国民政府,也立即被任为新疆省政府主席。值得玩味的是，这三人都是科举出身，都做过道尹，而手段之毒辣，一个不弱似一个。消息传到北平，樊的友人胡鄂公对着一张面目清秀、胡须疏朗的照片，叹息着说："早襄呀早襄，谋及匪人，宜其死也。"①

杨增新在新疆的所作所为及其死于非命，对蒋百里说来，是一次深刻的教训。他认为：新疆为列强环伺之区，非有强大的国防力量，不足以御外侮而策久安，杨的那套对外手腕，只能苟安一时，反足因循误国②。以言对内，杨残忍嗜杀，刻薄寡恩，不啻在火山口上跳单人舞，终必有不戢自焚之一日，这也是可以预见到的。

蒋百里行动稳健，没有政治野心，反对枪口对内。但其建立现代化国防的思想，却是始终不移的。当时，中国东北已成为远东的一座大"火药库"，没有让中国从容布置国防的余地，新疆远在西域，又是国防的真空地带，尚可从头做起。西北国防与东北国防的重要性并无轩轾。所以他的眼光移向这片地广人稀的地方，想指导他所器重的门人，抛弃内地的蜗角蛮触之争，去做立功西域的英雄。1929年夏天，第五路军驻防北平时，蒋百里参加唐父（唐承绪）的六旬庆典，他写了一副贺联，有"北方大将，西域奇才"之句。从前左宗棠率领大军统一新疆后，以陕甘总督拜东阁大学士，他70大寿时，有人赠以传诵一时的名联："南极寿星，北门锁钥；西方活佛，东阁梅花。"蒋百里仿此联祝唐承绪，望其步左宗棠之遗规，完成建设西北国防的宏伟工作。

不料唐承绪别有用心，早已定下了"挫冯倒蒋"的计划：即先出兵挫击

---

① 此段情节，除参考当时报刊补入者外，余均由胡鄂公提供。早襄是樊耀南的别号。
② 从1920年到1928年，俄国自卫军先后由伊犁、塔城窜入新疆，英、日帝国主义积极予以支持。日本政府派出大批间谍，以"调查员"名义，来新疆收集情报，并拟出兵一师团，帮助白匪打通出路。同时，土耳其以伊斯兰教的关系，有在新疆建立"东土耳其斯坦"的阴谋。杨增新兵力仅1万余人，深知武力不能解决问题。当白匪入境之始，他令边地文武官员劝其缴械，以免红军追击前来；同时划出游牧区，供给粮食以满足其生存，这些釜底抽薪的政策，果然收效一时。

西北军的锐气，然后转向东征，取蒋介石而代之。果然，战事发动后，唐部节节胜利，冯部退往潼关，唐自以为除中央军外，所有形形色色的杂牌军均受其指挥，不难一鼓而下金陵。蒋百里则认为，西北军内部已经解体，唐部如继续西进，西安唾手可得，如进兵南京，必与蒋介石进行一场生死搏斗，这是军事冒险，殊非智者所取。所以他在电台中又一次告以"东不如西"，但唐不肯听从。

唐发出劝蒋下野的电报后，阎锡山初则坐观成败，继而突然宣布讨唐，那些杂牌军本是风吹两边倒的墙头草，见此形势，便又纷纷舍唐附阎，唐部遂陷于孤立。他的直属部队顿兵漯河，碰到漫山遍野的大雪，行军非常困难，曾经受他指挥的杨虎城（杨部也是杂牌军），乘机痛打"落水狗"，派兵袭击唐的粮台驻马店，唐遂化装北逃。随后，蒋介石由鄂北调来的中央军兼程赶到，唐部两师全部被包围缴械。

五、狱中生活

1930年元旦，上海国富门路蒋宅来了好几位贺客：上海市市长张群衔命前来，请蒋百里出国小憩。接着，他的学生刘文岛也来了，据说当局允发给路费5万元，出国愈速愈好。蒋百里却大发书生的傻脾气："我没有刮地皮，没有钱出国。别人的钱我不要！我不会离开此地。"

蒋百里每天必饮酒，酒后火气更大，家里人不敢向他说什么。

新年阴郁的天气，又继续来了几个客人：有便衣警六人，未待主人同意，就开来蒋宅下榻汽车间，出入必为随侍。有人劝告蒋百里："你不到外国去，就到杭州换换空气也好，老守在家里不是办法。"

蒋百里在硖石住了一夜，第二日到杭州，下榻旅馆。浙江省府派人请他移住西湖湖心的一所别墅——蒋庄。上海跟来的便衣警便把护卫蒋百里的责任交给一名下级军官，销差而去。蒋百里在西湖的孤岛上，每天和这位军官共晨夕，还有他手下的几名士兵。厨师每天驾小舟到市场采办小菜。

蒋慰堂千方百计地寻到岛上来看望他的叔父蒋百里。见面时不知应当说什么，而蒋百里想说什么，也无从说起。还是蒋慰堂东扯西拉地说道："我刚才在湖滨小饮，店里挂着一副对联，倒也写作俱佳。上面写道：'能受天磨真铁汉，不遭人忌是庸才。'"

蒋百里"嗯嗯"地应了两声。

一天晚上，那位军官特备佳肴邀请蒋百里对酌。蒋百里生平最喜的是酒，久矣不尝此味，落得开怀畅饮。酒喝得差不多了，那军官向四周扫了一眼，低声细语地告诉蒋百里："我手下人都睡熟了，小舟系在湖边，你要走该是时候了。"

"你的责任呢?"蒋百里张大着眼睛盯着他。

"我是个无名小卒。"

"我要走就不会自投罗网。"蒋百里用手弹着香烟灰,又深深地呼出一口烟,"我不能连累你。你的好意我未便接受"。

"可是,明后天就得提解到南京去,前途吉凶难测啊!"

"……"

那军官是否对蒋百里进行试探,并未知晓。不过蒋百里是经得起任何考验的,这样一个温文尔雅的人,却装有铁一般的一颗心,对生死看得非常平淡,过去如此,今天亦复如此。

隔了两天,他果然被解到南京三元巷总部军法处待审。

根据当时的情况,蒋介石并无置蒋百里于死地的意思。此人才名满天下,门下弟子亦满天下。杀一人,徒失宽大之名,而在中原板荡之秋,会因此影响蒋介石的怀柔政策。可是,在上海国富门路蒋百里住宅搜获的无线电台和密电,蒋百里明明与唐通款,而放唐出京也是蒋百里做的保证人,则又不能置之不理。那时蒋百里的士官学校同学陈仪任军政部次长兼兵工署署长,不敢具保开释,只能采取拖的办法,使军法会审延不举行。

1930年上半年,冯、阎、汪、桂进行反蒋大联合,陈仪认为中央军如果很快获得胜利,蒋百里可望提前出狱。

蒋百里初入狱时,左梅在上海医院里养病。她有一种预感,相信蒋百里不会有不测之祸。她病好出院后,收集古今中外名人的狱中生活,简抄下来,寄给蒋百里参考。约莫过了三个月,外间对蒋百里的不利"空气"逐步缓和,左梅才带着一位老家人进京探监。他们夫妇见面时,左梅忍着眼泪往肚里吞,蒋百里也强作镇静,同狱包世杰从旁说了许多的安慰话,于是三人共同吃了一顿饭。第二天左梅仍回上海。

此后不久,左梅得到每天可以接见家属的通知,便带着四岁的第五女蒋和与七岁的第四女蒋华到南京,在三元巷附近租了一所房子,在上海的大女儿、二女儿、三女儿则因举家迁京，就寄宿在中西学校里。左梅以前探监时，有一名卫兵随身监视，现在走动得勤了，门卫不仅不再监视她们，而且道："早呀，你们来得这么早！"

吃过早点，每天第一项课程是打太极拳，每天练拳约半小时。蒋和陪着父亲蹦蹦跳跳地打拳，当初并不感兴趣，不过骗骗爸爸混日子罢了。可是练的日子一久，窥到拳术的门径，也不由自主地练起拳来。他们天晴在天井里练，天雨在房间里练。

蒋百里写得一手笔飞墨舞的灵飞经，这也是狱中的常课之一。写完了字，向两个女儿讲解唐诗，他对诗中的人物、风景、格调和寓意，都讲得十分清晰，两个女儿都听得津津有味。吃午饭的时候到了，饭菜都是由家中备好送来的。饭后蒋百里午睡片刻，两女偷偷地溜到外边玩耍，左梅则守在蒋百里身旁结绒线自遣。

蒋百里醒来后向两个女儿说《水浒传》，口里讲个不停，手势也做个不停，比教大学生上军事课更有劲头。讲到武松打虎，蒋百里认为这是中国白话文最精彩的一段。他自作导演，叫蒋华表演武松，蒋和趴在地下装老虎，他自己先示范做怎样扑来和怎样闪躲的姿势，随即呼口令：第一扑、第二扑、第一次反击、第二次反击，两个女儿练得熟了，演起来就像真人、活虎一样，逗得蒋百里乐不可支。有一次演到第三扑，"老虎"的脚爪碰翻了热水瓶，小脚上烫出个大泡来，痛得"老虎"站起来哭。蒋百里惊慌失措地说："是你爸爸害了你了。"便忙着替她敷药、揉腿，他内心的痛苦比女儿皮肉上的痛苦更难受。蒋和被父亲慈爱的心感动得流泪，忍着痛骗父亲说："父亲别着急，现在我已经不痛了呀！"

当晚军法处特许蒋和在狱中住一宵。

除日常课程之外，蒋百里有闲还看哲学一类的书，想在精神境界找出个自由天地来。他所看的是康德、伏尔泰两人的著作。他看得入神时，边看边向两个女儿讲解。当然，小孩子对于深邃而沉闷的哲学，本来味同嚼蜡，只是为了博父亲的欢心,便装作全神倾注的样子,让他滔滔不绝地讲下去。蒋百里指着墙头挂着的康德像(这是他从欧洲带回来的),说:"你们看,他的脑子多么大呀!"

蒋百里对《封神演义》《水浒传》《西游记》这些小说都有深刻的研究。他童年拖着辫子上茶馆时,向茶客讲述猪八戒招亲、刘备招亲的故事,早已记得滚瓜烂熟,这时候便由记忆进入理解。他说,赤壁借来东风是天文学,木牛流马是机械学。后者他自己也会造,是利用四川凹凸不平的地形发明的(利用下坡的力量上坡),在平原就一步也走不动了。他对八阵图也有科学的说明。他说孔明不是神,更不是戏台上的妖道,而是具有科学头脑的军师。

吃完晚饭后,父女三人常以桥戏消遣。桥戏蒋华最精,听故事蒋和听得最起劲,蒋百里看出她们的天赋,一个长于计算学,一个长于文学。到9时的时候,家人老姚跑进来嚷着:"小姐们应当回家了!"两个女儿才忙着替父亲洗脚,扶上了床,一人爬在一边替父亲放下蚊帐,燃起一支洋蜡烛(蒋百里寝前有看书的习惯),才道声"晚安",双双挽着手跑回家去。

蒋百里每天有片时的打坐,这时候两女便溜到对门邓演达的房间里,踢毽子玩耍。邓演达和蒋百里偶然也交谈几句,这是狱中所不许可的,两女便在天井里走来走去替他们把风。如遇巡丁经过,轻轻咳嗽一声,蒋百里和邓演达便都悄悄各归各房去了。

这时蒋百里很穷困,偶尔有人想解囊相助,因蒋百里是"要犯",又怕引火焚身而止。左梅因此看透了人世的师恩友谊。她怕引起蒋百里的感伤,不肯把冷酷的人心说给他听,又瞒着家中的窘状不让蒋百里担心。到了万不得已时,只得变卖家中什物,以补贴家用。她有三个弱龄女儿在中西女校住读,因此不时地抽暇到上海探望她们。中西女校坐落在忆定盘路①,离上

---

① 忆定盘路现改为江苏路。

海南站很近，每天下午听得火车呜呜的汽笛声，她的三个女儿都不禁噭然地哭出声来："火车呀火车，你哪一天把我们慈爱的父亲带回来哪！"

蒋百里对家务虽从不过问，可是他见每天送进来丰美的肴馔，不禁起了疑心，便向两女盘问家中的开销来源。她们早就准备好一套应付的办法："娘做股票赚了钱哪！"蒋百里想起赚了钱怎么买不起袜子呢？他的袜子实在破得不能再穿了。一天，两个女儿各得压岁钱二元，便叫老姚买了几双新袜送来。她们细心地想着，父亲见了新袜子，不免又要问长问短，如果把真话说出来，又怕父亲听了伤心，而经常对父亲说假话也是不应该的，于是把新袜洗了又洗，洗成旧袜，悄悄塞在父亲的枕头下，不久还是被父亲发觉。她们看见父亲的眼眶中冲出一股热泪来。

蒋百里的政治生涯沉浸在不愉快的气氛中，他的家庭却躺在爱的旋涡里。天性的爱是伟大的爱，这爱力就是蒋百里在狱中所需要的精神食粮，而这爱力还是他自身的爱所感召的。

后来，李根源、张一麐俱呈保释蒋百里。文中有"外侮亟、将才少"之语，蒋介石批了"照准"两个字，久之却无下文。一次不行之后，别人也就不敢再开口，而家属也更不便央人去向当局缓颊了。

蒋百里的老友唐天如自辞职回香港后，便在家中隐居不仕。他和陈铭枢是要好的朋友，而陈又是保定军校学生出身。唐天如听得邓演达执行死刑的消息，心中不由得着了慌，忙跑到广州来求救。陈过去想延揽唐天如做幕府，他都婉词谢绝了，现在他主动提出，只要陈肯营救他的老友，就是做司书、做马弁他也愿意。陈说："现在我在广州打电报也无用，等我进京后，找到适当的机会进言，你暂且回到香港候着吧！"

陈为什么要进京呢？说来有一段政治演变的过程。1930年，阎、冯、汪、桂联合反蒋失败后，接着又有江西"剿共"军事；1931年胡汉民被蒋逮捕，又引起"宁粤分裂"，广州产生了另一国府，接着又有九一八事变发生。至此，国民党衮衮诸公才提出所谓"精诚团结共赴国难"的八字口号，京沪粤三方和平使者不绝于途。陈在这次政潮中扮演了重要之一角,宁粤合作赖以实现,他当选为中央常务委员,还被推为京沪卫戍司令长官兼代行政院院长。

唐天如赶到南京,先到三元巷军法处探视蒋百里,随即访陈请其践约保释蒋百里。陈答应约党国元老吴稚晖同去见蒋介石,为蒋百里说项。此时人人知道蒋百里释放有期,所以探监的人渐渐地多起来了。

一天,蒋华、蒋和请认识她们的卫兵引路,前往普通囚房参观。她们看见一间大屋子里关着许多青年,坐的、卧的、站的,姿态不一,但他们的神气与普通犯人有所不同。她们问:"这些人是什么人?"兵士回答说:"是土匪。"

她们觉得无论怎样看都不像土匪。土匪是彪形大汉,而他们都像文弱书生。这时候,那些"土匪"看见铁栅外站着两个呼吸自由空气的女孩,对着他们好像看什么把戏似的,不由得含有敌意,都以冷酷的眼光凝视着她们,而她们也觉得自己所享受的自由,对那些"匪"说来,非仅不能引以自傲,反而怀着一种内疚的心理,顿时局促不安起来。

到了星期天,她们随着堂兄蒋慰堂参观中央大学,看见学生们苍白的脸色和带怒的表情,跟狱中所见的"匪"竟是一模一样。她们猛然想起,近来外间纷纷传说,大批学生成群结队"造反",打了顾维钧。她们出得校门,站在台城眺望远景,看见城墙上写着形形色色的大字标语,归来把这一切告诉了父亲。蒋百里干咳了一声:"别看不起他们,这些人都是有出息的。"

一天晚上,唐天如又去看陈铭枢,催促他进行保释蒋百里的事,正好蒋介石派熊式辉邀请他面谈要公,陈、熊二人乘着汽车出去了。

第二天,三元巷狱门走进来一位身着黄呢军服、外罩黑呢披风、足蹬黑皮鞋的高级军官,迈着安详的步伐,一直走进蒋百里被囚的房间。蒋百里挥手叫两个女儿外出,好让他们密谈。她们看见今天的情形比往日严肃,不免提心吊胆，便躲在窗外用舌头舔破了窗纸，偷窥里面的动静。只见父亲谈得很起劲，脸上浮着笑容，知道吉多凶少，不觉相视而笑。约莫有一刻钟，听得咯咯的履声踱了出来，蒋百里叫着两个女儿的名字说："蒋华、蒋和，我明天就要出狱了，快来谢谢你们的恩人吧！"

她们两人恨不得趴在地下向这位恩人磕头，却又不好意思行这种不合时宜的大礼，便都向陈铭枢深深鞠躬致谢。可怜的姑娘们，初以为她们一家人一辈子过着读唐诗、打太极拳的狱中生活，哪里想到天还有亮的一天，回忆的痛苦和当前的快乐，搅乱着她们的心曲，不知道要大哭一场好，还是大笑一阵好。

军法处给家属的通知单，左梅接在手里，不禁放声大哭。她的隐忍在女子中可算得绝无仅有的了，无论走到任何危险或绝望的关头，她都坚强不掉一滴泪，不呜咽一声，可是这一天她眼中积蓄的泪水再也忍不住了，汩汩地夺眶而出，像断了线的珠串一样。

这天上午11时，下着漫天大雪，有人在军法处门前看见两个着西装的女孩子，蹦蹦跳跳地跑了进去，又蹦蹦跳跳地跑了出来，出来时当中夹着一位中年绅士，踏着皑皑的白雪回家。家中早已挤满了黑压压的一大群贺客，左梅向左邻右舍借凳子都来不及。在这哈气成冰的大冷天，却有许许多多义薄云天的热心人，这便是有冬有夏的世界，这便是寒燠不齐的人情。蒋和一眼看见那位着黑氅黄服的将军又来了，她觉得这是世界上最可敬的人。蒋和目送他走出门，一直到望不见他的背影才走进来。

这天，蒋百里的大女儿、二女儿、三女儿都从上海赶回来，参加全家的狂欢大会。房门关得不透风，蒋百里不停地抽着纸烟，一支接着一支，屋子里成了烟雾腾腾的世界。客人，主人，大家不停地喝着酒，一杯接着一杯，谁也不肯告饶乞免。夜深了，没有一个人想睡，也没有一个人感到体倦难支。三个女儿围着父亲问长问短，东边一声"爸爸"，西边也一声"爸爸"，叫得蒋百里应接不暇。四女儿、五女儿看了这模样，不由得鼓着腮帮子埋怨起来:"父亲坐牢的时候,没有看见你们的影子,而现在没有我两人的份儿了。"

第二天傍晚,他们一家人在回沪之前,对南京作了最后一次的游览,去游冷肃中带有诗意的玄武湖。枝头挂着残雪,寂寥的天空点缀着三五寒鸦,湖波粼粼地荡漾着。俄闻欸乃声起于荻苇深处,在这清寒寂寞的世界,还有踏雪游湖的同道中人。她们正在诧异间,歌声忽起于湖面,是凄婉动人的船夫曲,由话匣子里放送出来的。刹那间,迎面来一小舟,舟中有几个陌生的面孔,彼此下意识地互行了个注目礼,那小舟便又消逝在迷蒙的晚霭之中。蒋百里觉得在这个恬静优美的世界,不应有仇恨、妒忌、猜疑这些暗影存乎其间,他回想两年的狱中生活,恍如无端地做了一场噩梦。

当天在城外小作逗留,即乘沪宁夜车返沪。

不久,他接到居正赠他的长联,呼他为学兄、同难友。原来居正也是因政治关系被捕而得释的。蒋百里也写了长幅的心经,赠给学佛的陈铭枢,以表谢意。

六、阶下之囚，谁堪与共

唐生智第一次反蒋

蒋百里走出家门进入社会以后，有三个人对他的影响较大，一是老师梁启超，二是挚友蔡锷，三是学生唐生智。

梁启超对蒋百里的影响主要在文化学术方面。蒋百里的老本行是军事，对军事理论、军事教育和国防建设兴趣极浓，而对政治鲜有兴趣。所以，在梁启超醉心于政治活动时，蒋百里帮不上梁启超什么忙。梁在北京政府任职时，多次推荐蒋百里担任行政官职，蒋均辞谢不就，而荐他人以代之。等梁启超正式退出政坛，专心从事文化活动，蒋百里就与梁启超找到共同点。他们共同办杂志、兴学校、设讲座、组建图书馆、组织共学社和讲学社等，一度在文化学术界极为活跃。可以说，蒋百里在文化方面的每一项活动，几乎与梁启超有关。

蔡锷和蒋百里年龄相仿，追求相同，意气相投，乃是莫逆之交。他们孜孜以求者，是以平生所学报效国家。他们希望国家统一而稳定，能使他们大展宏图，建设强大的国防，以抵御迫在眉睫的外敌入侵。

蒋百里桃李满天下，唐生智无疑是其中的佼佼者。唐生智参与北伐，实力大增以后，蒋百里计划借唐之力对国是有所主张。唐生智两次反对蒋介石的军事行动，蒋百里都曾参与。不幸的是，唐生智第二次反蒋失败后，蒋百里被逮捕拘押，坐监狱达两年之久。蒋百里虽受学生牵累而入狱，但对学生从无一句抱怨之词。

唐生智，字孟潇，湖南省东安县人，生于1889年，只比老师蒋百里小七岁。

唐生智的祖父名叫唐本有，是湘军中的一员猛将，因战功累升至广西提督。父亲唐承绪，号耀先，在清代当过湖南盐务官，民国年间担任资兴、零陵和湘乡的县官。

据说唐生智出生前一晚，唐承绪梦见攻打长沙时战死的太平天国西王萧朝贵，母亲则梦见一个和尚进了屋。唐承绪为儿子取名生智，以"梦萧"的谐音取字孟潇。唐承绪一直因这个梦而感到惴惴不安，因为萧朝贵造反，是为不忠，和尚出家不侍奉父母，是为不孝，如此不忠不孝之子，不知将来会给唐家带来怎样的灾难。好在唐生智长大后，非但没给家庭招致灾祸，反而光耀了唐家的门庭。

唐生智从陆军小学和陆军中学毕业后，成为保定陆军学校第一期的学员，分在步兵科二连。

他有勇有谋，在同学中有一定的号召力。辛亥革命爆发后，他与几个同学南下参加战斗，先后在上海和湖南任职，后经谭人凤介绍，北赴烟台，担任烟台都督李烈钧的参谋，并调到部队任连长。复归保定军校后，校长蒋百里找他谈话，问："你这一年多来，在革命队伍中有什么感想？"唐生智回答："我觉得复兴民族，打倒列强，一定要革命。革命一定要有纪律严明的军队；没有武力，空谈革命就是放空大炮。"蒋百里对此表示赞同，频频点头称是。这与他平时讲求实际，不尚空谈的作风不谋而合，所以引起他内心的共鸣，他勉励唐生智好好读书，遵守校规，立志做人，并赠送"好学、力行、知耻"六个字勉励学生[①]。从此以后，他们保持了20余年的师生情谊。

唐生智保定军校毕业后，回到湖南，在湘军中任职，历任排、连、营、

[①] 唐生智：《从辛亥革命到北伐战争——唐生智回忆录片段》，中国人民政治协商会议全国委员会文史资料研究委员会《文史资料选辑》编辑部编：《文史资料选辑》第103辑，文史资料出版社1985年版，第162页。

团、旅、师长，他手下的重要干部几乎是保定军校生，如刘文岛（一期步兵科）、龚浩（一期骑兵科）、刘兴（二期步兵科）、周斓（二期步兵科）、李品仙（一期步兵科）、廖磊（二期步兵科）等人。在唐生智的率领下，保定系军人在湖南渐成气候，并最终开辟了一个新局面。在这期间，他们与蒋百里的联系一直未中辍。

唐生智是个雄心勃勃的人，他治军极严，特别重视军事训练，要求部属在军事上一定达到高水准。另外，他还在军中宣扬佛法，作为精神教育，并令全体官兵一律皈依佛教。后来他被称为"僧师"，成为一大趣谈。

他的幕府中有一位介于师友之间的佛教居士，姓顾，名伯叙，法号净缘，江苏人，据说是明末清初著名学者顾炎武的后人。唐部官兵均称他为顾老师，外边的人则叫他顾和尚。他以大乘佛教大慈大悲救苦救难的真谛向官兵说法，意在让每个将士立下救人济世、舍身成仁的宏愿。有人问他，佛家戒律中的第一戒就是戒杀，而军队打仗就是大杀特杀，不是违犯戒杀的律条吗？他说，大乘佛法中戒杀的解释不是不许杀，只是不许乱杀，凡是违背天理不合人道的都应格杀勿论，"以杀止杀"正是佛祖大慈大悲救世的法门。

唐生智对顾和尚"以师礼相待，言听计从；他自己率领高级干部，定期在特别设置的佛堂，听顾和尚说法之外，还披上袈裟跟着顾和尚从事修炼，并参加各项法会"[①]。可以说，顾和尚是唐部中的一个精神领袖。

1926年3月，唐生智驱逐赵恒惕，6月就任国民革命军第八军军长兼北伐军前敌总指挥，成为独当一面的风云人物，实力猛增，名声大噪。他当时所辖部队有：

第二师，师长何键，辖陶广、刘建绪、危宿钟、张辅四团。

第三师，师长李品仙，辖张国威、熊震、李云杰、吴尚四团。

[①]《李品仙回忆录》，台北，中外图书出版社1975年版，第60页。

第四师，师长刘兴，辖廖磊、唐哲明、李继寅、蒋春湖四团。

教导师，师长周斓，辖罗霖、鲁杨开、刘克豪三团。

第五师，师长叶琪。

鄂军第一师，师长夏斗寅。

另有周荣光的教导团、王锡焘的炮兵团。

1926年7月11日，李品仙师首先攻入长沙，北伐军声威大振。8月11日夜，第七军军长李宗仁陪同北伐军总司令蒋介石到长沙，翌日召开军事会议，确定了下一步的行动计划。

8月14日，蒋介石在长沙东门外大校场举行阅兵典礼，检阅第七军、第八军在长沙的部队。蒋介石骑一匹高大的枣红色战马，李宗仁、唐生智等乘马扈从，两万余名官兵排成横列，场面蔚为壮观。按序列，先检阅第七军，检阅毕，第八军排头的军乐队立时奏乐，继而十余名号兵举号吹奏，声音尖锐刺耳，蒋介石的坐骑突受刺激，大叫一声，向校场中心狂奔，蒋介石毫无防备，被摔下马来，军服上沾满了污泥，帽脱靴落，极为狼狈。李宗仁、唐生智等人急忙翻身下马，陪蒋介石步行检阅了第八军。

蒋介石当然视此为不祥之兆，而顾和尚则乘机向唐生智进言：蒋氏此次北伐凶多吉少，尤其是过不了第八军这一关；如果蒋氏失败，继蒋而起者必为唐生智。据此认为，唐生智后来两次反蒋，与顾和尚之言有一定的关系。

第八军挥师北进途中，缴获了吴佩孚军的大批武器，后直趋武汉，除缴获大批枪械弹药外，更于汉阳取得规模极大的汉阳兵工厂管理权，所获尤其丰厚。唐生智乘此良机，大量招兵买马，扩充实力。蒋介石在江西击败孙传芳军，占领南昌以后，唐生智即致电要求将他的第八军扩编为四个军，原来的师长李品仙、叶琪、何键和刘兴升任军长。蒋介石因自己的嫡系部队也在扩编，只好答应了唐的要求。

随着北伐战争的顺利进行，国民政府和国民革命军内部潜藏的各种矛盾日益凸显出来，其中国民党与共产党的矛盾、国民党内左派与右派之间的矛盾、蒋介石与各军将领之间的矛盾尤其尖锐，酿成"迁都"之争、四一二反革命政变、宁汉分裂以及反蒋运动等一系列重大事件，使轰轰烈烈的北伐战争遭受严重挫折。在这风云变幻的历史激流中，唐生智一直站在国民党左派和武汉政府方面，成为反对蒋介石独裁的一支生力军。

1927年4月1日，汪精卫自海外归来，在上海拒绝与蒋介石合作，旋赴汉口，成为武汉方面的党政领袖。4月12日，蒋介石等人在上海发动政变，开始"清党"，并于4月18日成立南京国民政府，以胡汉民为国民政府主席，蒋介石为军队总司令，与武汉政府形成对峙局面。

4月15日，武汉国民党中央执行委员会常委会召开第七次扩大会议，作出决议：蒋中正戮杀民众，背叛党国，罪恶昭彰，着即开除党籍，并免去本兼各职。

当时，武汉方面有不少人主张东征，乘蒋介石立足未稳之时拿下南京，攻占上海，消灭蒋的势力，然后再行北伐。但更多的人则主张首先北伐，与冯玉祥的军队夹击河南的奉军，会师郑州，待时机成熟，再考虑解决蒋介石的问题。最后，北伐的意见占了上风。

4月19日，国民政府和国民革命军在武昌南湖举行第二次北伐誓师大会，由唐生智任第一集团军第四方面军总指挥，统率三个纵队，以张发奎为第一纵队司令，任右翼；刘兴为第二纵队司令，任京汉路正面；以新收编的靳云鹗、梁鸿恺、庞炳勋等部为第三纵队，任左翼。

北方的冯玉祥于5月1日在西安宣誓就任武汉政府任命的国民革命军第二集团军总司令之职，率部分五路进攻奉军。

张学良所率奉军在唐、冯两路大军的夹击之下，节节败退，撤往黄河北岸。6月1日，唐部与冯部会师于郑州，史称中原会师。南京方面的北伐军也沿津浦路北上，一路攻城拔寨，于6月2日占领军事要地徐州，山西阎锡山也正式归附国民革命军，形势对北伐军极为有利。此时宁汉双方如能合兵一处，不难一举攻下北京和天津，则统一中国，指日可待。

唯此时武汉方面因国共矛盾激化，发生了重大变故，使北伐大计未克实行。5月21日，长沙驻军旅长许克祥发动马日事变，捕杀共产党员，公开打出反共旗帜。6月6日，朱培德在江西以"礼送共产党出境"的形式，开始"分共"。共产国际鉴于武汉方面的国民党已不可靠，训令中共自组工农革命军，改组国民党中央执行委员会，没收地主土地，组织军事法庭审判"反革命军官"等。这本是一份机密文件，不料共产国际驻武汉代表罗易竟于6月5日将该文件拿给汪精卫看，使本来在联共问题上已经动摇的汪精卫等国民党左派人物急剧右转，直接促成了7月15日武汉方面的全面"分共"。

事后，汪精卫向南京方面呼吁和平，希望国民党各派在共同反共的基础上合流，但以蒋介石为首的南京政府拒不与汪精卫合作，汪精卫乃转而依靠唐生智、张发奎和朱培德等人推行东征讨蒋的政策，其中以唐生智主张讨蒋最力。汪精卫任唐为第四集团军总司令，全权指挥东征。

7月下旬，张发奎的第四军、蔡廷锴的第十一军、朱培德的第三军已在南昌附近待命，唐生智并令何键第三十五军进占安庆，刘兴第三十六军进占芜湖。南京方面也作了相应部署，双方剑拔弩张，大战一触即发。

8月1日，周恩来、朱德、贺龙等共产党人在南昌发动起义，朱培德第三军在南昌的部队遭受大创。起义部队向赣南退却后，张发奎部尾追去粤，蔡廷锴部也乘机脱离武汉政府，开向浙赣边境。

这样一来，东征讨蒋的部队几乎损失了一半，唐生智军就成为东征的唯一力量了。

蒋百里自离开孙传芳回上海后，一直在密切关注着国内政局。他对学生唐生智的前途尤为关心。唐生智6月从河南班师回武汉后，蒋百里即从上海乘轮船西上，师生二人在汉口朝夕过从，商讨军政大事。

在此之前，蒋百里与蒋介石在南京见过面。

1927年4月18日，蒋介石在南京成立国民政府后，又宣布军事委员会由广州迁到南京，重新成立国民革命军总司令部政治部，由吴稚晖任主任，陈铭枢和刘文岛任副主任。

大局稍定，蒋介石即命刘文岛专程赴沪，迎接蒋百里到南京。保定军校和黄埔军校的两位校长在南京会面，多次畅谈，本是政治和军事史上的一件大事，但因蒋百里当时乃一介布衣，无权无势，又与国民党素无渊源，所以他们这次晤面没有引起各界关注。

4月22日，蒋介石记载："上午复任潮电后，会客。蒋百里先生来谈，此人对于时局颇有见解，与之畅谈半日。"①5月25日记载："晚与蒋百里先生谈时局与计划，至廿四后止。"②8月6日记载："晚与蒋百里谈话后，廿四时睡。"③他们主要谈的是外交问题，绝少涉及军事问题。蒋百里认为，国民党统一中国只是迟早的事，关键在于外交方面。就列强而言，首先应注意日本。在扫除军阀阶段，对日本宜采取缓兵之计，避免正面冲突，以防日本直接出兵干预，影响北伐大计。待全国统一，国防建设大有进展后，再与日本算账不迟。蒋介石深以为然，即请蒋百里浮海东渡，与日本朝野人士接洽，进行疏通工作。后因蒋百里为在野之身，不能代表国民政府，又改派戴季陶、黄郛等人进行这项工作。

蒋介石将苏联军事顾问驱逐出境后，决定聘请德国军事顾问来华工作，他想请熟悉德国情况的蒋百里赴德一行，负责选聘顾问。但因此时蒋百里身体不适，不宜远行，便改派军政部次长陈仪率代表团前往德国。

在此阶段，蒋百里实无意加入蒋介石一方。实际上，他更希望学生唐生智干出一番惊天动地的大事业来，甚至取蒋介石而代之。他到汉口，为的就是要助唐生智一臂之力。

---

① 《蒋介石日记》，1927年4月22日。
② 《蒋介石日记》，1927年5月25日。
③ 《蒋介石日记》，1927年8月6日。

然而，蒋介石绝非等闲之辈，他见汪精卫、唐生智等人来势汹汹，不打倒他绝不罢休，乃采取以退为进的策略，于8月12日发布通电，宣告下野，当天即带领卫士200人前往上海。8月17日，由李宗仁、何应钦、白崇禧主持的国民政府军事委员会发表通电谓：在蒋总司令未回任前，所有军政、军令统由本会负责处理，各队伍仍隶本会统一指挥。这样，南京方面的实权就落到李、何、白三人手中。

李宗仁等人随即向武汉方面伸出橄榄枝，要求宁汉和解。蒋氏既去，武汉方面的东征突然失去目标，反蒋阵营遂发生分化，汪精卫、谭延闿、孙科、宋子文等人转变态度，于8月22日与李宗仁在庐山会面，商讨合作大计，只有唐生智仍坚持东征。谭延闿告诉李宗仁，唐的计划是攻占南京，拥立汪精卫为国民政府主席，谭延闿为行政院院长，以何键、程潜、鲁涤平分任安徽、江苏、浙江三省主席，唐自己则担任北伐军总司令，指挥大军完成北伐大业。谭延闿感叹道："唐生智那小子野心大得很呀！"①

孙传芳利用唐生智东进和蒋介石去职的有利时机，全线反攻，于8月25日拂晓，乘长江晨雾弥漫之机，在南京以东的大河口、划子口渡江，占领乌龙山炮台、青龙山、黄龙山以及南京城郊尧化门外的龙潭车站。李宗仁、何应钦和白崇禧指挥所部，与孙传芳军展开龙潭之役，经过六天激战，卒于8月31日彻底击败孙传芳军。孙部死伤2万余人，被俘4万余人，孙传芳乘小汽艇逃回江北，从此一蹶不振。

时唐部前锋已抵芜湖，离南京不远，但唐生智并未乘人之危，挥军夹击李宗仁和何应钦，因为与孙传芳联手攻打昔日的战友，于情于理均站不住脚。尽管如此，李宗仁和白崇禧等人坚持认为，唐生智曾利用老师蒋百里居中联络，与孙传芳约定会攻南京。李宗仁断言："按唐氏计划，俟我军为

---

① 李宗仁口述、唐德刚撰写：《李宗仁回忆录》上卷，华东师范大学出版社1995年版，第368页。

彼等所败时,渠即可收编我军残部,然后再一举而灭孙传芳,北上统一中国。"①这样一来,唐生智就背上了与孙传芳勾结的罪名,蒋百里的名声亦受到牵累。

实际上,这种说法是没有根据的。唐部将领李品仙就明确指出:"后来白崇禧屡次问我,唐、孙勾结有无其事?是不是蒋百里先生从中促成?我说,就我所知,蒋百里先生当时确在汉口朝夕见面,惟唐、孙联合进攻南京的事,我个人既未闻唐说过,也未闻蒋谈起,以我当时在第四集团军的职位以及与唐的关系,如果确有此种计划自当与闻,因此我想绝无其事。"②如果唐真与孙传芳有约,那么孙部与李宗仁等人大战于龙潭时,唐生智急行军从背后发动进攻,则李宗仁等人必败无疑。

9月10日,汪精卫、谭延闿、孙科、李宗仁等20余位国民党要人在上海开会,决定成立国民党特别委员会,作为党的执行机关。不料,原来与蒋介石和汪精卫不和的西山会议派人物张继、邹鲁、谢持等人纷纷进入特委会,且位居要津。这使汪精卫大为不满,由特委会的发起人之一转而反对特委会。他愤而离开上海,于9月21日抵达武汉,和唐生智组织武汉政治分会,与特委会唱对台戏,并打出"护党"的旗号。

南京政府要求唐生智退出安徽,遭到拒绝后,即于10月19日正式决定讨伐唐生智,以李宗仁为西征军总指挥,兵分三路,进攻唐生智军。

由于唐部孤军深入,战线过长,终被西征军各个击破,败退至武汉附近,且冯玉祥也派所部方振武、樊钟秀、吴新田从河南向鄂北挺进,唐生智陷入四面楚歌的困境,乃学蒋介石以退为进,于11月11日通电下野,带着龚浩和晏勋甫秘密乘日本军舰东渡日本。他把部队交由刘兴和李品仙等人指挥,让他们主动撤到湖南境内,以保存实力,作为将来东山再起的资本。

---

① 李宗仁口述、唐德刚撰写:《李宗仁回忆录》上卷,第367页。
② 《李品仙回忆录》,第98页。

然而，西征军得势不饶人，在白崇禧的指挥下穷追猛打，将李品仙的第八军、刘兴的第三十六军、周斓的第十七军、叶琪的第十八军压迫至湘西，全部予以收编。刘兴和周斓因是唐生智的心腹，被迫交出军权，离开部队。收编以后，由李品仙任第八军军长、叶琪任第十二军军长、廖磊任第三十六军军长，部队调至湖北整训，后随白崇禧参加北伐。与唐生智心存芥蒂的何键早与西征军暗通款曲，得以续任第三十五军军长。

唐生智的10余万人马就这样被分化瓦解了，没有了军队，他还能东山再起吗？

唐生智第二次反蒋

第一次反蒋的彻底失败，使唐生智和蒋百里等人独立开辟新局面的希望化为泡影。唐生智东渡日本后，蒋百里也辗转赴日相会，为学生唐生智今后的出路筹商大计。

蒋百里与唐生智、龚浩二弟子朝夕过从，谈古论今，既总结第一次反蒋失败的教训，又密切关注国内局势的发展，寻找唐氏东山再起的契机。他还利用这个难得的机会，给学生们当导游，游览了日本的许多名胜古迹。遗憾的是唐在日本不能公开活动，与在日本风光一时的蒋介石完全不同。

因桂系在国内的权势如日中天，唐生智暂无回国的可能，蒋百里便与龚浩先期乘船归国，在南京和上海等地进行活动。不久，蒋百里又派龚浩到香港进行联络，师生几人各处一方，都在为一个共同的目标努力。

在唐生智避往日本期间，国内的局势又发生了重大变化。

李宗仁、白崇禧虽然驱走了唐生智，但解决不了国民党各派系之间固有的矛盾，不得不以国民政府的名义，于1928年1月2日致电蒋介石，请他复总司令之职。1月7日，蒋介石正式复职。

2月2日，中国国民党二届四中全会在南京中央党部大礼堂举行。会议选出军事委员会委员73人，蒋介石任主席兼国民革命军总司令，谭延闿任国民政府主席，与常委蔡元培、李烈钧、张静江、丁惟汾共同主持政府。

蒋介石在中央政治会议上提议于广州、武汉、开封、太原设立四个政治分会，由李济深、李宗仁、冯玉祥、阎锡山分任主席，蒋则担任中央政治委员会主席。

2月13日，蒋介石重新编组国民革命军为四个集团军，以何应钦为总参谋长。

第一集团军总司令为蒋介石自兼，辖18个军，29万人。

第二集团军总司令为冯玉祥，辖25个军，31万人。

第三集团军总司令为阎锡山，辖11个军，15万人。

第四集团军总司令为李宗仁，辖16个军，九个独立师，约20万人。

4月7日，国民政府发表北伐宣言，并向各军下达总动员令。第一集团军沿津浦路北上，第二集团军沿京汉路北上，第三集团军沿正太路挺进，第四集团军则由白崇禧率李品仙第十二路军，沿京汉路北上，参加北伐。第十二路军计有叶琪第十二军、魏益三第十三军、廖磊第三十六军和刘春荣第八独立师。

四路大军齐出，气势如虹，势如破竹，打得张宗昌、张作霖等军阀只有招架之功，绝无还手之力。北伐军于克复山东和河北大部分地区后，锋镝直指北京和天津。张作霖眼见大势已去，于6月1日离开北京回沈阳，4日凌晨被日本人在京奉、南满两铁路交轨处的皇姑屯炸死。张学良子承父业，就任东三省保安司令。

1928年6月8日，第三集团军商震部首先入京，11日，阎锡山和白崇禧联袂入京，阎就任京津卫戍总司令。7月1日，张学良电告蒋介石、冯玉祥和阎锡山，表示绝无妨害统一之意，并派代表入关，商谈和平统一的具体条件。9月中旬，白崇禧指挥的军队与张学良的奉军夹攻盘踞在昌黎一带的张宗昌直鲁联军残部，将其击溃缴械，张宗昌、褚玉璞逃亡，北伐战事至此宣告结束。

军事进攻的极端顺利使蒋介石的声誉和权力更上一层楼，但与此同时，由于军队编遣和权力分配等问题错综复杂，使国民党各军事集团和各派系之间的矛盾更形凸显，日益尖锐。

一向反蒋的汪精卫因受到桂系的排挤，向国民党中央提议恢复蒋介石总司令职务。12月16日，桂系主持的南京国民政府借广州张发奎举兵赶走桂系黄绍竑为由，下令查办汪精卫、顾孟余、陈公博等人。汪不自安，与陈璧君等人秘密离境避往法国。汪的信条是"合则留，不合则去"。

汪精卫离去后，陈公博挑起斗争的重担。陈自称是"一个勇敢的斗士"，其信条是"合则留，不合则打，打不过才去"。他是一介书生，擅长用笔"打"，在文章中旗帜鲜明地提出"改组"国民党的口号，国民党中由此产生了一个"改组派"。改组派奉汪精卫为魁首，旗下很快聚集了一批不满蒋介石专权的人物。他们出版报刊，制造舆论，使蒋介石十分头痛。

更令蒋介石头痛的是冯、阎、李三大军事集团的离心倾向。北伐完成后，冯的第二集团军占有鲁、豫、陕、甘，阎的第三集团军占有晋、冀、察、绥及北平、天津两个特别市，李、白的第四集团军占有桂、湘、鄂及汉口市，与蒋的第一集团军形成平分天下之势，这是蒋所不能容忍的，乃采取步骤，进行"削藩"。

首先是以节省国库支出为由裁减军队，但因各派都打自己的算盘，此事被拖了下来。在1928年8月8日召开的国民党二届五中全会上，蒋提出取消各地政治分会，又因元老的反对和冯、阎的消极抵制而作罢。恰有原政学系的政客杨永泰向蒋介石献"削藩策"，得到蒋的采纳。其策略手段是：以经济方法瓦解冯玉祥第二集团军，以政治方法解决阎锡山第三集团军，以军事方法解决李宗仁第四集团军，以外交方法对付张学良。

蒋介石原打算联合李宗仁共同对付冯玉祥，这时乃一改初衷，将"近交远攻"的策略变为"远交近攻"，对冯暂时采取怀柔敷衍政策，把枪口首先对准了李、白的第四集团军。

国内局势的这种演变为唐生智的复出创造了条件。

在采取军事行动前,蒋介石着手对桂系的军队分化瓦解。他想到了唐生智,因为白崇禧手下的主力部队大都是唐的旧部。在这种情况下,唐生智结束了海外流亡生涯,返回上海,待机而动。

1928年9月,蒋介石密令刘兴北上策动唐部反水。年底,白崇禧指挥的部队大部分已从华北地区调回武汉,只剩下李品仙的第八军改编的第五十一师和廖磊的第三十六军改编的第五十三师。刘兴到天津后,与第五十三师参谋长周武彝取得联系,周表示两师官兵一致拥护唐生智重返部队。周还请邵力子将此情转告蒋介石。蒋心中有了底,遂加紧了消灭桂系的各项部署。

1928年12月27日,蒋介石在中常会上提出于1929年3月15日国民党第三次全国代表大会召开之前撤销政治分会。他还给与武汉政治分会不睦的湖南省主席鲁涤平运去大批枪械,命鲁涤平对桂军进行监视。桂系颇不自安,乃抢先于2月19日撤销鲁涤平湖南省主席之职,并派夏威、叶琪率军入湘,酿成"湘案"。蒋以此为借口,授意国民党第三次全国代表大会于3月25日通过讨伐桂系的决议案,26日由国民政府正式下达讨伐令,蒋桂战争于焉爆发。

此前,蒋介石已拨巨款给唐生智,叫他北上接收部队。蒋介石深知唐生智也是一头"猛虎",所谓放虎容易伏虎难,他虽在迫不得已的情况下让唐复出,但对唐却是一百个不放心。他特意请来蒋百里,要他做担保,并叫他与北平行营主任何成濬接头。蒋百里和唐生智等待一年之久的东山再起的机会终于来临了。为了消除蒋介石的疑虑,避免节外生枝,蒋百里提出让唐生智与何成濬互相牵制的连环策:任唐为第五路军总指挥,辖李品仙第八军和何成濬第九军,而第五路军又归北平行营调遣,形成你中有我、我中有你的特殊局面。

1929年3月中旬，唐生智北上天津。3月19日，白崇禧在廖磊的护送下匆忙离平赴津，旋即乘日本轮船南下。20日，唐部将领由李品仙领衔发表了声讨白崇禧和拥护唐生智复职的通电。4月5日，唐生智就任第五路军总指挥，4月11日进北平，设总部于顺承王府旧址。

唐生智此番复出领军，蒋百里多方奔走，出力颇大，唐生智为报师恩，派人将蒋百里当年在东城锡拉胡同住过的房屋修葺布置一新，然后电请老师蒋百里北上欢聚。此前，蒋百里的朋友徐新六主持浙江兴业银行，劝他久居上海，他便将北平北新桥的宅院售出，得款7500元，又向兴业银行借贷一笔款子，在上海国富门路（今安亭路）购置了一处住宅。

1929年5月5日，蒋百里携夫人左梅抵北平，住在当年结婚的洞房里，心中几多欣慰，几多感慨。这是他的保定系弟子再度辉煌的时刻，也是他一生中比较得意的时期之一。5月21日，蒋百里在南京与蒋介石、于右任谈话[①]，从时局变化来看，谈的当是北方的军事问题。

唐生智在北方得手后，蒋介石即对两湖的桂系军队展开进攻。3月29日，蒋亲往九江督战。因李宗仁、白崇禧均不在武汉，桂系军队呈群龙无首状态，加上李明瑞等人被蒋介石收买倒戈，蒋部在战场上连连获胜。至6月底，桂军完全失败，李宗仁、白崇禧流亡海外，在北伐战争中功勋卓著的第四集团军终告瓦解。

解决桂系的同时，蒋介石又将矛头指向冯玉祥的第二集团军。他拼命拉拢阎锡山和唐生智共同对付冯玉祥。5月22日，国民党中央政治会议特任唐生智为军事参议院院长，同日，冯玉祥部将韩复榘和石友三通电拥蒋。5月23日，蒋介石主持召开中央党部常务会议，作出开除冯玉祥党籍、革除本兼各职的决定。唐生智亦于这天到南京，蒋介石亲自为唐接风洗尘，晚上

---

① 《蒋介石日记》，1929年5月21日。

还与唐讨论"作战计划"①。5月25日,又"与蒋百里、孟潇等谈话"②。

冯以退为进,于27日通电下野。

6月9日,唐生智、何成濬、蒋百里率随员多人行抵太原,"与阎锡山洽商一切"③。10日,唐生智的第五路军由李品仙率领南下,开到兰考、登封一带。

唐生智一行此次赴晋,名为联阎反冯,但就唐本人而言,实抱有与阎商讨共同反蒋的目的。唐离晋后,派总参议李书城常驻太原,与阎保持着密切联系。唐复出后,时刻不忘反蒋,只因时机不成熟,蒋百里一再劝他忍耐和等待,他才没有轻举妄动。

6月28日,蒋介石在北京"请蒋百里、晓东来谈"④。29日,"晚与蒋百里、晓东谈话"⑤。6月30日起床后就与"蒋百里谈西北问题"⑥。这段时间,蒋介石和蒋百里接触较多,但还没有达到坦诚相见的程度。

蒋介石对手握重兵的唐生智一直心存戒备,借全国第二次编遣会议召开之机,于7月30日将唐召至南京。8月6日,编遣会议通过经理委员会规则,补推唐生智、朱培德、鹿钟麟为常务委员。蒋介石不愿再纵虎归山,坚留唐生智在南京"翊赞中枢"。唐的军权虽未被夺,但已不能随便到军中去了。他接受蒋百里的劝告,在南京韬光养晦,绝口不提返回军中之事,以免引起蒋介石的猜忌。这段时间,蒋百里返回上海家中居住。

在蒋冯战争迫在眉睫之时,汪精卫的改组派也加紧了反蒋活动。经过陈公博等人的锐意经营,改组派的势力已发展壮大起来。他们不仅在上海成立中国国民党改组同志会,而且在各省甚至海外设立支部,广泛联络

---

① 《蒋介石日记》,1929年5月23日。
② 《蒋介石日记》,1929年5月25日。
③ 《时事日志》,《东方杂志》第26卷第15期,1929年8月10日,第122页。
④ 《蒋介石日记》,1929年6月28日。
⑤ 《蒋介石日记》,1929年6月29日。
⑥ 《蒋介石日记》,1929年6月30日。

一切反蒋力量。冯玉祥、阎锡山、唐生智、李宗仁等人都是改组派争取的对象。

1929年9月17日，在改组派的策动下，张发奎首先在湖北宜昌通电反蒋，然后举兵南下湖南和广西。9月24日，汪精卫、陈公博、王法勤、柏文蔚、郭春涛等人以国民党中央二届执委会名义发表《讨伐蒋中正宣言》，宣布蒋介石包办的国民党第三次全国代表大会为非法大会，号召大家共同反蒋。27日，广西省主席俞作柏和师长李明瑞响应张发奎反蒋通电，宣布独立。各处狼烟四起，迫使蒋介石调兵遣将，进行征讨。

就在此时，冯玉祥的人马又扯起反蒋大旗，更使蒋介石手忙脚乱，难以应付。10月10日，冯部宋哲元等27名将领联名发表拥戴冯、阎和讨伐蒋介石的通电，然后分三路发动进攻：一路由孙良诚指挥，沿陇海路出潼关东进，伸展至河南巩县、登封一带；二路由孙连仲、刘汝明指挥，出紫荆关，进袭南阳；三路由张维玺、吉鸿昌指挥，从汉中、兴安出老河口。10月13日，宋哲元的总司令部由西安移至潼关。

尽管前线形势危急，蒋介石仍不愿放唐生智回军中，他于10月12日急召蒋百里由沪到南京商讨对策，欲有所借重。

蒋百里到南京时，受到前所未见的盛大欢迎，自下关车站至城内新街口、大行宫一带，沿途张贴着"欢迎军界泰斗蒋百里先生"的横幅、标语。晚上，蒋介石亲备盛宴为蒋百里接风，有文武要员作陪。宴后密谈，蒋介石要蒋百里代唐生智出任第五路军总指挥，迎战冯玉祥军，以蒋百里的为人，岂肯以师道之尊而夺门人之位？他对蒋介石的提议当即予以婉言谢绝。他说临阵换将，必会影响士气。另外，他以浙江人而领唐的湘军，必引起将士的不满，对作战十分不利。他认为只有放唐生智回军，才能振作士气，挽回颓局。他"愿以身家性命担保唐绝不会与冯合作"[①]，要蒋介石用人不疑。蒋

---

① 陶菊隐：《记者生活三十年》，中华书局1984年版，第168页。

介石得到蒋百里的担保,才很不情愿地下了放唐回营的决心。

10月14日,蒋介石委任何应钦为讨伐西北军第一路总司令,指挥平汉线军队;唐生智为第二路总司令,指挥陇海线军队。10月17日,唐生智终脱樊笼,赴郑州督师。行前,蒋百里对唐生智有所叮嘱。

唐生智挥师猛进,河南战局迅即改观,西北军陷入不利局面。11月3日,蒋介石在许昌召开军事会议,令前线各军统归唐生智指挥,以一事权。5日,蒋介石抵新郑督师,唐生智指挥各军向西北军发动总攻击。经过激战,唐生智军于20日攻克洛阳,西北军被迫退回陕西。22日,蒋介石由郑州返回汉口,命唐生智代行总司令职权,办理河南善后事宜。

唐生智素怀反蒋之心,为何不与西北军联手呢?原因有二:一是他刚脱樊笼,须打几场硬仗,以消除蒋介石的疑虑;二是他已与汪精卫的改组派取得联络,欲拥汪反蒋,自创一个局面。他在郑州时对李品仙说:"现在本路军已奉蒋总司令之命向洛阳冯军进攻,但是汪精卫先生也是我们所要拥戴的。目前汪、冯之间还没有合作,我的主意是先将冯军击败占领陕西后,请你在关中主持一切,我则率领本路军在河南宣布独立,请汪先生回国主政。只要我们宣布独立,届时响应我们的友军必定很多,不会孤立的。"①李品仙对此不以为然,就请长假赴北平休养,从此脱离了唐生智。

蒋百里也希望唐生智向西挺进,在陕、甘、宁和新疆扎下根来,努力建设西北国防,巩固根据地,然后徐图中原。

然而,唐生智占领洛阳后,见各路人马反蒋意愿十分强烈,乃改变初衷,停止西进,准备举事。这样一来,唐部不稳的消息迅速传布开来,蒋介石不放心,特派蒋百里少年时代在上海经济学堂读书时的老同学邵力子到上海。邵力子对蒋百里说,蒋介石想调唐生智回南京任军政部部长,请蒋百里致电征询唐的意见。蒋百里认为此举不妥,是当局不信任唐的表现,弄不

---

① 《李品仙回忆录》,第109页。

好反而会激成事端。

实际上,蒋百里与唐生智常有密电往来,已知唐的打算。他对老朋友张宗祥说,唐将有倒蒋之举。张宗祥认为唐"应该联合西北和阎锡山等军队,方有力量。蒋百里亦以为然,而且认为肯定可以联合"①。

诚如蒋百里所言,唐生智特别重视联络阎锡山,除李书城长期驻山西外,又派顾问袁华选专程到太原告诉阎,只要阎同意反蒋,即拥阎为领袖。唐、阎都有反蒋之意,双方一拍即合,阎答应开出50万元的支票,充作唐的军费,并约定:一旦唐在郑州发起行动,阎即在太原发表讨蒋通电。

汪精卫从法国归来后,以国民党二届中央执委会的名义向各地实力派发布委任状,冯玉祥、阎锡山、李宗仁、唐生智、张发奎、石友三等人,都得到番号和官衔,一出反对蒋介石的"大合唱"上演在即。

1929年12月1日,唐生智、蒋百里、宋哲元、徐源泉、刘文辉、孙良诚等数十人联名发表通电,呼吁"立息内争,一致对外,固望国内贤德,群起相助,则同舟共济,实为责无旁贷。有违斯旨,仍存自私者,即为全国公敌,誓当立予铲除。良心所迫,至死不渝"②。

12月2日夜,石友三在浦口通电反蒋,向南京城开炮猛烈轰击,并就任改组派委任的护党救国军第五路军总司令。当时南京城防极为空虚,但石友三并没有发动进攻,而是撤到河南,丧失了击垮蒋介石的一个良机。

12月5日,唐生智通电就任护党救国军第四路军总司令,电文云:

> 奉汪精卫先生转来中国国民党第二届中央执委委员会训令,特任生智为护党救国军第四路军总司令,并颁发关防印信到部,遵于本日在郑州行营就职。生智献身党国,备尝险阻,力求革命

---

① 张宗祥:《蒋方震小传》,中国人民政治协商会议全国委员会文史资料研究委员会编:《文史资料选辑》第10辑,文史资料出版社1960年版,第95页。
② 《唐宋等通电》,天津《大公报》1929年12月7日第3版。

成功，不惜委曲求全，冬、江各日通电，呼吁和平，计承察览。既和平绝望，战祸蔓延，不以快刀斩乱麻，遂将土崩而瓦解。爰整部候命中原，誓奉中央命令，与各路友军一致努力，为人民请命，为党国争存，实现三民主义，完成国民革命，荷戈陈词，敢请明教。①

当天蒋介石未得到这个消息，对唐生智还抱有希望，致电劝其明确表示态度："孟潇令前线各军不得移动，令人怀疑。余告其当此危疑震撼之际，惟有明告以最大之决心，与光明无疑之态度出之，使内部矛盾释然，精诚团结，是为主帅者最大之要务也。"②12月6日，蒋"接唐逆生智电，叛变之迹显露，其目的在要求和平让出武汉，并以空言恫吓，虚张声势，幸有防备也"③。

12月7日，唐生智在郑州普乐园召集大会，发表反蒋拥汪的宣言。同日，唐生智任命徐源泉、王均、何键、刘兴为第一、二、三、四方面总指挥，各兼军长，任命龚浩、魏益三、刘春荣等20余人为军长，李云汉等人为独立师师长，安俊才为骑兵师师长，刘芳秀为航空司令。唐以郑州为中心，以南下夺取武汉为主要目标，与南方的张发奎和桂系遥相呼应。

张宗祥在报上看到唐生智的反蒋通电，见阎锡山等人皆未列名，很不放心，就到国富门路对蒋百里说："孟潇如此鲁莽，军队南扼于蒋军，万一阎氏在北方也有变动，岂不危险？"蒋百里说："此电发时阎亦派代表在唐军中，经商定后发出的。"张宗祥说："阎氏老奸巨猾，极不可恃，我意此电正当推之领衔，使其无可抵赖反复；派一代表未必可恃。君宜自作计图安

---

① 《唐就职通电》，天津《大公报》1929年12月8日第3版。
② 《蒋介石日记》，1929年12月5日。
③ 《蒋介石日记》，1929年12月6日。

全。"①但张宗祥的提醒没有引起蒋百里的重视。

过了几天,张宗祥得知唐生智设在上海的代表处被抄,料定蒋百里的密电本必被抄走,形势极为严峻,即雇车到蒋百里家,告以此讯,并邀他到大通路的住处暂住,静观其变,如有风吹草动,可以从容逃走。但蒋百里认为自己在南京政府中熟人尚多,即使唐部失败,也无须避开。张宗祥苦劝,与他争执二三十分钟,终未劝动。

唐生智在郑州举事时,大有"振臂一呼,应者云集"的景象,但阎锡山在关键时刻再次出尔反尔,自食其言,与张学良联合发表拥护中央的通电,从联唐讨蒋一变而为拥蒋讨唐,收回了给唐开出的50万元的支票,并在太原召开群众大会大造反唐声势。阎氏此举影响极大,致使原来在唐的通电上列名的许多将领改变了态度,纷纷发表声明,否认参与反蒋行动。原来积极支持唐反蒋的宋哲元,也决定不再支持。这样一来,唐顿时陷入孤立的境地,遭到各路人马的围攻。阎锡山更是乘火打劫,派兵南下讨唐,抢占河南地盘。

12月19日,蒋介石电令讨唐军队全部归阎锡山指挥。1930年1月3日,阎抵达郑州,4日召开军事会议,委任韩复榘为北路军前敌总指挥,王金钰为中央军司令。韩、王致电唐,劝他"解甲出洋"。唐屡战屡败,处境艰险,于6日晚复电表示愿将部队暂交刘兴,然后出洋,但须保证其安全并酌给川资。阎请示蒋介石,蒋复电准予照办。阎给唐川资5万元,唐便离开部队,乘火车北上天津,然后浮海南下,匿居香港。1月13日,唐部两个师被包围缴械,唐的第二次反蒋行动遂告彻底失败。唐不但输光了所有的本钱,还害得老师蒋百里进了监狱。

---

① 张宗祥:《蒋方震小传》,中国人民政治协商会议全国委员会文史资料研究委员会编:《文史资料选辑》第10辑,第95页。

西湖冷月

蒋百里不听好友张宗祥的劝告，丧失了逃避的良机。他还大发书生脾气，放弃了出国避祸的机会，终于沦为阶下之囚。

1930年元旦，唐生智尚未完全失败之际，上海市市长张群来到国富门路蒋宅，转达南京方面的意思，要蒋百里出国一游，以避嫌疑。张群走后，刘文岛接踵而来，说当局拟拨发蒋百里5万元路费，出国越快越好。如此相逼，使蒋百里大光其火，说他从未刮过地皮，无钱出国，也不拿别人的钱出国。由于心情不好，他整天借酒浇愁，酒后脾气更大，吓得家里人什么话也不敢说。

1930年1月11日，蒋介石记载："今日接汉电，知郾城确于昨日克服，唐逆潜逃。"① 随着唐生智在战场上的失利，南京方面对蒋百里的态度渐趋强硬，派来六名便衣警察，住进蒋宅的汽车房中，对蒋百里加以监控，使他失去了行动自由。

1930年1月14日，蒋百里的老朋友单不庵因病谢世，使处在逆境中的他倍觉哀伤。单不庵伤寒复发、病势垂危时，蒋百里与张宗祥约定，一旦单不庵撒手西去，他们二人即携款前去帮助料理后事。这天，张宗祥按约打电话给蒋百里，蒋百里说他不能去，一切请张主持。张宗祥知道事情不妙，只好单独前往。1929年1月19日，恩师梁启超在北平协和医院因病仙逝，蒋百里未能亲往吊唁，一直引为憾事，而今再失良友，虽近在咫尺，却不能把酒祭奠，痛何如之！

20日，蒋百里在便衣警察的监控下前往杭州。火车经硖石时，他下车在老家住了一夜，第二天到杭州，住进一家旅馆。1月26日，浙江省主席张静江秉承南京方面的旨意，将蒋百里正式拘捕，押至西湖湖心的蒋庄别墅

---

① 《蒋介石日记》，1930年1月11日。

看管起来。上海来的便衣警察销差而去,看守职任由浙江警方接替。

早春的西湖,寒意袭人,冷风吹进,别有一种苍凉肃杀之气,独处蒋庄的蒋百里面对冷寂的清月和湖水,油然生出了古人所说的"念天地之悠悠,独怆然而涕下"的感觉。奔波数年,一无所成,痛失恩师于前,再失益友于后,学生亡命天涯,自己身陷囹圄,往事不堪回首,前途尤难预料,真可谓"国事、家事、天下事,事事忧心"。难道真的斗不过神秘莫测的"命运"二字吗?唐生智复出,蒋百里以身家性命担保;唐生智反蒋,蒋百里参与密谋——有被搜获的他们二人间往来密电为证,这使蒋百里百口难辩。既然难辩,不如不辩,连死都不怕的人,还怕厄运临头吗?蒋百里博览群书,对佛家教义也用过一番功夫,如今独对冷月,对佛祖弃绝私欲、普度众生的宏愿有了更深刻的体悟。这是他此后经常抄写佛经、研习佛法的一个契机。

蒋百里的侄儿蒋复璁闻讯后,千方百计来到蒋庄看望叔父。二人在此时此地相见,心头纵有万语千言,竟不知从何说起。蒋复璁提到古人的两句诗:"能受天磨真铁汉,不遭人忌是庸才。"[①]蒋百里知道侄儿是在安慰自己,也只能苦笑而已。西湖是美丽的,但在心情沉重的蒋百里叔侄看来,却有挥之不去的阴影。

负责看守蒋百里的警官叫陈震泽,他和孙传芳督浙时受过蒋百里救助的《杭州报》主办人许行彬是至交。许嘱他善待蒋百里。陈与手下的几个警员与蒋百里朝夕相处,对蒋的为人有了更深入的了解。有天晚上,陈特备美酒佳肴与蒋对饮。在酒酣耳热之际,陈悄声对蒋百里说,湖上备有小船,要走此其时也。但蒋百里不愿连累友人,谢过陈的好意,继续饮酒。陈知道,蒋百里在杭州住不了多久了。

---

① 陶菊隐:《蒋百里先生传》,第118页。

南京三元巷看守所

1930年2月,蒋百里被押解至南京,关进三元巷总司令部军法处看守所待审。

蒋介石虽然下令拘禁了蒋百里,但并不打算对他进行严厉制裁,因为他毕竟没有拉起一干人马在战场上与蒋介石的军队浴血厮杀。况且他桃李满天下,声誉传九州,处置失当,会造成不必要的麻烦。另外,蒋百里的老朋友陈仪担任军政部次长兼兵工署署长,他想方设法让军事法庭对蒋百里的案子拖而不审,以待外部环境发生有利的变化。

1930年4月,蒋介石、冯玉祥、阎锡山之间的中原大战全面爆发,蒋忙于应付瞬息万变的战场形势,对狱中的囚犯就无暇顾及了,蒋百里的日子也慢慢好过起来。

蒋百里被拘押时,夫人左梅正好因病住院。出院后,她以顽强的毅力,忍着内心巨大的哀痛,一边照顾五个女儿,一边收集中外名人狱中生活的相关资料,摘抄下来寄给丈夫蒋百里,给蒋百里以精神上的安慰和鼓励。过了大约三个月,当局才允许左梅探监一次,夫妻二人四目相对,一切尽在不言中。

又过了一段时间,蒋百里在狱中的待遇进一步好转,当局允许家属每天探监。左梅把蒋昭、蒋雍和蒋英安排进中西学校寄宿读书,自己带着四女儿蒋华和五女儿蒋和来到南京,在三元巷附近赁屋而居,就近照料丈夫的饮食起居。虽然蒋百里在事业上总是不太称心如意,但他与左梅的婚姻无疑是非常美满幸福的。左梅兼具善良、忠诚、任劳任怨、克勤克俭等优秀品质,又有坚毅与刚强的个性。她与蒋百里在患难中相识,又陪他走过了一段极不平坦的旅程。无论在顺境还是在逆境中,她都默默地站在丈夫的身后,做丈夫坚强的后盾。

左梅来后,蒋百里的生活起居有了一定的规律,一日三餐都由左梅在外边做好送进来，两个活泼可爱的女儿经常绕膝玩耍，给蒋百里在狱中的日子平添了无数的乐趣。早饭后，他打太极拳锻炼身体。打完拳略事休息，即开始练习书法，抄写佛经。他的书法本来就很有功底，经狱中潜心研习，更有了很大的提高。练完字，他给两个女儿讲唐诗宋词。由于他学识渊博，口才又佳，讲得深入浅出，引人入胜，女儿们年龄虽小，却能听得津津有味。午饭后，他小睡一会儿，接着给女儿们讲《水浒传》《西游记》和《封神演义》里面的故事，使女儿们大开眼界。

蒋百里还下功夫研究哲学和佛学，哲学以康德和伏尔泰的著作为主，其中以康德对他的影响最大。他在从欧洲带回来的一张康德像上题了词，叫人配上相框，挂在牢房的墙上，朝夕相伴。他认为这张像最能表现哲人康德的神韵。

蒋百里还钻进博大精深的佛教教义中乐而忘返，蒋洁在《蒋百里先生言行风度的追怀》一文中对此做了描述：

> 同年先生对于佛法的探究，功夫用得最大，常常整天探索，有时竟至用脑过度，不能安眠，先生爱燃好的香，有时也打坐。说到释迦牟尼的讲经说法，先生一往神情，至今犹在目前。他曾想象地说："一个老头坐在那里孜孜不倦地高谈佛法，许多门徒肃静聆听，真是一幅庄严妙相。"讲到香烛，他说："佛法最平等，众生所供奉的烛与香，佛固享受，而烛的光明与香的香味，则普及众人，大家都可同其享受。"先生尊重宜黄欧阳大师，那年常常转命前去问教，在一次大师的诞辰，先生特地写了一幅极大的恭楷小字中堂，录的是一部经文，命送呈作为贺礼。[①]

[①] 黄萍荪编：《蒋百里文选》，重庆新阵地图书社1940年版，第401—402页。

1930年底，蒋百里在狱中迎来了一位参禅谈佛的同道，他就是国民党元老居正。

居正，原名之骏，字岳崧，后改名正，字觉生，晚号梅川居士，生于1876年，湖北省黄州府人。居正少时聪明好学，1899年中秀才，1905年东渡日本留学，结识宋教仁等革命党人，加入同盟会和共进会，参与过武昌首义的筹备和领导工作。孙中山在南京就任临时大总统后，居正出任内政部次长。后追随孙中山参加"二次革命"，在东京加入中华革命党，任党务部部长。1915年讨袁护国之役爆发后，居正被孙中山任命为东北军总司令，主持山东讨袁军事。1924年参加国民党第一届全国代表大会，居正被选为中央执行委员，但他对孙中山"联共、联俄、扶助农工"的三大政策持反对态度，受孙中山冷遇，蛰居上海乡间一年。1925年孙中山逝世后，居正与邹鲁、谢持、张继等国民党内的右派在北京西山碧云寺孙中山灵前开会，坚决主张反共反苏，形成国民党中的西山会议派，与国民党左派和共产党针锋相对，和蒋介石也是冤家对头。

1927年蒋介石第一次下野后，居正复出，担任国民党中央特别委员会委员。等蒋东山再起，居正等西山会议派人物被迫退出中央党部及国民政府。居正隐居上海乡间，行动虽受到一定限制，但与各方联络反蒋的活动仍未停止。

1929年12月21日晚，蒋百里的老同学蒋尊簋在上海法租界萨坡塞路私宅设宴请客，参加者有许崇智的参谋长耿毅、居正等西山会议派重要分子以及唐生智派来的代表，商讨策动军队讨伐蒋介石之事①。宴后，居、蒋、耿三人持汪精卫颁发给第五师师长熊式辉的总指挥委任状，前去策反熊式辉，以响应北方的唐生智和南方的张发奎、李宗仁，不料被熊的卫队捕获，当即搜出证据，遂遭拘禁。

---

① 《蒋尊簋等被捕》，天津《大公报》1929年12月23日第3版。

居正初由第五师看管，1930年5月转入龙华看守所，负责看守之人，面目狰狞，行为丑恶，居正以国民党元老的身份也难免受到残酷虐待，这使他颇觉心灰意懒，感叹世态炎凉，人世无常，乃改而吃素，潜心礼佛，每天抄写佛经，常持《妙法莲华经》，苦心修炼。

1930年12月下旬，居正被押至南京，关进三元巷军法处看守所，与蒋百里相邻而居。他们都是当世名流，互相仰慕已久，又多共同之处，同因反对蒋介石而入狱，所以在一起谈佛说禅，十分投契。居正的夫人也和左梅一样，白天到狱中照料丈夫的饮食起居，晚上出狱居住。相同的经历和处境使他们两家人结下了深厚的友谊。

居正毕竟是国民党元老，不久即获优遇，在监狱外租房居住，前后有警丁看守，准客人来访问，但不许居正出门。九一八事变后，他先于蒋百里获得自由，回到上海。蒋百里出狱后，他闻讯书赠长联，称蒋百里为学兄、同难友。居正晚年自号梅川居士，潜心研究佛学，有佛学著作传世。

告别邓演达

1931年8月21日，蒋百里又迎来一位同难友，他就是大名鼎鼎的国民党左派领袖邓演达。

邓演达，字择生，1895年3月1日生于广东惠阳县鹿颈村。1909年14岁时考入设在广州黄埔的广东陆军小学，因才华出众，深得在校任教的革命党人邓铿的赏识，成为同盟会的秘密会员。1914年，邓演达进入武昌陆军第二预备学校。1917年春，他和叶挺都以优等生的资格升入保定陆军学校第六期工兵科，1919年2月以优异成绩毕业。保定军校历届毕业生多尊称蒋百里为老师，邓演达也不例外。师生相逢在狱中，真是别有一番滋味在心头。他们与蒋介石都有交往，昔日座上客，今日阶下囚，沧海桑田，世事无常，怎不令人感叹！

邓演达追随孙中山，成为粤军邓铿手下的一员虎将。1924年参与筹备黄埔军校，并任军校训练部副主任兼学生总队长，与学生们结下了深厚的友谊。1926年北伐开始，邓演达任北伐军总司令部政治部主任。他与共产党关系密切，是廖仲恺之后国民党左派阵营中的代表人物。

宁汉分裂后，邓演达喊出"打倒新军阀蒋介石"的口号，成为反蒋急先锋。后因反对汪精卫"分共"，邓演达出游苏、德等国，一边学习和调查研究，一边联络国民党左派商讨反蒋大计。1930年5月，邓演达返回上海，经积极筹备，于8月成立中国国民党临时行动委员会，自任总干事，在全国各地建立地方组织。他联络不满蒋介石所作所为的黄埔学生，秘密组织黄埔革命同学会，策动黄埔军人起来反蒋。陈诚、罗卓英、杜聿明、宋希濂、周至柔等许多黄埔军人都倾向邓演达，使蒋介石的统治受到极大威胁。蒋悬赏重金，全力缉捕邓演达。

1931年8月17日，就在邓演达准备率领干部赴江西指挥陈诚的第十八路军起兵反蒋前，因叛徒陈敬斋告密，邓在上海愚园路愚园坊20号被捕，21日押解南京三元巷军法处看守所，送进蒋百里对门的一间牢房里。

他们经常叙谈，天南海北，古往今来，无所不包。狱中规定犯人间不准交谈，但他们均系要犯，比普通犯人多一点自由，所以常能找到交谈的机会。他们谈话时，蒋华与蒋和在天井里瞭望把风，看到巡察的狱警前来，即轻轻咳嗽示警，他们听到后就迅速分开，各归自己的牢房。蒋百里有时在房中打坐参禅，蒋华与蒋和就跑到对门邓演达的房中踢毽子，或听邓讲一些有趣的故事。

蒋百里先与国民党老右派居正论佛说禅，继与国民党新左派邓演达谈天说地，三人又都是因反对蒋介石而入狱，说来也是一项奇遇。

邓演达被捕入狱后，乐观地认为蒋介石绝不至于杀他。他一边读书学习，思考问题；一边通过看守人员与同案难友通信，勉励他们坚定信念，坚持斗争。

蒋原来确无杀邓之意,他采取各种手段,软硬兼施,要邓放弃自己的政治主张,解散组织,并许以中央党部秘书长或总参谋长等高官厚禄加以利诱,邓均不为所动。九一八事变发生后,蒋介石亲自找邓谈话,希望能言归于好,共御外侮,但遭到邓的痛斥。此时,各方要求蒋介石下野的呼声很高,更有部分黄埔学生联名上书呼吁释放邓演达,这使蒋感到极大的威胁,遂决定在下野前将邓除掉,永绝后患。他先派人将邓移至紫金山的一处茅屋内,单独看管起来,不让外界知道。11月29日夜,他派卫队长王世和率领几名卫士到邓处,谎称要邓移居汤山,以便在途中下手。当汽车行至南京城东麒麟门外的沙子岗时,枪声响起,邓演达倒在血泊之中,正可谓"碧血飞花,荒野埋骨",一代英杰就这样孤零零地去了。

邓演达被杀,蒋百里十分痛心和惋惜,同时不免产生了唇亡齿寒的悲凉感觉。第二天,他情绪消沉地对前来探监的张宗祥说:"昨日邓演达君被枪决了!狱中少一叙谈之友。不知哪一天轮到我,或许就在明天。"①他把自己手写的《金刚经》一卷赠予老友留作纪念,二人含泪忍悲,黯然告别。后来,张宗祥把经卷装裱好,题上"蒋百里狱中书"几个字,珍重保存起来。

挽徐志摩

1931年11月18日,诗人徐志摩到狱中探望蒋百里。久别重逢,二人均十分高兴,谈了个痛快。蒋百里绝未料到,这竟成为他与这位天才诗人的永诀!

关于徐志摩之死,11月21日的上海《新闻报》作了如下报道:

> 中国航空公司京平线之济南号飞机,于十九日在济南党家

---

① 许逸云:《蒋百里年谱》,第122页。

庄附近遇雾失事,机既全毁,机师王贯一、梁璧堂,及搭客徐志
摩,均同时遇难。

记者昨往公司方面及徐宅访问,兹将所得汇志如后。失事情
形:济南号飞机,于十九日上午八时,由京(南京——引者注)
装载邮件四十余磅,由飞行师王贯一、副飞行师梁璧堂驾驶出
发,乘客仅北大教授徐志摩一人,拟赴北平。该机于上午十时十
分飞抵徐州,十时二十分,由徐继续北飞,是时天气甚佳,不料
该机飞抵距济南五十里党家庄附近,忽遇漫天大雾,进退俱属不
能,致触山顶倾覆,机身着火,机油四溢,遂熊熊不能遏止。飞
行师王贯一、梁璧堂,及乘客徐志摩遂同时遇难。[1]

噩耗传出,全国震惊,天人同悲,共悼诗人之早逝! 诗人生前友好,纷
纷作诗撰文,回忆往事,介绍成就,将无尽的哀思和怀念化成一行行流泪的
文字。

徐志摩的遗体运至上海后,在静安寺设灵堂,供热爱他的人前来凭吊,
沪上文艺界举行了隆重的追悼会。蒋百里在狱中,不能亲往吊唁,引为憾
事。徐志摩的遗体运到硖石,于第二年春葬在东山的万石窝,张宗祥题写了
墓碑,碑文是"诗人徐志摩之墓"。

  轻轻的我走了,
  正如我轻轻的来;
  我轻轻的招手,
  作别西天的云彩。

---

[1] 《中国航空公司济南机遇雾失事》,《新闻报》1931年11月21日第13版。

那河畔的金柳，
是夕阳中的新娘；
波光里的艳影，
在我的心头荡漾。

软泥上的青荇，
油油的在水底招摇；
在康河的柔波里，
我甘心做一条水草！

那榆荫下的一潭，
不是清泉，是天上虹；
揉碎在浮藻间，
沉淀着彩虹似的梦。

寻梦？撑一支长篙，
向青草更青处漫溯；
满载一船星辉，
在星辉斑斓里放歌。

但我不能放歌，
悄悄是别离的笙箫；
夏虫也为我沉默，
沉默是今晚的康桥！

悄悄的我走了，

正如我悄悄的来；

我挥一挥衣袖，

不带走一片云彩。

这是诗人留给我们的一首千古绝唱，是诗人对自己命运的预言和诠释。硖石留恨，文曲星太早坠落尘埃；东山有幸，诗人的英灵永远相伴！

每当蒋百里吟诵徐志摩的诗，回想与徐志摩交往的经历，他对徐志摩的怀念就增加一分。他清楚地记得，徐志摩与张幼仪是因他而结亲的。有一年，他到上海，住在一家客栈里，同乡徐申如经常带着儿子徐志摩来看他，因而结识了张君劢。徐家虽富甲一方，但社会地位远不如张嘉璈、张君劢兄弟显赫，徐申如便有了联姻之意，而张君劢见徐志摩聪明伶俐，也很喜欢，于是就有了徐志摩与张君劢之妹张幼仪的一段姻缘。

徐志摩热情奔放，情感丰富，与沉着练达、中规中矩的张幼仪合不来，最终协议离婚。这段姻缘因家长包办在前、性格冲突在后而致破裂，当然无可厚非。然而，徐志摩与陆小曼的恋爱和婚姻，却招致了部分亲友的坚决反对，梁启超在婚礼上毫不留情地给予他们批评和忠告，徐父、徐母坚决不接纳陆小曼作儿媳，到北京与张幼仪和孙儿住在一起，并断绝了对徐志摩的接济。蒋百里对徐志摩的所作所为虽然很不以为然，但他知道，像徐志摩这样情感胜于理智的人，劝是劝不住的，何况他与陆小曼的恋爱已到如痴如狂的地步。蒋百里只能在内心里默默地为徐志摩祝福。

徐志摩和陆小曼结婚后，联袂南下上海，十里洋场五光十色的生活使贪图安逸享受、为人不拘小节、花钱大手大脚的陆小曼如鱼得水。徐志摩则债台高筑，不得不同时在几所大学任教，忙得焦头烂额。好运来了，挡也挡不住；厄运降临，躲也躲不开。陆小曼在花花公子翁瑞午的诱惑下染上了抽鸦片烟的不良嗜好，并与翁瑞午时相过从。徐志摩有苦难言，只能打碎了牙，和着血往肚子里吞。他的苦闷和烦恼，可想而知。

1930年秋，徐志摩应胡适的邀请，到北京大学担任教授，同时兼任女子大学的教授。他想举家北迁，换个环境，开始新的生活，但陆小曼留恋十里洋场，不愿北上，他只好经常奔波于北平、南京和上海之间，灾难就此发生了。

如果说徐志摩与张幼仪的结合是不幸的，那么他与陆小曼的婚姻就是实实在在的悲剧了。济南附近的烈火把蒋百里对徐志摩的祝福化为灰烬，蒋百里欲哭无泪，乃饱蘸笔墨，写下了泣血的文字：

> 挽志摩：口吟的，手写的，是志摩的文字，不是诗，他的诗是不自欺的生命换来的。①

脱离牢笼

1931年12月6日，上海《申报》刊登了一条短讯："羁京年余之前军官学校校长蒋百里氏，经陈铭枢、朱绍良之力保，业已释放，于昨日抵沪。氏门徒极多，闻蒋氏到沪之讯，纷往私邸，备至慰问之意云。"

被囚年余，一朝获释，蒋百里和妻子、女儿固然喜不自胜，亲朋好友和门人弟子也是大感欣慰，连日贺客不绝于途，贺电、贺信雪片似飞来。时在武汉的老友张宗祥寄诗两首以为贺：

蒋百里回沪寄诗代简（二首）

> 君向吴淞我汉阳，天教劳燕自分张。
> 白头期会知能几，况是重生返故乡。

---

① 陈从周：《徐志摩年谱》，第93页。

中原谁是济川才，垂老雄心苦不灰。

倘使鼎中不全沸，好分片席筑书台。①

蒋百里这次顺利挣脱牢笼，一赖九一八事变后国内政治形势的变化，二赖学生陈铭枢的鼎力相助。蒋百里受学生牵连而入狱，因学生相救而出狱，也可能是命中注定有此一劫吧！

1930年蒋百里入狱后，蒋介石不但在中原大战中击垮了冯玉祥和阎锡山，而且迫使陈公博等改组派人物东躲西藏，亡命天涯，使改组派溃不成军，被迫解散。

军事和政治上的巨大胜利使蒋介石春风得意，踌躇满志，他一边调兵遣将"围剿"红军，一边筹备召开"国民会议"，制订"新约法"，为自己当总统铺路。在一片颂扬声中，国民党元老胡汉民却大唱反调，蒋乃不顾舆论及后果，悍然将胡囚禁于南京汤山。

蒋介石此举使广东的胡汉民派与汪精卫派及桂系等反蒋势力聚积起来，形成一个新的反蒋联盟。胡汉民的心腹陈济棠迫使亲蒋介石的广东省主席陈铭枢辞职下野，出游日本。5月下旬，广州召开国民党中央执监委员非常会议，发表讨蒋宣言，组织广州国民政府，以汪精卫为国民政府主席，汪精卫、唐绍仪、孙科、许崇智、古应芬为常务委员，李宗仁、唐生智、许崇智、陈济棠为军委会常委，李、陈分任第一和第四集团军总司令，积极整军经武，准备北上讨蒋。蒋介石也调兵遣将，准备迎敌，宁粤相争的局面于焉形成。

就在两广军队向湖南衡阳推进时，九一八事变发生了，各方一致呼吁立息内争，共御外侮，国内和平空气空前浓厚。宁粤双方为避免在国人面前

---

① 许逸云：《蒋百里年谱》，第123页。

陷于被动，都作出了和解的表示，陈铭枢、蔡元培和张继一并衔命赴粤，充当调人。应粤方的要求，蒋介石于9月30日任命陈铭枢为京沪卫戍司令长官，并调陈的嫡系部队十九路军驻南京和上海，负卫戍之责，这使陈铭枢的地位大为提高，在蒋介石面前说话有了更大的分量，为他救助老师蒋百里出狱奠定了基础。

蒋百里的老朋友唐天如自从在吴佩孚处辞职后，即回香港家中隐居。他时刻关心着蒋百里的安危，得知陈铭枢到广州做调人，就去找陈，要陈营救蒋百里。他和陈也是至交，以前陈多次请他出山任事，都被他婉言谢绝。此次为救老友蒋百里，唐天如主动要求做陈的幕僚。陈是保定军校出身，营救校长蒋百里义不容辞，岂敢有任何交换条件？他叫唐天如仍回香港，他回南京后自会择机向蒋介石进言。

局势的变化为蒋百里的脱困带来了希望，为他说项的人逐渐多了起来。老朋友李根源和张一麐呈文保释蒋百里，以"外侮亟，将才少"之语为点睛之笔，蒋介石虽批了"照准"两个字，蒋百里却跨不出狱门，足见蒋介石对蒋百里仍余怒未消。

牵累老师蒋百里入狱的唐生智则恳托汪精卫向蒋介石说情。一年多来，唐生智对老师蒋百里总有一种负疚感。反蒋失败，他避居香港，老师蒋百里却身陷囹圄，使他一直于心难安。只要老师蒋百里多一天在狱中，唐生智就得多受一天煎熬。除左梅母女外，最希望蒋百里早日出狱的恐怕就数唐生智了。

但以唐当时的处境，也只有干着急的份儿。

直接促成蒋百里获释的是陈铭枢的力保。

陈铭枢也是蒋百里在保定军校第一期学生中的得意门生。1913年陈中途退学，追随孙中山参加反袁的"二次革命"，后来成为粤军中的一员名将，在北伐战争中屡建战功。宁汉分裂后，陈离开武汉，投奔蒋介石，屡获升迁，于1928年11月就任广东省政府主席。辞职出游日本归来后，再到南京追随蒋介石,充当了宁粤和解的调人。

陈被任命为京沪卫戍司令长官后,所部十九路军由江西陆续调驻京沪。1931年10月12日,陈铭枢向蒋介石转达了粤方关于释放胡汉民的要求,蒋慨然表示同意。第二天,陈往见胡汉民,详述了这次调停纠纷和粤省的情况,并力劝胡以国事为重,捐弃前嫌,得到胡的赞成。随后,陈又陪胡会见了蒋介石,为胡的获释铺平了道路。14日,陈铭枢、吴稚晖等人陪同胡汉民前往上海。

10月22日,蒋介石、汪精卫、胡汉民三位国民党巨头在上海孙科宅邸共商国是,陈铭枢等十余位宁、粤要员参加。粤方坚持以蒋介石下野为前提条件,使谈判一波三折,陈铭枢奔走其间,尽力调和,备受各方人士和新闻界关注。

11月21日,陈铭枢在南京三元巷正式就任京沪卫戍司令长官之职,蒋介石、吴稚晖、邵力子、蔡廷锴及十九路军团长以上官员200余人出席就职典礼。按陶菊隐的话说,此时的陈铭枢成了"党国天字第一号的红人",蒋百里出狱之期也不远了。

唐天如在香港等得着急,特地赶到南京,到狱中看望了蒋百里,然后面见陈铭枢,催他赶快向蒋介石进言。陈铭枢已今非昔比,在蒋介石面前说话有了相当的分量,他感到时机已经成熟,便择机劝说蒋介石释放蒋百里。

1931年12月3日,《申报》刊登了蒋百里由陈铭枢力保即将获释来沪的消息[①],这给关心蒋百里的人吃了一颗定心丸。同日,陈铭枢一身戎装来到看守所,与蒋百里进行了一番密谈。蒋华与蒋和见来人不同寻常,就用舌头舔破窗纸偷偷观察,见父亲满脸笑容,知道必有好事。

果不其然,蒋百里出来后乐呵呵地对蒋华与蒋和说:"我明天就要出狱

---

① 《蒋方震有保释来沪说》,《申报》1931年12月3日第14版。

了，谢谢你们的恩人吧！"①

第二天上午，南京漫天飞雪，夫人左梅和两个女儿拥着蒋百里走出看守所的大门。他们想不到能这么快离开这个令人寒心的地方，真是苍天有眼啊！当左梅接到军法处给家属的通知单时，一年多的辛酸苦辣齐集心头，使她忍不住放声一哭。蒋百里入狱后，家中断了经济来源，性格坚毅的左梅勇敢地挑起生活的重担，既精心照顾狱中的丈夫，又耐心呵护和培育他们的五朵金花，从来不把家庭面临的窘境告诉丈夫。积蓄用完了，她就不时变卖家中值钱的东西，以贴补家用。她还让两个女儿告诉父亲，娘做股票赚了钱。她是怕丈夫知道实际情况后担心和烦恼。

当他们踏雪而归时，家中已是贺客盈门了。蒋昭、蒋雍和蒋英也闻讯从上海赶来，一家人终又呼吸着自由的空气团聚了。高朋满座，笑语满堂，美酒飘香，蒋百里一家度过了两年来最愉快的一个夜晚。

据《申报》报道："羁京年余之前军官学校校长蒋百里氏，经陈铭枢、朱绍良之力保，业已释放，于昨日抵沪。氏门徒极多，闻蒋氏到沪之讯，纷往私邸，备至慰问之意云。"②

翌日下午，蒋百里一家在萧瑟的寒风中游览了玄武湖。游人极少，湖上显得冷寂而空旷，但在兴高采烈的蒋百里一家看来，到处都充满了诗情画意。他们漫步在宁静安逸的环境中，充分享受着合家团圆的幸福与温馨。

返回上海后，蒋百里把手抄的长幅心经赠送给学佛的陈铭枢，以表谢意。

---

① 陶菊隐：《蒋百里先生传》，第127页。
② 《蒋方震昨抵沪》，《申报》1931年12月6日第16版。

第九章
频访欧美，强军防日

1929年，蒋百里支持唐生智反蒋，结果唐生智兵败，蒋百里被蒋介石俘虏入狱。因为蒋百里名气太大，蒋介石也没难为他，很快被释放，在蒋介石手下当了顾问，先后去日本、意大利等国考察军事。1933年，奉蒋介石之命赴日考察，认为中日必有一战，拟订多种国防计划，呼吁国民政府备战。

一、"一·二八"以后

自西湖岛居至玄武湖泛舟归来,蒋百里彻悟了人生的哲学,因此自号曰"澹宁",即取其澹泊以明志,宁静以致远之意。他每天练习盘腿静坐。一天有客人来,蒋和到处找不着他,大声地叫唤"爸爸",粗暴地推门而入,看见父亲像老僧入定一样端坐不动,吓得轻移脚步退了出来。蒋百里一生走的是坦途,只有自杀和坐牢是两段最险恶的路程。一个性格中和的人,遇到非常的事,让他尝到人生的辛酸苦辣,对他的人格和修养都是强烈的锻炼。

蒋百里出狱不久,国内局势又起了天翻地覆的变化:各地学生纷纷到南京请愿抗日救国,展开了五四运动以来最大规模的爱国运动。1931年12月15日,蒋介石一度下野,随即改组国府,推林森继任主席,蒋介石、胡汉民、汪精卫三人以中常委为党国的最高指导者,均于1932年元旦就职。接着便有震动全世界的一·二八战事发生。淞沪抗战的第十九路军,就是陈铭枢领导过的广东部队。

这是中国军人枪口向外的第一次。可是,由于宁粤分裂的阴影仍未消散,加以外交、军事的步伐不协调,演为边打边谈之局。十九路军参谋长张襄和淞沪警备司令部参谋长林建铭(淞沪警备司令由十九路军系统的戴戟担任),都是保定军校学生出身,不时地轻车简从到国富门路来,请蒋百里指示当前的战略,蒋百里倾注全神地为之规划一切。蒋宅的夜半私语,就是师生们研究战略的秘密会谈。

那时候,中日两军在虹口区作战,中国军队由于对英、美等西方国家有所顾虑,不能通过租界,而敌军则能自由驰骋,蒋百里愤愤不平地说:"我们为什么不冲进公共租界？为什么在我国领土上敌人可以通过而我们反受限制？"当时，进兵公共租界可以造成有利于我军的形势：一、可乘敌军无备而包抄之；二、可扩大战争范围，逼使英、美不能采取隔岸观火的态度。十九路军将领翁照垣赞成此项意见。可是，蒋介石、汪精卫之流，还在做国联调停和英、美仗义执言的美梦，坚持其"一面交涉，一面抵抗"的外交方针，不肯采取这个战略。同时，蒋百里和进步军人朱庆澜还有海轮运兵偷袭日本的另一建议，当然更是"对牛弹琴"了。

一天，当上海各报发出我军胜利的号外时，租界上到处听得劈劈啪啪的鞭炮声，蒋百里家里也有这种声浪，查问之下，才知道是女儿们节省了吃冰淇淋、看电影的钱买鞭炮来燃放的。蒋百里抚着她们的脖子说："你们也是有出息的。"

不久，这短短的抗战之一幕，因《淞沪停战协定》签订而告结束。此后蒋百里就把光阴消耗在闭门课子和花鸟自娱之中。他又性喜读书，经常手不释卷，偶到无书可读的地方，也要信手翻阅一下毫不相干的书籍，他觉得翻阅不相干的书，总比不看书的好。

蒋百里对女儿们的教育，精神教育重于课本教育，不使一切坏风俗、坏习惯接触到女儿之身。他教书不使人视为畏途，而能使之听而忘倦。他一生从无疾言厉色，有时女儿们看见他哭过，却从未见他发过怒。左梅则以"忍"字诀传授诸女，认为能忍才是大勇，这是日本人传统的精神教育。总的说来，在一门雍穆之中，女儿们觉得父慈而母严，无不奉父亲如神明。蒋百里的第三女蒋英漫游欧洲时，所见的大人物有文学家、哲学家、政治家等，还见过叱咤风云的墨索里尼、希特勒之流，未见时震于他们的大名，以一见颜色为荣，而一见之后，就只感到他们平庸而沦俗，没有一个及得她父亲之"真""善""美"的。

蒋百里的父爱超过一般家庭的母爱，可是他把三女、五女抛在人地生疏的欧洲，这是理智克服情感的一个标志。他的四个女儿（长女蒋昭因病早天）各有其天才之一部，他择其性之所近的，引导她们自然发展，从不悬一目标，把她们纳入同一模式。

这一时期，是蒋百里政治上最潦倒的时期，却又是思想逐步成熟的时期，家庭生活最美满的时期。他每晨5时起床，到前面小花园培植花草，对一瓣一叶之微，看有害虫没有，色泽萎黄了没有，不肯轻轻放过。此后打太极拳、静坐、习灵飞经，是他锲而不舍的日常例课。左梅对他的健康尽了最大的努力，像往日在保定照护病人一样。每天晚餐后，一家人坐在小客厅里，女儿们包围着他提出许多问题，从世界大势到中国时局，从都市之美到乡村田园之乐，她们随口问到，蒋百里也一一作答。他们满屋子里说的都是国语（普通话），男女佣人一色都是北平人，只有他一口硖石土话老而不改，他的天才在语言方面是很贫乏的。

蒋百里对本国史颇有独特的见解，下面举其一斑：

"中国自古以来就具有极其丰富的民主思想。古代未进化到选举制度，就有'传贤不传子'的作风。所谓'国人皆曰贤而后用之'，就是尊重民意的具体实践。其后君权渐盛，仍有诤臣诤友，战国时仍不乏婉言讽谏的辩士。后来，秦始皇统一了中国，才进入君主独裁的时期。

"古来士为四民之首，但是国家弄到如此衰弱，文人应负主要责任。读书越多的人，越不能成为主权阶级（原文），仅知如何逢迎君主。得了一人的恩宠，就能爬到高层辅助阶级的地位。他们的终身目的不过如此。曹操、司马懿一面从政一面读书，诸葛亮二十来岁就出山，都不能算得专心致志的文人。真正文人四十岁以前埋头读死书，变成了饱学的书呆子，四十岁以后埋头科举，纵能显亲扬名，这辈子已成为一无所长的废物了。

"但是，孙中山也是半路出家，以革命精神而成为主权阶级的。

"中国人的正义感和个人气节，都误于曹、司马两家之手。曹操是特工的始作俑者，亲友信件也须受其检查，甚至行动也受监视。人人只许谈风月，不得议论朝政。他的儿子曹丕承其衣钵，所谓'煮豆燃萁'，成为千古以来一句痛心的话。司马懿学习曹氏父子,象后来希特勒学习墨索里尼一样,而又青胜于蓝,即以其人之道,还治其人之身。他装病偃卧以玩弄曹家后人,结果曹家被他吞灭了。

"司马炎统一寰宇,模仿乃祖的作风,以自私的动机废兵革,收北方郡县兵器,中国从此更加衰弱,卒召五胡之乱,虽有志士祖逖等,终亦无能为力。单就国防说来,魏晋都是中华民族的罪人。秦皇、汉武对国防却不无相当的贡献。

"唐太宗的母亲是蒙古的歌妓。这个混血儿虽演了手足相残的惨剧,但把中国的国防力量逐步恢复起来,总算做了一件好事。另一方面,他开科取士则是进一步采取愚民政策,从此统治阶级与辅助阶级截然划分,文人只能永远做'臣'、'奴'的材料。

"宋太祖杯酒释兵权,也是帝王自私的一贯作风。宋初的杨家将比后来的岳家将更高明,兵法固臻上乘,武器尤有心得。蒙古人学了他的战术还不打紧,得了他的兵器,以之还击中国,且能进一步驰骋欧洲,一方面造成了中国的全部沦陷,而为害更烈的,是把火药传到欧洲,日本又从欧洲学来打中国,中国以发明家变成了挨打的国家,实在令人痛心。

"崛起陇亩的明太祖,推翻了异族的统治,固不失为民族功人,可是他所推行的特工制度,比前代变本加厉,一方远承曹、司马两家的遗规,一方吸收唐代的科举制,制定了双管齐下的政策。举科举为例,兵士把守考棚,文弱书生见了兵就吓得浑身战栗,考棚内竹制的桌椅摆成长条格子式,考生一排排地坐满了,如果有一考生因惊而颤,同坐的一排都要受到影响。考棚中高低不平的地板,监考兵士走过来踱过去,吱吱地震动起来,考生的手腕也就随之而动摇。考生今天入场,明天才得出场,象坐了一天的牢,受了一天的活罪。考生三年一小考,五年一大考,这种制度不知坑死了多少人。他们就是幸而考取,满头白发出来做了官,这种废物对国家和民族还有什么用处?

"清朝利用中国内乱入关,取得了统治的地位,继续开科取士,又进一步加上八股的桎梏,其害人之深与女子缠足相等。我所见的举人、翰林,他们化成灰也还是奴才坏子。

"总之,中国之大而弱,主要由于不读书的流氓做了皇帝,而知识分子沦为奴才。历代皇帝都是说尽了好话,做尽了坏事。人人都骂隋炀帝坏透,可是他做了坏事还肯直言不讳,偶然也做了几件好事。近来发展的政治情况,一方面发挥了中国固有的特质,再输入西洋的新手腕,民国成立了二十年,民主的路程越走越远,怎能叫人不耽心?"

他把中国历史从古至今概论了一番,而最后归结到民主制度越走越远,法西斯制度应运而生,谈到愤慨之处,他仰着脖子把一瓶啤酒一饮而尽,酒瓶扔在地下,没有钱再买酒,就背叉着手在房里踱来踱去踱个不停。在这时刻,左梅经常找朋友来替他解解闷气。

蒋百里自己无暇执笔,请人写了一部《宋之外交》(商务版),自己为之作序,就像过去梁启超叫他写《欧洲文艺复兴史》而为之作序一样。在那部书里,对南北宋兴亡的经验,特别在和与战的政策方面、国防方面作了系统的论述。

蒋百里除一度长保定军校而外,终其生处于幕僚或客卿的地位,实际上还是用笔和舌的文人,又何尝不是他自己所讲的"辅佐阶级"?但他所企求的是做民主国的"辅佐阶级",与皇帝时代的"奴才"有所不同。他骂文人无用也许是醉后牢骚,中国历史上何尝没有有气节和有志气的文人,做出照耀史册的事业来,岂可一笔抹煞!

这一时期是他思想蜕变的过程,除以建设现代国防为其中心思想外,还潜心研究实用之学,先后写成《国防论》[①]《东方文化史及哲学史》《战斗

[①] 《国防论》出版于1937年,是由许多有关国防问题的论文集中起来成为一部书的。这里所讲的《国防论》,只是此书的一部分。

与生活一致》《法西斯与民主》《辅佐阶级与主权阶级》《以政治控制军事》等书和论文。在写文之前,他经常找外交家、经济家、军事家举行聚餐会或座谈会,讨论中国当前应兴应革的问题,参加者有徐新六、张公权、钱新之、穆藕初、陈仪、胡笔江、陈光甫等人。他自己不停地看,不停地听,不停地讲,不停地写,一个极闲的人,倒像一个极忙的人,每天的时间似乎不够他支配。遇到想不通的问题,他便苦思力索,想通了却又沾沾自喜。别人看起来,他也成了个书呆子了。其实,他终其生没有自己感到满足的时候,也就终其生不肯放弃其继续研讨的机会。当时,中国处于汪、蒋合作的苟安之局,日本人伸手向中国讨,讨到了这样又要那样,中日之战无论如何是避免不了的了。蒋百里以在野之身,却装着一颗以天下为己任的心,这便是他不肯以闲散自居的缘故。

1934年,农商银行在上海复业,蒋百里当选为常务董事,个人经济因之稍稍宽裕,于是他又集中精力来研究银行法及经济学。其间以私人资格赴日考察,适逢日本军阀提出所谓非常时期的口号,借以鼓动国民情绪,为侵略中国做好舆论准备。蒋百里曾访问士官老同学真崎、荒木等人,当面揭破他们的痛疮疤:"你们无论说得怎么漂亮,总不能掩饰侵略的野心。"真崎老实地说:"你们东北地广人稀,富源委藏于地,而日本人口众多,不能不求一条出路呀!"蒋百里愤慨地说:"那么你们强占就是了,讲什么冠冕堂皇的理论,岂非欺人自欺!"

此时,日本皇族闲院宫还做着日本政府的参谋总长,曾宴蒋百里于其私邸。他对中日问题曾作露骨的表示:"中日问题不是一拖能够了事的,中国求助英、美,那是远水难救近火。日本人应当老老实实地讲,中国人应当爽爽快快地回答。蒋介石如果派负责代表来,作出明朗的姿态,我愿尽力协助。"蒋百里对此没有回答。

蒋百里自日本回国后,知道中日问题不能再拖下去,谈也无从谈起。日本是诛求无厌的国家,即使进行谈判,往往得寸进尺,中国人民的忍耐力已经到了最大的限度了。他毕生所致力的国防计划，别人当作痴人说梦，现在要准备也来不及了。但他不计成败利钝，还是制订了钢铁计划、煤铁计划等多种工业计划。

他非常注意中国工业的布局，以为无论从地理或民族性来讲，湖南都是中国的"心脏"。一旦战事爆发，沿海一带首当其冲，所以工业布局应当着眼于山岳地带。为了便利防空及坚守险要，应以南岳为工业核心，而分布于株洲至郴州之线。他根据"战斗与生活一致"的条件，认为湖南是中国的乌克兰，对农业现代化尤有急起直追之必要。这个计划，对当时说来，确有详加研究的价值。可是当时有不少自命不凡的观察家，不信中国能够挺起胸脯同日本打，纵然发生局部冲突，也不过如过去长城之役和淞沪之役一样，不是列强出面来调停，就是中国中途屈服，任何人都未估计到中日两国会有十年八年的长期战争，更不会估计到战争将由沿海一带伸展到内地。蒋百里独能估计到湖南，已属高人一等，可是后来事实证明，敌军竟席卷湘桂而趋贵州，他的估计还是有所不足的。

蒋百里对湖南矿产颇感兴趣，几次跟他的好友地质学家丁文江谈及，后来丁在湖南考察煤矿，不幸中煤气身死。那时候，实业部派参事程一中监收官商会办的烈山煤矿，蒋百里跟他也谈及这个矿的历史沿革、产量以及衰落的过程，历历如数家珍。蒋百里还举出这个矿的优点，海路可运销青岛和汕头，陆路由陇海线到洛阳、西安，江运可到九江、汉口，而东京也有它的市场，日本皇宫就是用这种煤过冬的。

实业部讨论炼钢计划时，蒋百里认为："技术方面有外籍工程师负责，我不想多谈。先谈设厂地点，其初步小型工厂可设于安徽之马鞍山，大冶的铁和淮南的煤，运起来都很便利。一旦对外作战，九江以下都不是安全区，宜设于株洲以南、郴州以北，而萍乡的煤，宁乡、醴陵、永兴的铁，其质量都是可用的。"那时候，南京政府管理煤铁的机构，除实业部外，还有资源委员会，后者赞成蒋百里的厂址意见，而反对实业部所拟的全盘计划，他们把计划草案往档案里一搁,从此这个计划就永无重见天日的指望了。

蒋百里曾以私人资格,与美国煤油公司驻沪代理人谈及中国的煤油计划。美国大来公司的轮船,不装煤油就得装海水开出口岸,美国生产过剩的柴油,往往投入海中,而无锡的小型工厂都是用柴油的。柴油的成本比自来水稍贵,提炼三次可用之于汽车,五次透明无色,13次可供飞机之用。美国代理人愿与中国政府签订三年内尽量供给柴油、分期付款的合同,蒋百里便拟就技术、设备、需要、供给的整套计划及统计表,交实业部作进一步的研讨。计划中的第一储油池在庐山,第二在衡山,第三在武陵山脉川湘边境一带。油池设于山洞内,以免敌机袭击。蒋百里的国防计划,中日战事一旦发生,中国的战时大本营宜设于芷江、洪江一带,这地区有森林、矿产,又有沅水流贯其间,是天然的防守地带。空军基地则以昆明为宜。他的意见虽不失为高瞻远瞩,但是后来的大本营设于更西的重庆,而芷江仅成为停战后的受降地点,可见理想与事实还是有相当距离的。

蒋百里不是工业家和地质学者,但他处处留心,事事研究,所以对工业系统也能提出可取的计划来。其经济计划就是国防计划之一部。他每晨带着有关工业及经济的书报,包括参考资料,到农商银行办公,常常自拉自唱想出许多怪题目来,然后逐一研究解答的方案,遇有疑难之处,随时向专家请教,从不畏难中止。他绞尽了脑汁,找到许多工程师,制订了三年炼油计划,一面利用三年时间开发中国西北部的石油。这些计划被实业部采纳了,并且提出了行政院会议。不料财政部以影响税收为由,坚决反对,实业部则以充实国防不能以纯商业观点来衡量,并表示愿照纳进口税,以减少对方的阻力。又不料美国政府及财东也反对这个计划,因为美国的对华政策,对中国农业近代化不惜尽力扶持,却不愿有一个高度工业化的中国。美国资本家对柴油的废物利用虽感兴趣,但又不愿由这一阶梯完成中国石油的自足自给,因此,一个驻沪代理人的意见,不能转移政府的国策和财东的全盘打算。在此形势下,蒋百里的精心之作又成为"画饼"了。

蒋百里还有研究战时交通的整套计划,包括公路、铁路和河川,其中制造汽车及飞机的连锁计划,金属物由外人供给,木料取之于本国。这些计划未被资源委员会采纳。这是由于各机关多存门户之见,他们对政治地位的分赃,不惜全力以赴,对于计划能否行得通,却往往置之度外。经过以上挫折,蒋百里才知道在中国做官容易做事难,莫说一个在野之身,就是当时的主管部和负责长官,也只能在公文上兜圈子,如果认真做事,就有人多方掣他的肘了。

蒋百里对农商银行,想仿照美国农业银行的成例,贷款农村,使农民能够自制农具,改良种子,先从江浙两省试点。惜该行复业不久,限于资力和人力,不能见诸实行。

以上这些计划,外加路矿问题的意见,都寄存在一位友人的家中。1937年战事爆发后,友人的庐舍毁于炮火,而蒋百里的心血亦随之尽付东流。

二、青岛试骑，汤山就浴

1934年夏天，蒋百里一家人作普陀之游。他们白天散步千步沙，夜晚宿于庙中。蒋百里因在海滨游泳着了凉，浑身骨节酸痛，左梅便问山僧："山上没有医生，你们病了人怎么办？"僧人答："除了求菩萨外，我们一无办法。"

左梅求了一支签，签上有"大海捞针"之句，心里不免起了疙瘩。第二天一大早，她又虔诚去祈祷，裹了一把香灰回来，煎水给蒋百里喝。蒋百里是无神论者，为了不忍拂她的好意，而又知道服香灰不会有害，便胡乱呷了一口。说也凑巧，这位六天不进饮食的病人，忽然嚷起肚子饿来，喝了点米粥水，病情居然好转了。

蒋百里把左梅唤到床边低声地说："我平日对小二（第二女蒋雍）的印象比较淡，她沉默寡言，而动作也欠灵活。这次我在病中见她衣不解带，目不交睫，才知道少说话的人是感情最丰富的人。"

蒋百里回上海后，又害了一场肺炎，经过好些日子才痊愈。他的大女儿蒋昭学会了梵亚林（小提琴），被世界音乐队录取，照片登在西文报上。照例，他们一家人每逢星期六必吃一顿西餐，这天吃西餐的时候，蒋百里看见蒋昭的脸色比平日红润，问她，她也答不出所以然来，量体温有三十八度三。左梅叫她静卧。第二天到医院检查，在 X 片中发现肺部有小黑点。这时她才16岁。蒋百里急得要命，又带她到红十字会医院（华山医院前身）去打针，不知何时她害过脑膜炎，针打不进去，医生看了直摇头，蒋百里夫妇相对黯然。

蒋昭生于北平，很想北上去养病。蒋百里对这位掌上明珠要什么就给什么，便全家迁往北平，在颐和园租了几间屋子，把病女送往肺病专科疗养院治疗。院里生意眼的医生用话骗蒋百里说："我们尽心治疗，治愈的可能性很大。"蒋百里因事要与当局面洽，吃了这颗定心丸，他才放心南下。

蒋昭的病一天比一天厉害。8月19日，她的视力忽然模糊不清，盼望父亲快回北平来。左梅忙打急电促蒋百里速归。隔了两天，左梅按照火车的行车表，站在门外迎候，果然看见蒋百里神色沮丧地赶回来了。左梅提醒他："你见了女儿，要装作高高兴兴，免得女儿胡思乱想。"

蒋昭听得父亲的声音，脸上泛着红润的微笑："我是多么幸福的一个孩子呀！"

当晚，蒋昭夹在父母的当中睡得很甜蜜。可是甜蜜的糖衣中包着不可名状的苦果，搞得她一时流泪一时笑。第二天一大早，蒋昭吐着幽沉而凄楚的声调，依偎着父母说："爸爸娘疼爱我，我刚刚17岁"，她用手势作割断状，蒋百里夫妇的心也被她的这一手势割碎了。

这一天，蒋百里在颐和园家里休息了一夜。牧师到医院去看蒋昭，轻轻抚摸她的前额说："孩子，你平平静静地回到上帝的怀抱里去吧！莫再留恋这个世界了。"此时蒋昭的神智还清朗，但是说起话来很吃力，她点点头说："您说得对，我马上就走。"

"孩子，慢一点吧，等你的爸爸回来。"坐在床边的左梅，此时已泣不成声。

蒋百里三步并作两步赶回来了。蒋昭支撑着身子颤声地问："爸爸，你过来，妹妹们都好吗？"随即用纤弱的双手抱着父亲吻他的前额，又唤母亲走过来依样吻她，最后才和女佣人握手："别了，阿姨们，辛苦了你们。"

那一天，蒋昭的四个妹妹都守在颐和园的石舫上，等候医院的消息，衷心祷祝大姐有天外飞来的一线生机。她们远远望见父母由长廊走过来，后面跟着陪伴大姐的女佣人，大家都绷着脸没有任何表情，也不开口说话，她们的心都不由得扑腾扑腾地跳起来。她们看见双亲木头人似的走过来，谁也不敢动问，谁也不敢放声哭出来。午饭备好了，湖面吹来沁人的荷香，天空挂着一轮红日，气候虽很暖，整个气氛却像在零度下的寒冻天。蒋雍一面啜着饭，一面忍不住凄咽了一声，蒋百里马上放下筷子往外跑，谁也不敢跟出去。

当一家人面面相觑出现冷场的时候，11岁的蒋和仗着平日父亲的宠爱，自觉以后承欢膝下是她一个人的责任，便轻声蹑足地溜了出来。只见父亲健步走向枝梗交叉的大柏树下，她在后面大声地喊着"爸爸"。此时日已亭午，郁郁苍苍的树林，在阳光下筛着一片碎乱的影子，脚底下是弯弯曲曲的烂泥地，滑溜溜的像是涂了油似的。蒋百里听得蒋和的呼唤，略略地回顾了一眼，便抱着一棵树放声大哭，蒋和已赶到身边，也抱着父亲大哭。

此后有好些日子，蒋百里不再哭了，说话也说得很少，一个美满欢乐的家庭，俄然笼罩在一片愁云惨雾之中。

一天，蒋百里带着几个女儿漫步后山，仍然走到大柏树的树丛中，见有大树墩一个，旁边有四把小木凳子，不觉展颜一笑。女儿们就像在灰暗的云层里发现了一线阳光一样，都靠拢来问他有什么可笑的。蒋百里问她们："你们知道仙人怎样过日子吗？"她们未及作答，蒋百里就自作解答说道："山又高，树又大，在人迹不到的丛林里，枝干参天，落叶满地，偶然有无名怪鸟飞来，在树巅凄鸣了一两声，神仙必到此时此景才现身出来。"

"他们吃的什么呢？"蒋和憨态可掬地望着父亲。

"傻孩子，他们吃的是松子呀！"

"那么睡呢？"

"就睡在松树的丫杈上。"

"山上有这么一块小盆地，又有这么一个树墩，这又是为了什么？"

"这是他们下棋的地方。"

蒋百里讲了这许多话，用以自宽自解，同时给女儿们消愁解闷，当然她们都知道这是自古有之的一段神话。

他们这一家于9月上旬回上海，蒋百里睹物思人，又不禁悲从中来。在那些日子里，左梅一直忍着眼泪不敢哭，蒋百里知道不哭比哭更难受，便把她拉到书房里吩咐说："今天你就痛痛快快地哭一场吧，我也陪着你哭。"说罢，他自己首先号啕痛哭起来，左梅再也忍不住，两人直哭得声嘶力竭而止。

1935年夏天，他们一家人到青岛避暑，蒋百里每天带着女儿们练习骑马。他早年就有"善骑者"之称，对骑术有一套精湛的理论，此时又授给女儿们初学骑马的许多窍门："初学骑马的人，第一要练胆，胆子不大就学不好；第二不怕跌，越跌得多门槛越精；第三要善于临机应变。明乎此，就可以驰骋自如而无所顾忌了。"

蒋百里弱不胜衣，在德国实习军事时，德国少壮派见他文质彬彬，都笑他不失为东亚病夫的标准样板。但有一位德国教官不以为然："你们且慢小窥他，看他走路的步伐，就知道他骑马的本领很高明。"的确，他骑马不用缰绳、马鞭和马鞍，只是上马时缺少一股子赳赳武夫的劲头。他这个武学生，到头来还是脱不了书生本色的。

他每天不待天亮便把女儿们唤起来，每人骑一匹马，在海滨浅滩上浴着濛濛的朝霞，一会儿走上崎岖的山路，一会儿又在荆棘丛中冲开一条路上山。到了山顶上，蒋百里一声口令"当心"，他用鞭子鞭打着女儿们所骑的马，那些马就像腾云驾雾般跳下山去。有时女儿唤救命，蒋百里笑着说："这是第一课，你们要学会自己救自己的办法。"

归途走到半山腰里，看见太阳冉冉上升，风是那么柔和，树是那么茂盛，海鸥悠然上下，眼前展现着一片嫩红浓绿，山花，放射着氤氲袭人的香气。她们欣赏大自然之美，不由得一面走一面唱起歌来。这时的心境是再恬静也没有的。

不久，蒋百里的女儿们都练成了马上英雄。相貌和能力都像父亲的蒋华，骑在马背上像要摔下来，但她能够把握重心，故作惊人之态，从未落下马来。最漂亮而又最活泼的蒋英，一天回家时试骑她父亲的那匹白马，那时它已疲乏不堪，见了马房正待走进去的时候，忽有一人骑上了它的背，而这人又不是它的主人。它一气之下，在院前空地绕了两个圈子，倏地奋身冲入马房，在这千钧一发的当口，蒋英从马上跳下来是不可能的，不跳就有撞破脑袋的危险。说时迟，那时快，她急中生智用手攀住马房的屋檐，但手未抓牢，两腿悬空，颓然倒在地下。她不开口说话，一来是跌痛了，而比这更难受的，她觉得不能驾驭马太丢脸，这位13岁的女孩是再好胜也没有的。

蒋百里看见女儿跌得话都说不出来，心里很着慌，一蹿身跳到她的跟前，察看她伤在什么地方。当他发现并未跌伤而是自己不好意思的时候，便拍着她的肩膀抚慰地说："别害臊，你今天才算毕业了。"

他告诉蒋英，自己也有过一段坠马的故事：他在士官练习野操时，一次骑一匹桀骜不驯的新马，那马不服约束，昂头扬鬣地跑得太快，经过一道坑，坑上覆盖着草，那是步兵野外演习掘下的壕沟，马的前蹄陷入坑内，把蒋百里抛在丈多远的草地上。那马使劲地跳出坑来，似乎知道闯了祸，若有歉意地站在蒋百里的身旁，等待他苏醒过来。

这段故事把蒋英内愧的心理说得变成自傲的心理。

就在这时候，蒋介石召见陆大教官史九光，偶然谈到他想物色这样一个人才，第一要精通外国话，第二有军事天才，第三驰名海内外，想派此人出国考察军事。史九光不假思索地回答："条件具备的只有一个蒋百里。"

蒋百里应召从青岛飞到南京，蒋介石征求派他出洋的事，他正想出国一游，便欣然接受了这一任务。他在青岛目击日本军舰开来开去，视青岛为其海军基地，视中国领土、领海若无物，就知中日战事必难避免，而沿海一带必不能守。他又到青岛迎春回上海，准备明年偕左梅及蒋英、蒋和出国。左梅惮于远行，蒋百里怕她留在国内太寂寞，执意要她同去，她也就不再推辞了。

蒋百里出国前，又应蒋介石之约，在南京郊外温泉汤山共度周末，并进行了密谈。

三、考察总动员法，畅游欧美名胜

1935年，蒋百里以军委会高等顾问名义，奉派出国考察欧洲各国的总动员法。他偕夫人左梅和蒋英、蒋和两女登上意大利邮船维多利亚的时候，驻法大使顾维钧夫妇和新任驻意大使刘文岛，纷纷上船来，知道此行颇不寂寞。

为了便于通过苏伊士运河，这条船造得小巧玲珑，但各种设备应有尽有。船唇有游泳池，蒋百里命蒋和早晚在池里练习游泳。上船的几天，风高浪大，船身颠簸甚烈，蒋百里站在池边看女儿游泳，满脸满身都溅了水，倒也毫不在意。有时在客厅里和顾维钧谈论国际大势，刘文岛也钻进来插话聊天。这时候的刘文岛，俨然钦差大臣，不是蒋百里夹袋中的"小门生"了①。

左梅跟顾夫人谈得很入港。一天，顾夫人向她请教一件事："近来我的丈夫对我很冷淡，我问过孔夫人和蒋夫人，怎样才能把丈夫的心扳转来，她们叫我祈祷上帝。可是，这年头，上帝也够忙，哪能管到人间许多琐事？你看我应当怎么办？"

左梅不假思索地回答说："与其求上帝，不如反而求自己。"

"对自己怎样的求法呢？"

于是左梅授给她一个"忍"字诀："你要逆来顺受。无论他对你怎样冷淡，你都报之以一团热。你多忍耐一次，他的良心就对你多负疚一次。负疚心越积越深，同情心就会油然而生，最后便是爱情的复活，幸福的钥匙就稳

---

① 刘文岛原为保定军校学生，1918年蒋百里随梁启超出国时，把他带往德国留学，同行张君劢也带了一个姓毛的学生，舟中人都笑这两人是随员夹袋中的"小门生"。

稳抓在你的手里了。"

1919年蒋百里到巴黎的时候，正是顾在外交界风头十足和恋爱成功的阶段。事隔十多年，国际风云千变万化，不料家庭恩怨也有莫测之变。这次顾的新爱侣某女士也在这条船上。一个月白风清之夜，某女士泳罢归来，经过一扇舱门，听得舱内窃窃私语，她一眼看见一个丰姿英飒的男子，惊得蹑着脚尖一瞥而过，就像幽灵的影子一样。

船到每一码头，蒋百里总得带着妻女上岸盘桓一番，趁此向她们讲解当地的风俗人情。到英属殖民地新加坡时，英国总督请蒋百里夫妇及顾、刘两大使参观该港新落成的防御工事，蒋百里惊叹他们设计和施工的宏伟气魄，可是担心这是一座防海而不防陆的要塞，敌人从海上进攻是不可能的，如从陆地来，那么这个工程就成了一笔巨大的浪费了。后来，1942年日本军队攻陷新加坡，果然是取道暹罗（泰国）攻进来的。

舟过孟买时，蒋百里告诉两女："中国祀神的香是从印度传进来的。印度和西藏边境都是出产名香之区。你们莫看印度人不洁，他们祀神所用的香，却很不简单。"他带她们参观印度庙，一进门就嗅到一股浓郁的香气，她们到处张望，都看不出缭绕的烟氛，后来从阴暗的殿角里发现供着各种不同颜色的紫兰，沁人的幽香就是从这里发散出来的。

船过亚丁湾时，他们也登陆参观防御工事。过苏伊士运河时，船身还嫌其大，足足走了一天才走过去。运河两岸的沙漠，在强烈的阳光下，看来有点像《西游记》里描写的火焰山，烤得人们汗流浃背。蒋和在运河南端苏伊士港看见非洲黑人扛着煤上船，各人的脸上都淌着涔涔的汗，不禁惊奇地问道："他们为什么不用起重机？"

"这就是帝国主义对待殖民地人民的一种手段"，蒋百里低唔了一声，"白人眼光中的黑人，不过是一群具有人形的动物，这动物的代价比机器便宜。也许白人还自诩慷慨，给他们做工，使之得到起码的工资，以维持其起码的生活，已算莫大的恩典了。可是，他们完全不肯去想，这块黑色大陆本为黑人所有,这里有无限资源,都被帝国主义榨取去了"。

在红海的航程中,蒋百里又向女儿们讲解埃及和阿比西尼亚(今改名埃塞俄比亚)两国的国情。船过蔚蓝色的地中海,他又遥指北岸神话最多之国,讲述希腊流传下来的"山海经"。船在拿坡里下了碇,有意大利军部参谋及驻意使馆人员来迎。

维苏威斯火山在世界上颇有名,对旅游者具有很大的诱惑力。蒋百里往年由德国来游拿坡里时,站在火山喷火口下望,大海是一望无际的大蓝池,蔚蓝色天空挂着一轮红日,山下万道彩影蠕蠕而动,热是热极了,美也美到极点。山脚靠着海湾,潮来时只见一片嶙峋的礁石,潮退后便有一个深邃的洞口露出水面,游人泛舟迤逦而入,光线从外面透进来,好像欻乃于蓝天深处,到了天人相接的仙境。蒋百里的谈吐原是有声有色的,他早已把这些景物说给女儿们听过,这幅海外蓬山的远景,早已嵌入她们的心坎;现在身临其境,观感更加亲切,却因意大利军部殷殷招待,派有专车迎接,不让她们多看几眼,未免太煞风景了。

汽车沿着海岸线蜿蜒地驶行,经过一个小镇,蒋百里认为该在这儿停下来进午餐,刘文岛口中却在咕哝着:"很快就到罗马了,到罗马吃饭岂不更好!"蒋百里不去睬他,叫车子停下来,他很熟悉地带领诸人穿过浅红嫩绿的花圃,这花圃的两旁栽的都是柠檬和橄榄树,树的尽头有茅屋一椽,这便是一所乡间饭店。店门外站着几个露齿傻笑的意大利人,热情地欢迎他们。那家饭店的餐台,像普通人家的凉台,古朴的木桌子,配着一方粗制的台布,面临着大海,海中嵌着无数翠绿色的小岛,和风吹在脸上,飘飘然如神仙中人。吃的炸鱼是从他们池沼里捞上来的,所谓池沼是他们划海湾一角之地,蓄养着海鱼,渗进来的是天然的海水,一端隔以木栅,不让鱼儿回到大海去。蒋百里自摘鲜柠檬炸汁拌鱼吃,确是鲜美绝伦的一种佳肴。意大利的通心粉是世界有名的,拌以自制的企司,味道更为可口。刘文岛吃得津津有味,蒋百里却报之以微笑。

车行四小时到了罗马，蒋百里一家人就在中国大使馆下榻，足足住了两个月之久。蒋百里有暇便带妻女参观雕刻及油画。左梅看了断臂缺肢的工艺品，不但索然无味，而且每天要陪着丈夫出门瞎逛一阵，深以"陪太子读文章"为苦。蒋百里知道她是门外汉，便向她讲解古物的来历是哪一年代，出自哪一名手，战时如何埋在土内，掘出来时受了何种损伤，讲起来口若悬河，其实这些资料都是从书本上看来的。他每逢研究古物和美术，事前都得收集有关资料，彻底了解其内容，所以说起来就头头是道了。左梅被他说得高兴起来，不久就成了他的同好者，每天早起，反过来催促蒋百里："你今天没有事吗？咱们一块儿看古物去。"

蒋百里指导两女游罗马的方法："游罗马不是叫一部汽车兜几个圈子就完事的，这个城是最旧的——富于历史性的，又是最新的——富于时代性的一个名城。它是从老树根里发出来的嫩芽。我们看到芬芳的花朵，就该想到腐臭的肥料。……从文化方面看，罗马像是深海之底，全世界的文化、美术、哲学、宗教，从各方面汇流而来，到此作一总结束；又像高山之巅，流出去的文化，滋润着全世界。

"城下蜿蜒着台伯河，罗马是从这条河流创造而发展的。你们看见守城英雄的英姿吗？中国人崇拜的是死英雄，是理想的悲剧的英雄，而西洋人喜欢活英雄，是现实的和成功的英雄。英雄不是他自己造成的，是千千万万民众把他造成的。……

"有知识的人才配谈经验，肯研究的人才配谈阅历。一位在非洲作战的法国将军说得好：'如果做元帅的须有身经百战的经验，那么我所骑的那头驴，它的战场经验就比我们丰富得多。'

"罗马应分作四组去体会：（一）天然形势及古迹，如驰道、王宫遗址：纪念塔、斗兽场之类，是以政治为中心，历史为材料的；（二）梵蒂冈、彼得寺、保罗寺、地道等，是以宗教为中心，历史为材料的；（三）美术、图画、雕刻、建筑、画廊等，是以文艺复兴为中心，而观其影响；（四）现代建筑，以经济为中心，走向民族复兴之路。"

他导游一处，必把时代的轮廓、古代英雄特质、故事发展及其影响，和盘地刻画出来，使她们获得深刻的印象，不许她们存在走马观花的心理。他后来写成《课儿篇》，就是指导女儿们游罗马的实录。

蒋百里一度偕蒋英到佛罗伦萨和号称水都的威尼斯游览了几天，然后取道北意游览中欧有名的阿尔卑斯山。这时候，半山腰里积雪尚未融解，举目一望，漫漫一片的雪地上，发现一种无叶而有点像白丝绒的奇花，长在巉巉的岩石缝里，有如空谷幽兰，造物在旷无人迹的高山上留下这不可思议的天工，象征崇高、洁白和冷僻，不能不惊叹宇宙的伟大。

蒋百里拜访过意大利的黑衣宰相墨索里尼。从9月24日到30日，又受到意大利的正式招待，参观过拿坡里的秋操，研讨过战时的总动员法，后来归国时撰有《总动员纲领》，并向军委会作了详尽的报告。他在意大利的任务已了，便不再回罗马了，带领蒋英到维也纳，找了一处公寓住下，并电召左梅跟蒋和到奥地利相聚。左梅、蒋和到后，蒋百里单身到南斯拉夫、捷克、匈牙利等国考察军事，一度邀左梅到布拉格参观捷克秋操。捷克总统马萨里克是捷克的开国英雄，其高足贝奈士时任外交部部长（后来也做过捷克总统）。这位活跃于国际舞台的外交名人，跟蒋百里谈远东的问题，谈得十分起劲。捷克施高达工厂是世界有名的兵工厂，听得有中国的军事学者莅止，作尽善的招待，当然带有推销军火的作用。

蒋百里在中欧游历了三个月，回到维也纳来，看见左梅居然学得一手好烹调，两个女儿都在咿咿呀呀地学德文，他高兴地向左梅说："你现在该自己做菜请客了。"左梅笑着说："已请过两次，一次请德文教师，一次请刘子楷公使（蒋百里的老友刘崇杰，此时当了驻奥公使）。"

他们一家人在维也纳会合后，便一同启程到德国去。德国是蒋百里主要的考察地区，他又想把两个女儿送到那里入学，正是一举两得。蒋百里请自己早年的一位德国老师介绍两女进德国小学，该校以从未收容过东方学生，且名额已满，不肯接受。一天，德国国防部部长白伦堡设宴招待蒋百里（他们早年是同营实习的弟兄），恰好那位老师也在座，她跟蒋百里咬了个"耳朵"："白将军的小姐也在这个学校里读书。"蒋百里乘机转恳白伦堡，白在纸头上写了几行字递给蒋百里："你拿去见校长，校长可能通融办理。"

这位校长是德国旧皇朝霍亨索伦家的亲戚，该校是德国的初级贵胄学校，的确不好收容外国学生。校长接过白伦堡的纸条，他还把自己住有三套头的房间，腾出一间让给蒋百里的两女住。不想开"后门"进学堂的事，在极端守纪律的德国，也是不可避免的。

蒋百里对女儿的教育，总是择其性之所近的而辅导之。蒋英沉默寡言，但性喜音乐，蒋百里劝她小学毕业后即向此道发展，并恳切指示说："你将来学音乐，到了相当成就的一天，会感到内心的空虚，那时你不能灰心放弃，必须一面回想历史的过程，一面在大自然中去求解决你的难题。这是天人交战的关头，也就是一生学业成败的关头。"

欧洲大陆早寒，10月间离开柏林时，火车内已升暖气。开车前的一瞬，蒋英站在月台上盈盈欲涕，蒋和却夷然一如平日。左梅噙着眼泪想讲几句话，蒋和走过来牵着她的衣襟说："娘，你不是普通的母亲！"这顶"高帽子"压着左梅不敢哭了。

车子开动后，蒋百里凭着窗口直到望不见两个女儿的影子，才向左梅低喟了一声："下次见面时，也许她们已不是我们的了。"

车抵法兰克福，他们下车后展谒歌德的诞生地，并访问中国学院，随即转轮船由莱茵河向科隆城进发。科隆有世界驰名的教堂，也是德国工业的心脏地。他们匆匆一过，由此转车西行到法国去。左梅在巴黎遇见相别半年的顾维钧夫人，她迎上前来吻左梅的颊，亲热地说："蒋太太，你真不愧女诸葛，我听了你的话，现在我丈夫已在我的怀抱中了。"她要送衣料和香水表示谢意，左梅连连摇着手："这都不是我需要的，我所需要的是嵌在我们心坎中的友谊。"

在巴黎逗留一星期，左梅所感到的第一难关是语言隔阂。她虽学过短期的法语，用之于中欧各国，尚能勉强应付，可是同法国人谈起话来，就自觉发音不准，她对法国人的话也听不懂，这是因为外国人讲法语讲得慢，一字一句地讲，法国人讲得快，叽里咕噜不知所云。

一星期后，他们乘两小时的飞机飞过多佛海峡。脚底下云海苍茫，烟波万顷，此地风景虽好，但机身的颠簸使不惯乘飞机的左梅头晕难受，哪有心情去作鸟瞰。当天伦敦没有雾，下机后中国驻英代办招待他们在旅馆下榻，住了一星期，搭乘5万吨的德国大邮船"欧罗巴号"渡大西洋前往美国。

这艘船有70多架升降机，偶然出舱游眺，就很难找回到自己的房间来。船主导游各地，边走边谈，好像一天都游不完似的。船唇有广大的南洋厅，搜罗南太平洋的花树虫鸟，倒也别有风味。大客厅有楠木雕制的大圆柱十大根。吃饭时不撞钟也不敲铜板，以吹喇叭为号，这也代表了德国人武勇刚毅的民族性。左梅坐了这条比意大利邮船"维多利亚号"大过三倍的德国邮船，恍如刘姥姥置身大观园。但是蒋百里告诉她，这条船比起超过7万吨的法国邮船"诺曼第号"来，又有大巫、小巫之别呢。

船过大西洋急流时，船身震动的角度很大，老于航海的蒋百里不觉得什么，左梅却很难受。她在家里，好端端地过着平淡舒服的生活，偏生蒋百里死拉活扯地带她看世界，害得她头昏脑涨，胃里的一滴水也都要吐出来。船走了四天到纽约，中国驻纽约总领事于焌吉登舟来迎，把他们安置在一家旅馆里。

在纽约住了一星期，蒋百里每天忙着考察这样，参观那样。一些外交官夫人跑来看左梅，问她要买东西不，要看电影不，左梅笑着表示谢意，但她所需要的是整天躺在床上，喝点开水，吃点饼干过日子，不愿见任何光线，更怕听任何响声。她脑中还在闪动着波涛起伏的大海，这所旅馆也像海轮一样，天旋地转摆个不停。

他们由纽约到华盛顿住了一星期，所住旅馆在一座小山上，仰看白云，俯瞰红叶,景色颇似日本的箱根。左梅觉得这里和纽约,正是恬静和繁华的对比。她对纽约实在产生不出任何良好的印象来。

他们访问过华盛顿的故居。蒋百里认为这里具有三个优点:院落大得好,房子矮得好,墓道简单得好。屋内还保存着华盛顿母亲的结婚指环,他说这是美国有价值的古董。

从华盛顿折回纽约又住了四天,才乘火车向美国西部出发。蒋百里本为考察军事而来,但他兴之所至,无论对文化美术、风俗习惯和社会情态,他都乐于亲身去体验。他决心畅游美国名胜,晚上上火车,白天早起走到任何一站都停下来,这个建议倒很合乎左梅的"胃口",她性喜旅行,而坐火车对她是无所谓的。

他们在中途折而北行,到加拿大参观尼亚加拉大瀑布。蒋百里的出生地海宁,8月观潮最有名,但比起这个银龙飞舞的大瀑布,似乎犹有逊色。蒋百里夫妇备就了雨衣、雨帽,由升降机降到地窟里,从瀑布的里面看起来,恍如置身水帘洞中。

随后他们乘车到密西根湖畔,在芝加哥停留了三四天,参观过水族馆和博物馆。

这时候,好莱坞正在试映以赛珍珠所著《大地》为题材的影片。美国影片商对于每一名片的摄制和内容,总是精益求精,此时听说有一位中国将军到了芝加哥,特地打电话请他前来参观这个以中国为背景的新片。蒋百里怀着好奇的心,在"世界银都"耽搁了一昼夜,公司把所有著名的明星都叫过来陪他们谈话,这是他们招待外宾一次罕有的盛会。

他们在美国一共待了一个月零几天,最后由旧金山候轮归国。时值美国船员大罢工,船停在海里开不出去,候船的旅客待在旅馆里,不免心急如焚。幸而胡适也住在这家旅馆,可以稍解寂寞。

蒋百里因旅费行将告罄,不能久待下去,打电话到温哥华改订船位,即乘火车北上。火车沿着落基山脉北行,颇像通过中国平绥路青龙桥的一段,机车奋勇登山，旅客不免头重脚轻，推开窗子一望，美国西部郁郁苍苍的一片大森林，强干密枝，高可参天，有不知年代的奇松古木，被大风吹倒，像一个个巨人横躺在地上，没有人前来处理它，可见美国物力之雄伟。车子在重峦叠嶂间蠕动，有时崇伟的高山在望，有时赭红色的峭壁飞驶而过，第二天转入平原，车行两昼夜才走到温哥华埠。此时蒋百里无钱住高级旅馆，不得已在当地华侨所设的宿舍混过一宵，早起踏上了行将解缆的俄罗斯"皇后号"轮。

这是一艘航行太平洋已达130余次的旧船，仅2万余吨，没有水汀设备，还用电炉取暖。船一开出去就碰到阴沉沉的天气，风高浪大，指挥塔被浪头打进来，船在滔天巨浪中就像筛子般簸动不休。这是左梅又一次遇到的灾难。

一天，蒋百里向左梅表功："这次带你出门，看遍了世界各地的好风景，吃到了许多山珍海味，应该谢谢我吧！"

"谢谢你，我每天在船上受的是活罪。"话还未了，左梅哇地一下又吐了。

蒋百里一言不发，跑到二等舱里找了三位中国人，请他们陪着夫人左梅打几圈麻将牌。说也奇怪，左梅见了麻将搭子，一骨碌翻身而起，打了一圈又一圈，头也不晕了，胃也不涨痛了。蒋百里笑着说："你的病我会医，这完全是精神作用啊！"

11月11日为第一次欧战停战纪念日，船上西方人如逢一年一度的圣诞节，举行了盛大的跳舞会。此时风浪仍大，船身左右倾斜，一对对舞侣一会儿倒向东，一会儿倒向西，也有男女两搭档倒在一起的，笑声与乐声大作，是船中最热闹的一个镜头。蒋百里坐在角落里向左梅耳语："和平，和平，人类天天祈祷和平，可是相隔不到20个年头，战争的魔影又在东方出现了。"

舟行12日到了横滨，他们登陆在热海小憩，即乘车到神户候船。此时美国海员罢工已告解决,胡适坐着设备舒适的美国邮船"日本皇后号",迎风破浪而来,蒋百里恰恰搭上了这条船,两人不禁相视而笑。

12月初,蒋百里回到上海。

四、离间德意轴心国

1937年,蒋百里沿线考察军事防务,秘密地北走燕胡而南走百越,最后来到福州,与他的老友、当时已经主持福建政务的陈仪会晤。谈到中日问题,两个人不约而同地认为战争不可避免,而且短期内不可能解决,战局必定逐步西移。陈仪的观点主要是以争取外援为主,明知德国、意大利不可能帮助中国,但中国必须采取分化政策使德意不帮助日本,陈仪劝蒋百里能在外交方面做出努力,蒋百里也是英雄所见。

春末夏初,蒋百里陪着意大利籍顾问史丹法尼来到杭州下榻大华饭店,他会见了老友钱均夫(钱学森的父亲),两人曾作如下谈话:

"你对中日两国的情形怎样看?"

"除打别无出路。"

"何时动手呢?"

"今年明年可就说不定,但至多不出一年。"

钱均夫又向他咨询世界大势的演变,蒋百里预料大战无可避免,欧洲先动手的还是德国。俾斯麦临终有遗言:"俄国是个谜","德国万不可东西两面作战"。第一次世界大战德国人违反了这遗训,一败涂地,这次他们必须专攻一面而与苏联携手,那时英国必然吃不消,而美国也必然卷入战争。

"美国孤立派的势力不很大吗?"钱均夫有点怀疑蒋百里的判断。

蒋百里说:"我在美国见过他们的参谋总长马歇尔上将,连他也率直地承认美国没法子躲得过第二次世界大战。"美国是一个民主国家,国会的权力很大。不到危急关头,国会对国防经费总是吝啬的,所以现在美国还是保持观望态度,一旦形势有变,他们就大张旗鼓地干,"不鸣则已,一鸣惊人"。从前威尔逊夸下一句海口："在三个月之内，美国能够运300万大兵到欧洲。"德国皇帝听后不以为然，嗤笑美国有些张狂。后来果真如此。希特勒对美国的误判还要重蹈德皇的覆辙，美国也是一个谜一样的国家，德国就难免在两次世界大战中如出一辙了。

他有的说中了，有的也没说中，能看到第二次世界大战的远景，能预测德苏两国的弃怨修好，但是后来希特勒变了卦，仍蹈两面作战的覆辙，却是他始料未及的。

蒋百里对日耳曼民族和拉丁民族在欧洲争霸的一盛一衰之局，也有透彻的分析："以前普法之役后，法国拿出卧薪尝胆的精神来雪了战败的耻辱，现在卧薪尝胆的是德国。"当年他在巴黎的时候，听到法国的官吏只求个人的享乐，凭借马其诺防线的险要和他国对德国的包围圈，就可以万事大吉了，真叫人替他们捏着一把汗。

"你看中国打得过日本吗？"钱均夫所关心的还是中国切身的问题。

蒋百里喝了一口茶，滋润了干燥的喉管，随后吐着散漫的烟雾说："感谢我们的祖先，中国有地大、人众两个优越条件，不打则已，打起来就不能不运用'拖'的哲学，拖到东西战事合流，把敌人拖倒了而后已。"

七七事变的枪声一响，震醒了中国自甲午以来数十年来苟安迷梦，将官匆匆从庐山结束暑期训练班，返回自己的防地。抗战的呼声震天撼地，抗战的热情一浪高过一浪，有指日便可将日军赶回老家的豪迈。

但是，世界大战的形势令人担忧，不是一国的胜利就可以万事大吉的，那时候无论是舆论、道义、经济和军事争取外援都是第一要义，可是中国的外交完全陷于孤立无援的状态，英美虽然同情中国，却不敢开罪日本，德、意两国与日本早有防共的协定在先。除民气及军心外，中国前途极度渺茫，更加悲哀的是民主国家还有"割肉饲虎"的企图，像捷克斯洛伐克被牺牲的一样。但是，三个野心勃勃的轴心国也有内在矛盾和经济冲突：意大利有涉足远东市场的雄心；德国希望日本倾全力对付苏联，不要在中国广大的战场上消耗实力。根据中国政府外交策略，拉拢英美和分化德、意、日成为重中之重。因此，国民政府派胡适、张静江去做拉拢英美的工作，派蒋百里去做分化德、意的工作。他们这批奉派的人肩负着救亡图存的使命，同船由南京到汉口，再同车由汉口到广州，转往香港等候轮船出国。

蒋百里义不容辞地接受了这个艰难而不愉快的工作，国家在生死存亡之际，钦命点将那是万死不辞的。本来他决心要上战场的，"贯彻其'拼老命'的宗旨……甚至做一个老兵也好，他决心战死疆场以结束其一生以国防为中心思想的命运"，而政府却要他致力外交，命他孤军作战，漂洋过海去离间德意轴心国。

蒋百里做好杀身成仁的准备，把家眷安顿到香港，并写信给国外的女儿蒋英做了叮嘱，似乎了却了后顾之忧，大有"壮士一去兮不复还"之态，在香港与老友、罗马大学教授史丹法尼会合，他开启了人生最后一次远渡重洋，这条路注定孤独而艰难。

看着战火硝烟的祖国渐行渐远，随着轮船尾部泛起的长长浪花，他的思绪一下子飘回从前。30多年岁月的积淀，不由得往事钩沉：1906年他带着对未来的憧憬来到这个向往的陆军强国，去实现他个人的强军梦想；1918年他随欧洲考察团再次踏上这片熟悉的土地，实现了他的文学梦，有了军事理论的雏形；1935年作为精通外语，有经验学识又有国际声望的不二人选，被派到西方考察军事，那一次他是何等惬意，携夫人左梅和他们的女儿蒋英、蒋和，游历了大半个欧洲。他拜访过墨索里尼，受到意大利军部的正式招待，参观拿坡里的秋操；接着把夫人左梅安顿在维也纳，自己到南斯拉夫、匈牙利诸国考察军事，参观秋操；然后他们来到柏林，一则德国是主要考察地，二则想送两个女儿到柏林上学；之后他们转火车西行到法国，左梅在巴黎又见到了相别半年的顾维钧夫人，顾维钧夫人不无感慨地说："蒋太太，你真是女中诸葛，我听了你的话，现在我的丈夫已在我怀抱中了！"一个星期后，他们乘飞机来到英国伦敦；后来他们搭乘德国大游轮

"欧罗巴号"横渡大西洋到美国,他们在纽约、华盛顿、芝加哥、旧金山考察一圈,蒋百里有感于山川之雄伟,人力之浩大,认定这就是美国的特质,也是值得观摩的地方。

蒋百里被一声长鸣的汽笛打断了思绪,不得不回到令他寝食难安的现实。庚子赔款以来,中国与德意是没有正面冲突的,军事往来也比较频繁,略带一些友好,陆军用的是德国顾问,空军用的是意大利顾问。而现在这两国都是日本的友邦,而日本用以攻打中国的军火大部分来自美国,情况越来越复杂,一切都以利益为中心,"没有永远的朋友,只有永远的利益"。现在仗打起来了,德、意两国政府怕得罪日本,纷纷召回他们来华服务的人员,中国像突然失去拐棍的瘸子,自然不安。如若德、意与日本拧成一股绳,那对中国的战局更是雪上加霜;如若离间、分化、瓦解德、意与日本的同盟,就会减轻中国的压力。战略没有问题,可是当务之急是采用什么样的策略呢?以目前的战局能否见到德、意的统帅呢?如果见不到统帅,多好的策略都等于白纸一张。

从前蒋百里多次到德、意观光,受到德、意首相(总理)和军部的盛大欢迎,他参观军事演习时对方又给予不少的便利,完全把他当作一个友好大国的正式使节来对待,可是这次他以赴欧特使的身份来,真的是如鱼饮水,冷暖自知了,不觉让人突感悲凉。

事实上,德、意、日轴心国,都以虎狼之师,在世界上形成掎角之势。德国在欧洲战场"势如破竹",利用闪电战不到一个月就攻陷波兰,随后将西欧强国逐一打败;到1941年底,苏联西部富饶的地区大部分被德国占领,如果此时的日本跟着德国,倾全力对付苏联,从东部向苏联发动猛攻,日德东西夹击,苏联肯定腹背受敌,首尾不能相顾。可是,日本偷袭珍珠港,导致了太平洋战争的爆发,引来了美国,使战争的局势发生了逆转,加速了法西斯阵营的衰败。

遗憾的是,蒋百里没有等到胜利的到来,更没有亲眼看到法西斯的彻底灭亡，但是他在国家生死存亡之际，临危受命，去完成一项折冲樽俎的使命，由一名儒雅的军事学家华丽变身为外交界的斗士。用一句时髦的话：虽然你已远离江湖，江湖还有你的传说。

五、罗马华堂引墨相

稍懂历史的人都熟悉这样一个词——纵横捭阖。在错综复杂的国际环境中，一国欲霸需要帮凶，或者一国无力对付强敌，就要在外交上运用谋略进行分化或拉拢，以期达到战略目的，张仪和苏秦就是战国时期著名的游说策士。蒋百里人生最后一次出访欧美，最后的手段就是纵横捭阖，最大的使命是：离间德、意、日法西斯阵线，至少使德、意对日本的外交、舆论上不要有涉华的言论。

身处儒家文化圈的日本，更是深得纵横捭阖之术，很快就意识到：中国抗战一定是获得外援，如果破坏外国的援华政策，无论是舆论道义、顾问使团，还是军火物资，一旦切断，特别是美、英、德、意等国对中国政府的援助，中国将孤立无援，抵抗自然会减弱，就会加速亡华的进程，实现日本称霸世界的梦想。因此，日本人也在国际舞台上玩起纵横捭阖的策略。

经过日本的离间、分化与挑拨，原本德、意与中国建立密切的军事关系就此发生逆转，最初对中国抗战的同情、支援，转向对日默许，甚至怂恿日本的践踏。由此可见，日本的离间政策得逞了。对德、意、日疯狂的侵略行径，主导世界的美、英、法等老牌殖民帝国又装聋作哑，采取"绥靖"政策，隔岸观火，生怕引火烧身，对日本侵华不表态、不介入。严峻的国际形势让中国陷入外交孤立当中。

1937年9月，蒋百里在国家最需要的时刻，由军事学家转为外交官。

10月初，蒋百里来到罗马，见到墨索里尼是他的云霓之望，然而由于日本的外交攻势，再加上在布鲁塞尔举行的"九国公约"会议，墨索里尼对蒋百里避而不见，蒋百里此行的使命将化为泡影。只有意大利外长齐亚诺的夫人，即墨索里尼的女儿前来应酬。她宴请蒋百里，齐亚诺本人却不在座，虽然是有意敷衍日本人，又不太冷落中国人，但中国的外交官出访却是私人招待这一异乎寻常的举动，说明中意外交陷入尴尬局面。蒋百里住在史丹法尼家中，他愁眉不展，驻意大利大使、他的学生刘文岛也是一筹莫展。

中国外交失利之日，正是日本外交得意之时：一是日意有防共协定，二是日本外交占得先机。日本驻意大使上蹿下跳，又与意大利签订了《日意经济协定》，实质上就是日本购买军火的协定，这冲破了此行"至少德意对日本的关系不涉及中日问题"的底线。

随着欧洲战火的蔓延，法西斯头目希特勒更是昂首天外，不可一世，这种势头无形中增加了墨索里尼的盛气凌人。10月12日，蒋百里拜会了意大利外长齐亚诺，本想倒一下郁积胸中的苦水，没想到齐亚诺倒来个先发制人，抢先指责中国，埋怨中国不够朋友。首先，《淞沪停战协定》是他出面调解的，向日本公使重光葵施加压力才得以解决，他认为这是他首功一件；其次，中国驻外使节升格为大使，提高了中国的国际地位，也是从意大利开始的。然而，中国对意大利的报答是怎样的。

外交是内政的延伸，出于维护本国的利益，齐亚诺抱怨中国也无可厚非，但那正是中国的难言之隐：如果在"九国公约"上提议取消制裁意大利，做个顺水人情，那是举手之劳，但那就好像自己的老婆被偷，却鼓吹性爱自由一样自己打脸。此时意大利侵略埃塞俄比亚，正如日本侵略东三省，如果中国在"九国公约"上承认意大利合法用兵，就间接承认日本合法占领东北。这是任何一个有良心的外交家万万做不得的事，蒋百里也彻底搞清了墨索里尼冷淡中国的缘由。

纵横捭阖的策略靠的还是智谋，蒋百里为了挽回外交不利的局势，做出放弃外交努力的声势，让驻意大使刘文岛对外放风，利用他在世界军界享有的威望，邀请意大利朝野名流举行华堂盛宴。蒋百里起立致辞，讲述古老的中国与古罗马对人类文明的贡献，开口就精彩动人："条条大路通罗马，我和世界人士一样，也找到罗马来了。"一语切中了意大利人的情怀，赢得宴会上的一片掌声。最后他讲道："世界古文化的国家，留存下来的并不多，大而强的只有中、意两个古国。这两国历史上没有仇恨，没有斗争，直到今天，两国的政治和经济并没有什么冲突。"这番话说到墨索里尼的心坎上。话毕，大家不约而同地向前与他握手，而且抓住不放，表达内心的共鸣。宴会后，驻意使馆便接到通知："杜谦约见蒋百里将军于10月25日相见。""杜谦"即领袖，公文上常使用这个称谓。

10月25日，罗马的威尼西亚宫戒备森严，周围布满了暗藏手枪的特务，这是独裁者用以防备刺客的。这一切告诉我们，法西斯分子在世界上不可一世，却时时担心自己的安危，恐惧永远包围着他，墨索里尼就是在这样的氛围和心境下会见了蒋百里。

蒋百里首先感谢意大利顾问在中国所做的努力。墨索里尼表示：他们对中意航空事业有所贡献，本人引为欣慰，中国目前遭逢困难，本人深信此项困难克服后，意中邦交必然有进一步的发展。

谈到中意经济合作的问题，墨索里尼表示欢迎。此时国际斡旋中日之争的"九国公约"签字国将在北京举行，墨索里尼表示将参加。但墨索里尼非常担心，怕蒋百里提出让他左右为难的请求——会场上意大利赞助中国代表团的提议，如果当面提议，他答应也困难，拒绝也困难。然而，蒋百里似乎看出他的意图，避而不谈这个敏感问题，却把话题巧妙地绕开。

蒋百里说："最近国际舆论纷纷传言，说贵国参加德、日防共协定，我国人士对此深表忧虑。"[①]墨相不置可否。

"日本口头上高喊反苏反共，其目的是借德、意反共，而自己从中渔

---

① 引自《纵横》2005年第6期，周重礼、徐代建"蒋百里赴欧游说德意两国领袖"。

利，实际上日本一直偷偷摸摸与苏俄拉关系。"①墨相一怔，大有愿闻其详的表情。

"在中国问题上，就充分说明日、苏勾结企图瓜分中国土地，苏联策划外蒙分裂出中国……它的关东军没有向苏俄开一枪、射一弹，苏俄对日本侵略中国早已达成默契。"②墨相似乎有些怀疑，但在事实面前无以辩驳。

蒋百里强调："中国是德、意两国在远东的忠实朋友，日本既和苏俄搞在一块，就不可能是你们的朋友……实际上是破坏了德、意两国在远东的利益。"③这虚晃一枪，似乎刺中了墨索里尼心怀叵测的内心，吃惊的表情掩盖不了内心的慌乱。

蒋百里一通"真情告白"，改变了墨索里尼的看法，其傲慢的态度转得谦和了一些，墨索里尼局促地表明："这是个无所谓的问题，即使意大利签署这个协定，也绝无伤害中国之意。"

政客往往是表现不俗的演员，瞬间的角色转化不露痕迹，墨索里尼马上以一个政治家的口吻讲道："今日的欧洲，说得露骨点，已分为英法与意德两道壁垒，不论是非曲直，英法所赞成的也正是意、德所反对的。但今日分裂的欧洲，明日未尝不可重返和好，如果英国与日本携手，敝国必定与贵国密切合作。防共协定是以欧洲问题为主眼的，其影响也许波及东方，我希望东方能稳定下去，让我们能专心应付欧洲的问题。"

墨索里尼会见的结束语是："烦你向蒋将军（蒋介石）说明，防共协定是欧洲的关系，中国不必多所顾虑。中国已向克服环境之途程中迈进，将重回到历史之光荣。意大利对中国寄以莫大的同情，我个人对蒋介石委员长尤表无限的敬意。"

至于中意物物交换问题，蒋百里与齐亚诺商量了详细条款。

---

① 引自《纵横》2005 年第 6 期，周重礼、徐代建 "蒋百里赴欧游说德意两国领袖"。
② 引自《纵横》2005 年第 6 期，周重礼、徐代建 "蒋百里赴欧游说德意两国领袖"。
③ 引自《纵横》2005 年第 6 期，周重礼、徐代建 "蒋百里赴欧游说德意两国领袖"。

第二天法西斯举行大会时，墨索里尼向史丹法尼盛称蒋百里的"使才"，并且说昨天他们谈得很有兴趣。

墨索里尼的"'绝无伤害中国之意'，达到蒋百里访问意大利的目的"[1]。因此，我们不应总是抱怨，没有所谓的绝佳时机，生活充满了太多的变数，如果你想做一件大事，无关你的勇气，而是取决于是否有足够的智慧。日本人在国际舞台上已经占得绝佳的先机，而蒋百里却不遗余力，以他纵横捭阖的外交之才"赢得了这位法西斯领袖同情中国的抗战"[2]。

---

[1] 引自《纵横》2005年第6期，周重礼、徐代建"蒋百里赴欧游说德意两国领袖"。
[2] 引自《纵横》2005年第6期，周重礼、徐代建"蒋百里赴欧游说德意两国领袖"。

六、巧与戈林展舌辩

虽然蒋百里在意大利赢得墨索里尼同情中国的抗战，但是他的万里外交的长征只走完一半，而且就像意大利外长齐亚诺暗示的那样：斡旋中日问题的核心在柏林。如果在柏林能见到德国法西斯头目希特勒，那么蒋百里就不虚此行，中国的外交尚存一丝希望。

1937年11月，为了离间德国、意大利与日本法西斯，延续他的纵横捭阖的策略，蒋百里来到德国柏林。而此时的国内战局令人椎心泣血，南京已经岌岌可危；"九国公约"的北京签字仪式也无疾而终；国际上德、意、日三国订立军事同盟在即，可是蒋百里并不知晓，还抱着一线希望做着百分之百的外交努力，其实这也是在险象环生中做着无可奈何的努力。

蒋百里住在柏林的雅隆特酒店。昂首天外、不可一世的希特勒，虽然内心同情中国的抗战，但中国对日本侵占东三省不加以抵抗，让他看轻了中国，尤其在称霸全球的蓝图中，他权衡利弊，选择了日本而抛弃中国。由此对蒋百里避而不见，1936年他还赠送给蒋百里一枚世界运动会纪念章，殷勤招待蒋百里，可如今这般为的是避免日本的猜忌。孤独而艰难的外交，让蒋百里的心情更加沉重，正在他满怀愁绪无以排遣的时候，驻德大使程天放带着蒋英、蒋和来看他，这份温情给他带来了无限的慰藉。一天晚上，他带着两个女儿看了一出《哈姆雷特》悲剧，他恍然大悟，觉得日本人的性格，有着"哈姆雷特"的影子。后来，他创作了《日本人——一个外国人的研究》，就是这么有感而发的。

蒋百里在搞穿梭外交，不停地往返于罗马与柏林之间，当然更多的是打"感情牌"，一边劝说意大利外长齐亚诺要珍视中国的友情，不要参加德意日同盟；一边频繁地访问德国的外交、军政负责人，最终虽然没见到法西斯头目希特勒，却见到德国空军元帅戈林，这也算蒋百里在德国的外交颇不寻常的一幕，因为戈林是德国的二号人物。

11月27日，戈林约蒋百里在德国空军总部相见，陪同的有驻德大使程天放等人，戈林是有名的戏剧性人物，浑身挂满了勋章，昭示他的功绩和身份，蒋百里也"投其所好"，奉送了中国所赠予的一等勋章。戈林不像墨索里尼那么狡猾，比较率性坦白，两个东西方有名的演讲高手相见，注定要展开一场巧妙的舌辩。

戈林一见面就讲道："中日不幸失和，我的心里头抱着无限的惋惜，而我又处于极端困难的地位。"他讲话开门见山，从不遮遮掩掩，率性而为。

"双方都是我的好朋友，我既不能左右袒，又无法使双方化干戈为玉帛，甚至我在交际上也不便向一方多所往来，深望诸君原谅。"率性的人讲到难处，一般不好强迫改变想法。

"我觉得打下去对双方都是有害无利的，我不知道贵国当局有没有接受良友劝告的动机？"所谓的"良友劝告"即陶德曼调停。戈林"与其说对中国忠诚，不如说对他盟友忠实，更确切点是对他纳粹德国的忠实"。

蒋百里严正地阐明中国立场："中日之战乃日本发动攻势，中国非至最后关头，决不轻言牺牲。既已愤然抗战，除非侵略者退出中国，绝不中途妥协。"

蒋百里跟戈林兜圈子、冒点子，首先利用希特勒上台后，大搞"打倒大资产阶级，扶持中产阶级，消灭无产阶级"的纳粹方针，揭露日本与此方针背道而驰："日本是东方的工业国，其财富十之七握在大企业家之手，而农民过着牛马不如的生活，如以社会革命条件看，日本比中国忧。"接下来，他触痛希特勒反共的敏感神经："早在20年前，《资本论》就在日本销行100万册以上……"言外之意，德国发誓要摧毁马克思主义，却又与这样的国家称兄道弟，结为盟友，不是很危险吗？

戈林惊讶了，很想插话解释，但是蒋百里使用了攻心术，你越着急，我越不给你机会，直至你发怒，他连续戳穿日本暗通款曲的鬼把戏："广田就是个走亲苏路线的外交家，他曾作豪语'有我广田在位，战争不致发生'。中东路悬案在他手里很快解决了。"

"日本在同德国签订防共协定的同时，广田瞒着德、意两国，私下与苏俄结盟。"这让戈林震惊了，蒋百里继续说道："广田还悄悄地到苏联驻日大使馆声明，日本虽然签订了防共协定，但日本绝对不会对苏联有不友好的行动，苏联报纸曾公开报道过此事，日苏暗地勾结已成半公开的秘密。"

"你的话很新鲜"，戈林闪烁着狐疑而动摇的眼光，"中国军民的牺牲精神，全世界已看得很清楚了，也赢得了全世界的普遍同情。不过，你们得充分注意自己的力量，我认为你们的力量到底还是不够啊，早点收场你们也有光辉，值得自傲，岂不是很好的事情"。

话题自然转到援华物资上，蒋百里趁着戈林对日本产生了狐疑的时机，说道："我们坚持自主抗战的原则，一定能打赢这场战争。不过我们也承认，我们目前的物质条件还比较落后，对贵国的经济帮助和军事的科学指导，不能不寄予厚望。"

戈林不假思索地说："你只要有外汇，需要什么东西那是不成问题的，不过我们自己也在扩充军备，自用而不足的东西不能割爱。……老实说，日本人常跑来麻烦我们，不要供给你们军火。我老实告诉他们说，我们现在需要外汇，你们如果有现钱，照样卖给你们，不过赊欠是不行的。"

经过一番巧妙的舌辩，蒋百里不愧是一个出色的军事学家，更是一个难得的外交斗士，难怪墨索里尼盛称他的"使才"。他以雄辩的口才博得戈林对中国抗战的同情，同时让戈林觉得日本这个盟友似乎有些靠不住，从中国撤走顾问团有些难以释怀。戈林还声明："不干涉中国政府的自主抗战。"得到戈林的口头承诺，蒋百里才稍稍释放了在柏林的沉重情怀。

接下来，蒋百里在德国的日子里，依然打"感情外交"的牌，让更多的德国人同情中国的抗战，尤其是那些与中国人有真深厚感情的德国人，蒋百里一一走访，蒋百里不远万里来看望他们，说明中国人不忘旧情，他们深受感动，"纷纷表示对中国抗战的同情，并向中国政府保证，绝不出卖中国利益，也绝不向日本泄露中国的军事机密"。

在蒋百里奉命回国的关键节点上，希特勒出于外交的礼仪，假惺惺地以总理府的名义函告蒋百里，约于日内相见。这也是外交上创新的风格，按照惯例应该由德国外交部函告中国驻德国大使馆代为转达，可他偏以总理府名义直接函告，而且约见未定日期，知你使命在身，没有盘桓余地，难以成行，这样失礼自然不在德国了，可见其毫无诚意。

蒋百里结束德、意的外交，留下三女儿蒋英继续在德国留学，带着五女儿蒋和一同经马赛乘轮船回国，途中传来台儿庄大捷的喜讯，打击了日本侵略者的嚣张气焰，鼓舞了全民族的士气，改变了国际视听，连外国船长都举杯向蒋百里父女及中国旅客致贺。蒋百里不无感慨地对五女儿蒋和说："国际间，什么都靠实力。有一分实力，别人就会敬重你一分，你们年轻人，该牢牢记在心头！"

第十章

西安事变，不速之客

1936年12月12日，张学良、杨虎城在多次劝蒋『停止内战，共同抗日』无果后，被迫实行『兵谏』。消息一出，举国震惊，函电交驰，讨伐张、杨之声日盛。受张、杨之托，蒋百里审时度势，力劝蒋介石以国家安危计，接受西安方面相关条件。经多方努力，事变最终得以和平解决，为建立抗日民族统一战线，实现全民族抗战奠定基础。蒋百里在促成事变和平解决过程中，发挥了无可替代的作用。

一、误入西安遇兵变

1936年3月，蒋百里以南京国民政府军事委员会高等顾问的名义，携夫人左梅及三女儿蒋英、五女儿蒋和启程赴欧美考察现代军事及总动员法。12月初，回到上海，11日应坐镇陕西的蒋介石之召飞抵西安，下榻西京招待所，与先期抵达的南京国民政府军政要员同住一处。稍事安排，与众要员寒暄未毕，即应蒋介石电话之约，前往华清池晤谈。及至蒋介石寓所，见张学良在座，遂与二人一一见礼。其间，张学良谈及当前国内国际局势问题，认为日本是中国最大的威胁，政府的主要任务应是联合各派共同抗日，结果遭到蒋介石的严厉训斥，称其为妇人之见。蒋百里由此看出，蒋介石和张学良已经产生了严重的分歧。当晚张学良与陕西"绥靖"公署主任杨虎城设公宴招待蒋百里和数位南京军政人员，由于蒋介石让张学良留下共进晚餐，故张学良至晚8时许方才赶回西京招待所。饭毕，蒋百里又先后与门生陈诚、陕西省政府主席邵力子各作了一番长谈，至深夜，方陆续道别离席。蒋百里有夜晚读书著述的习惯，回房后即着手起草欧游考察报告。12日凌晨，蒋百里忽闻窗外传来稀疏的枪声，且由远而近。对时局洞察入微的蒋百里深感事态不妙，急忙起身整装，尚未收拾完毕，两名荷枪实弹的士兵已破门而入，整个招待所顿时乱作一团。蒋百里和南京众要员就这样稀里糊涂地陪同蒋介石做了张学良、杨虎城的阶下囚。

西安事变是中日矛盾日益加剧，中华民族危亡意识的一次大爆发。

中原大战以中央军完胜收场，冯玉祥、阎锡山和李宗仁等人对中央政权构成严重威胁的地方军阀已经是服帖了；经过前后五次大规模"围剿"，中央红军也已被迫从江西腹地跋涉万里，以付出巨大伤亡的代价，辗转到达偏远的西北。按照国民正常理解，政府该是解决民族危机的时候了，然而，蒋介石置国家危亡于不顾，依然奉行"攘外必先安内"的政策，导致民众不满情绪不断激化，并直接转化为行动。1933年5月，当《塘沽协定》使中国失去华北的五个省时，曾经在一·二八事变中英勇抵抗日军而威名远扬的第十九路军发动了福建事变；1935年，当何应钦与梅津美治郎秘密签订的《何梅协定》被南京政府批准时，又激起北平学生声势浩大的示威游行……政府对日妥协退让引发的民众不满情绪及抗日救国意愿，在不断地滋长、蔓延，直接影响到军政高层有识之士对国家政策的怀疑，以及对蒋介石本人的强烈不满。

历史推进到1936年，民族危机空前加剧，泱泱中华真的难以放下一张平静的书桌了。蒋介石在新年伊始就通过无线电广播告诫国人："我们国家的形势，现在很危险急迫，时时刻刻都在危急存亡之中。"2月，日本二二六兵变之后，少壮派代表人物、外相广田弘毅组阁，日本驻华大使、华北事变策划人有田入阁为外相，内阁完全沦为"军政府"。为求获得日本减缓侵华步伐，蒋介石特地起用许世英出任驻日大使（许世英与广田和有田20多年前在奉天相识，过从甚密，私交笃厚），期望许世英能够在改善中日关系方面发挥独有的作用。

对于国民政府的卑躬屈膝、妥协退让，日本人并不买账。8月7日，日本"五相会议"通过了一个"国策基准"，规定陆军方面，"充实满洲和朝鲜的兵力，俾面对苏联在远东的武力，要能于开战之初便予以迎头一击"；海军方面，"整备充实，俾面对美国，能确保在西太平洋的制海权"；同时决定了对中国的外交方针："使之'修正'其对日态度，实现以'共存共荣'为基本方向的中日提携，进而使整个中国'反苏依日化'。"日本认为，"欲先征服世界，必先征服亚洲；欲先征服亚洲，必先征服中国"，因此进一步加快了对中国的侵略。中国人的民族自尊再一次受到极大的伤害。

可以说，自九一八事变以来，日本对中国侵略，总是不断地给国人带来屈辱、悲愤的消息。

张、杨之所以会发动西安事变，兵谏蒋介石，除了对日共同的"国恨"因素，同冯玉祥、唐生智、李宗仁、阎锡山等人反蒋一样，也都有各自的考虑。

12月12日晨，张学良的卫队师前往华清池，负责抓捕蒋介石；杨虎城的第十九路军将士奔赴西京招待所，拘禁包括蒋百里在内的南京国民政府军政要员。

凌晨5时许，蒋介石在华清池后山被捉，张、杨顺利收兵。

二、阶下之囚成上客

兵谏初成，张、杨即通电全国，提出八项救国主张，向国人表明发动事变的初衷和愿望。与此同时，张、杨分别致电南京国民政府要员、蒋介石家属及地方实力派：向冯玉祥、李烈钧等人告以事件原委，陈述抗日主张；对宋美龄、孔祥熙郑重承诺，确保蒋介石的绝对安全；致阎锡山、李宗仁及各地军政长官的电文，则明确表示西安事变"只为贯彻抗日救国主张，既非内争，亦非赤化"。

尽管事变之前，张、杨集团与中共方面已就逼蒋抗日等相关问题进行了多次磋商，但是"兵谏"之后，在全国上下及国际社会所引起的反响之强烈、意见之分歧，仍然大大超出他们的预料。

当晚23时30分，南京中央政府紧急召开中常会及中央政治会议联席会议，一致通过"褫夺张学良本兼各职，交军事委员会严办"的决议，并决定对张、杨军事集团采取剿、抚并用之策。何应钦出任讨逆军总司令，负责调集兵力，制订讨伐计划；任命于右任为陕甘宣抚大使，即刻飞赴西安。

为避免冲突加剧，张学良多次到西安"绥靖"公署总部拜见蒋介石，力陈国家日危，民族危机日深，苦劝蒋接受八项抗日救国主张。蒋态度非常顽固，直言愿求一死，明确表示"联共抗日"毫无商量余地。

张学良左右为难，发动兵变的主角如同自己变作囚徒，坐卧不宁。与之相反，蒋百里虽然被囚，却表现出一副置身事外的散淡。在被扣押的军政要员之中，蒋百里的身份比较特殊，虽然他不属于蒋介石核心圈，又是无党派人士，但他在军界中的影响却是少有人能比。

这让张学良猛然想到蒋百里。前面提到，蒋百里刚抵西安，稍作安顿，即奉蒋介石之命，前往华清池晤谈。当时，张学良在陪，认真聆听了蒋百里对当前国内、国际局势的详细分析。蒋百里在汇报中明确指出：日本是中国的最大威胁，中日大战迫在眉睫，政府应及早做好长期抗战准备。言谈话语中流露出抗日的坚定信念，并且对最终的胜利充满了无比的信心。常言道：听君一席言，胜读十年书。蒋百里尽管语气平和，神态闲适，但其渊博的学识及眉宇间投射出的睿智，令张学良深深折服。他于心中连连慨叹：世人皆称蒋百里先生，名实相副啊！由于当时场合特殊，二人只是做了简单寒暄，未能进行长谈。

虽然与蒋百里少有谋面，但蒋百里之名，张学良在20多年前已早有耳闻。无论从年龄，还是从人际关系来论，蒋百里都够得上是张学良的父辈。当年蒋百里为了实现其构筑东北牢固国防的远大理想，分别于1906年、1911年两次赴奉天，与张作霖一同在盛京将军赵尔巽帐下任职，两人均得督军赏识。初，张作霖为巡防营统领，绿林出身，年长蒋百里七岁，对建立新军持反对态度；而蒋百里则位列总参议，负责主持新军事务，因此二人不睦。辛亥革命爆发后，蒋百里倾向革命，私下准备响应，而张作霖则坚定地站在督军一边，维护清政府统治，反对革命。在赵尔巽的默许下，张作霖带兵捉拿蒋百里，搜查当日南下的列车时因疏漏了蒋百里藏匿的厕所，使其躲过一劫。关于此事，后来张作霖时常在子女面前提及，同时极力称颂蒋百里的才学。

此外，世称张作霖"左膀右臂"之一的奉军高级将领杨宇霆在张学良面前，也不断讲述蒋百里颇富传奇色彩的辉煌历史。杨宇霆是蒋百里日本陆军士官学校的学弟，小蒋百里三岁。在日本读书期间，老师常常拿蒋百里"勇夺天皇佩剑"的故事激励他们，使杨宇霆和不少留日同学都把蒋百里当作自己的偶像，对其推崇备至。

对于蒋百里，杨虎城也不陌生，当年在冯玉祥军中时常聆听蒋百里有关部队训练和国防建设的演讲。每逢中下级军官会议，冯玉祥的讲话总爱引经据典，不是孙子曰、岳飞曰，就是蒋百里曰、曾国藩曰，直接把蒋百里与古代杰出的军事家等量齐观。冯玉祥编辑的、大量引用蒋百里军事思想的《军人精神书》，作为军队训练教材，杨虎城更是翻阅很多次。

现在的蒋百里更是声名远播，门生将帅遍布军中，蒋介石也把他奉为上宾，礼待有加。

张学良与杨虎城商议："蒋百里先生身份特殊，且德高望重，请他出面劝蒋，或许可以改变局面。"杨虎城也有此意，点头表示赞同。

13日上午10时，张学良来到西京招待所蒋百里的房间。握手已毕，尚未落座，张学良就急切地询问蒋百里："蒋先生，今天各大媒体竞相报道此事，说何应钦准备和我们大干一场，您看南京会不会派飞机轰炸西安……"

"请放心！委员长在西安，他们暂时还不敢。"蒋百里平静而肯定地说。张学良紧张的脸色顿时缓和下来。

张、杨"兵谏"的消息一经传出，地方实力派除了山东省主席韩复榘以密码形式致电张学良，称其非常行动为"英明壮举"，表示支持外，大部分势力都认为张、杨行动不合法统，要求立即释放蒋介石，向中央请罪。就连张学良认为可以信赖的阎锡山也隔岸观火，回电向张、杨发出四个质问："第一，兄等将何以善其后？第二，兄等此举，增加抗战力量乎，减少抗战力量乎？第三，移内战为对外战争乎，抑移对外战争为内战乎？第四，兄等能保不演成国内之极端残杀乎？"并表示"今兄等断然之行为，增加国人之忧虑，弟为国家、为民族、为兄等，抱无限之悲痛。请兄等谅察，善自图之"。在国民政府劝诫张学良投降无效、明令讨伐后，广东"绥靖"公署主任兼第四路军总司令余汉谋和川鄂湘黔边区"剿匪"军第一路军总司令何键更是公开表态，拥护国民政府讨伐张学良。

自12月13日起，中央研究院等全国各大科研机构、各大院校校长、知名学者和社会名流，纷纷通电全国，联名讨伐张学良、杨虎城，指责二人的扣蒋行为。之前一直对国民政府持有批评态度的新闻界，立场骤变。12月

15日，上海《申报》、香港《大公报》、天津《益世报》等在全国有影响力的报刊联合100多家通讯社共同发表《全国新闻界对时局共同宣言》，明确指出：拥护国民政府的政策，严厉斥责张、杨的"乱国"行为，并要求其立即释放蒋介石。

西方列强为了各自在华利益，于12月14日纷纷表态。法国巴黎《救国时报》、美国《民声讲坛报》、英国《泰晤士报》，对张、杨"兵谏"，不是深表痛惜，就是其"足以肇害中国"；或称其破坏中华民族之团结，或直言此举将加速日德同盟的形成，甚至怂恿本国政府进行干预，称在远东保有利益的西方各国，"亦为之感觉不安矣"。苏联《真理报》对张学良发动事变的动机更是恶意攻击："张学良将军曾有充分可能抵抗日本侵略，其军队亦曾有热烈之战态，然张将军本人乃一贯采取不抵抗政策。他乃以抗日运动从事投机，俨然高揭抗日旗帜，实际上则助日本使中国分裂，使中国更加骚乱，成为外国侵略之侵略品。"

远在莫斯科的共产国际俨然受苏联政府的操纵，公然诬陷张学良是在日本人的蛊惑下发动的西安事变，这无疑等于骂张学良认贼作父。国恨、家仇集于一身的张学良岂能与倭寇媾和？此外，共产国际竟然在机关刊物《国际通讯》上刊文，直斥张学良为叛徒、强盗。

日本则更加阴险，蓄意激化事态。13日，《朝日新闻》以"蒋介石突然被监禁"为主标题，以"张学良氏指挥兵变，对日宣战，并通电宣布容共"为副标题，对这一"特讯"进行了报道。《日日新闻》更是言之凿凿，耸人听闻：张学良"组织了一个得到苏联支持的自治政府"，"已与苏联订立了一个攻守同盟"，以期达到坐山观虎斗、坐收渔翁之利的目的。真可谓是狼子野心！

在这期间，张、杨与中共方面多次函电往来。中共对张、杨行为除表示坚定的支持外，综合国内、国际局势，积极主张和平解决此事，并表示经中共中央政治局会议研究之后，将委派以周恩来为首的中共代表团立即奔赴西安。

张、杨知道继续拖延下去的严重后果，可又无计可施。此时的蒋介石抱定一死之决心，软硬不吃，拒不签字，令二人进退两难，心急如焚。

"兵谏"当天，张、杨面见扣押在西安西京招待所的陈诚、蒋鼎文等十多名蒋系军政大员，真诚地向他们表明进行"兵谏"的动机，希望他们认同"八项主张"并在文件上签字，结果遭到一致反对。见大家均以缄默表示抗议，蒋百里的话打破了沉闷的氛围："我佩服你们的胆魄，赞成你们的正义勇敢行动！你们实行'兵谏'的目的是逼蒋抗日，顺乎民心，很好嘛。"稍作停顿，蒋百里提高嗓音继续道："可你们想过后果吗？若委员长在西安有所闪失，不仅你们自身难保，连老百姓也会跟着遭殃……"

张学良由此断定蒋百里主张和平解决事件。12月15日，张学良约见蒋百里，恳请其出面调停。一见面，张学良告诉蒋百里，蒋介石已在澳大利亚籍顾问端纳的劝说疏通下，于14日搬出新城大楼，移住西安金家巷一所军官私宅，同时说明邀其前来的目的。"俘虏焉能做军师？"蒋百里呵呵地笑着说，并连连摆手。张学良略显尴尬，直言道："先生说笑，请蒋先生不必推辞。"蒋百里沉思片刻，表示如有必要，可以尝试照办，同时暗示张学良：蒋介石为人固执己见，且意志坚定，要想一时说服他，恐怕无人能够做到；希望张、杨做好此行无功而返的准备。张学良顿时松了一口气，连连道谢。

会谈一结束，蒋百里即被另行安置，自此至事变和平解决的一段时日，张、杨以上宾之礼待之。

在西安半个月的时间里，蒋百里名为阶下囚，实际上所受到的待遇远非蒋鼎文、陈诚、卫立煌可比。

蒋百里每天给远在德国的三女儿蒋英、五女儿蒋和写信，轻松、幽默地描述自己这一阶段的生活："今天，张将军又来了，备了一桌好酒菜，还有好烟……"称自己是一个"可以比较冷眼看事件的人"：短期的俘虏生活好似一幕喜剧，离开了权力中心的军政大员都在扮演丑角，回归到生活的本真；面对困境，他们显得"软弱如婴孩，只得由环境来摆布了"。

人常言：因祸得福。一个人若没有对"祸"的预见和应对能力，那"福"又将会从何而来呢！

三、化解危机幕后人

对于为何"兵谏"蒋介石,张学良事前这样形象地对部下说:"好像灯泡,我暂时把它关一下,给它擦一擦,然后再给它开开。这样做,它不是更亮了?"① 毋庸置疑,张学良、杨虎城发动"兵谏"的目的是"逼蒋抗日,停止内战",绝无其他政治图谋,只要蒋介石能够接受八项主张,安全飞回南京是毫无问题的。问题的关键在于张、杨此举让蒋介石威严扫地,颜面尽失,如何既能使蒋介石答应条件,又能保全其"领袖面子",是解决问题的难点。

蒋介石是一个封建伦理观念浓厚,且个性孤僻、任性的统治者。张、杨"兵谏",在他看来一定是"以下犯上"、"大逆不道"之举。"兵谏"结束之后,张学良立即去见他,本想向他说明事情原委,结果还没等张学良开口,就遭到蒋介石的一顿严厉呵斥:"尔尚称余为委员长乎?既认余为上官,则应遵余命令,送余回洛阳;否则汝为叛逆!余既为汝叛逆所俘,应即将余枪杀,此外无其他可言也!"② 此后,张学良连续几天去见蒋介石,蒋不是破口大骂,就是一言不发,根本没有丝毫商谈的余地。

张、杨二人对蒋介石的秉性洞察至微,对其如此表现,早有预料。与蒋本人直接交涉不可能解决问题,唯有第三方出面方有调停的余地。扣蒋后,张、杨于12日、14日两次电函南京军事委员会副委员长冯玉祥,邀其入陕"共商大计",但迟迟没有回音。15日、16日,又由第十七路军参谋长李兴

---

① 唐德刚:《张学良口述历史》,山西人民出版社2013年版,第126页。
② 蒋中正:《西安半月记》,正中书局1937年版。

中和陕西省银行行长李维城出面，再次电函冯玉祥，催促他立即赴陕，也没有结果（事后得知，以军政部部长何应钦为首的主战派企图对西安发动军事进攻，便封锁全国电台新闻，私自把持相关情报信息，隐瞒事变真相）。

被张、杨列为调停人之一的太原"绥靖"公署主任阎锡山，怕引火烧身，依旧奉行他的"中庸哲学"，明确拒绝前往。

中共方面，毛泽东、朱德、周恩来等15位红军高层于15日联名发出了《关于西安事变致国民党、国民政府电》，表明中共坚持反对内战、要求和平解决事变、愿与国民党共赴国难的明确立场；同时电告张、杨，以周恩来为首的中共谈判代表14日一早已从保安（今志丹县）启程。由于陕北交通不便及国民党军队封锁，16日下午方辗转抵达西安。

冯玉祥的杳无音信，阎锡山的明哲保身，中共方面何时抵达的不确定，令张、杨坐卧不宁，备受煎熬。

12月16日，局势进一步恶化。杨虎城部第七军军长冯钦哉率部叛杨投蒋，刘峙、顾祝同各率东、西路"讨逆"大军，分别由东、西两面，同时向西安挺进，南京空军也开始对西安外围展开零星轰炸，前方不时有小规模的军事冲突发生。东北军将士见蒋系大军压境，兵临潼关，誓做鱼死网破之争，力主杀掉蒋介石。

大规模的军事冲突大有一触即发之势。无论是西安被炸，还是张、杨部下出于愤怒，都有可能危及蒋介石的性命。此外，全国200多家杂志社及各地方社会团体，联合通电讨伐张学良。如果听任事态继续发展，张、杨二人将无法收场。

面对这种局面，张学良内心非常焦虑。如果因为"兵谏"而引起大规模的内战，这不仅与他的本意背道而驰，更加坐实了国外媒体对自己的构陷，背负起中华民族千古罪人的骂名。

傍晚时分，蒋百里在张学良的陪同下，再次来到金家巷军官私宅。蒋百里一进门，蒋介石一反常态，立刻笑脸相迎，欠身握手，并把蒋百里领至床边沙发坐下；对张学良则依旧板着面孔，既不招呼，也不让座。张学良深感无趣，自行默然退出。

此时，蒋介石态度也稍有缓和。他虽然被拘禁，但在军官私宅的行动还是自由的，尤其他的澳大利亚籍顾问端纳，在事变第二天来到西安，就一直没有离开，其行动更是不受限制。因此，西安城内、城外的各种信息都在他的掌握之中。见局势日益危机，他也多次劝蒋做出些许妥协让步。蒋介石见势态发展对自己越来越不利，对端纳的建议也开始考虑，只是仍拒绝任何条件的谈判。

房间里只剩下蒋介石和蒋百里，气氛缓和了许多。蒋百里不急于引入正题，先从国内外局势谈起。"我在国外待了大半年时间，各方面消息了解比较多。目前，日本海军和陆军竞相加紧备战，各自力争在侵华战争中建立头功；日本天皇已秘密会见过陆军大臣，对我国发动大规模的入侵已为期不远。"接着又说，"从国际形势看，美国人一向把自身利益放在首位，现正积极地和日本做生意，卖军火给他们；欧洲各国看出德国纳粹要动武，自身也无暇顾及。目前，只有靠我们中国人自己团结起来，共同抗日才是避免国家民族危亡的唯一出路"。蒋百里又引经据典，暗示蒋介石：即使消灭了红军，国家灭亡了，做"儿皇帝"，寄人篱下的日子也很不好过。见蒋介石心有所动，他话锋直入正题，提醒蒋介石："中央军万不可急攻西安，更不能派飞机轰炸。否则西安方面军队会向陕北红军驻地退却，危及你的生命。"

"生而辱，不如死而荣。"蒋介石虽然依旧表现出屈辱和愤怒，但蒋百里从他的表情和语气上明显感受到态度上的转变。

"请委员长还是以大局为重，不要因一时之辱而置国家与民族安危于不顾，否则，你和张、杨都将成为民族的罪人。为国家计，为民族计，避免内战是上上策。"蒋百里停了一会儿，看蒋介石沉默不语，继续道："现在委员长应抓紧时间写两封书信，并立即让张学良派人送往南京。一封给夫人，让她联系宋董事长、孔财长等诸位先生，商议派员来西安谈判事宜；一封给何应钦，明确告诉他，星期日（12月20日）以前，中央军万不可挑起冲突，并立即停止对西安周边轰炸。"蒋介石沉默一会儿，表示接受建议。

至此，蒋介石的态度开始有了较大转变。

第二天，张学良拿着蒋介石写好的两封信函来找蒋百里，劳烦他亲赴南京，将信送呈宋子文、何应钦。蒋百里连说不妥，解释道："我不是委员长的亲信，此去恐何应钦对信函内容生疑，还是派委员长的心腹去较为适当。"接着问张学良："被扣押在西京招待所里的几位蒋介石心腹，你最讨厌谁？""蒋鼎文"，张学良脱口而出。"那就让他去！"蒋百里十分果断地说。见张学良稍有不解，蒋百里缓缓地说道："派你不喜欢的人去，可以表示你绝无伤害其他大员之意，更无伤害委员长之心，同时还能传递你对和平解决事件抱有极大的诚意。"

蒋鼎文，浙江诸暨人，也是蒋介石的同乡，以善战著称，但此人有两大嗜好：狂嫖与滥赌。令军政各界甚为不屑。

1930年10月，蒋鼎文与顾祝同、上官云相会师郑州，聚兴豪赌。蒋鼎文一夜输光了全师官兵三个月的薪俸。他虽有一妻两妾，却仍长期霸占西安京剧名角粉牡丹。长期淫乱，使他染上严重的性病，为了治疗，特聘花柳病专家杨槐堂作为贴身医生，成为当时军中笑柄。抗战期间，日军为瓦解蒋鼎文部战斗力，激起军民对蒋鼎文一致的仇视心理，在济源一带到处张贴蒋鼎文一手抱美人，一手提钞票的宣传画，对其人格进行大肆嘲讽和攻击。

张学良虽然赏识蒋鼎文的军事才能，但对其过分的嫖、赌行为，还是有一种说不出的厌恶。

12月17日，蒋鼎文带着蒋介石的亲笔手令顺利从西安机场起飞。第二天，京沪各大报刊争相报道，并全文发表了蒋介石致何应钦的手令。

此时，中共代表团已辗转抵达西安。见到周恩来等中共代表，张、杨表现出极大的热情，备受煎熬、孤独无助的日子总算过去了。双方当即就和平解决事变问题，展开协商。

蒋介石手令的全文发表，蒋鼎文的安全返回，使全国民众看到和平解决西安事变的曙光，和平解决事变的呼声日益高涨，主战派也渐渐转变立场。何应钦、居正、孔祥熙、孙科等国民政府要员 19 日经过会商，决定派宋子文以私人身份立即飞赴西安，并许诺：停止轰炸延长至 22 日。

宋子文原来在政治解决与军事解决之间是摇摆不定的。12 月 20 日到西安后，通过实地调查和局势分析，宋子文认识到南京讨伐派的军事行动，不但不能使蒋脱险，相反，会将蒋介石性命置于更加危险的境地。很快他便抛弃了依靠军事解决的念头，开始坚信政治解决是营救蒋介石的"唯一之途"。宋子文见蒋后，将自己的所见、所虑及自己对解决事件所持的态度，与蒋介石进行了深入、细致的沟通，明确指出："军事上的成功决不能保证委员长的性命安全。一旦西安城破，张、杨势必做最后一搏，携委员长退至陕北和内蒙古一带，与共军联手，共同对抗中央军。到时候，委员长不仅性命难保，恐国家也将陷于分裂，内战四起。如此，还何谈民族国家的统一！"至此，蒋介石的心理有了进一步的变化。

22 日，宋美龄在局势仍未明朗的情况下不顾自身安危，不顾南京政府众人的反对，由头一天自西安返回的宋子文陪同亲赴西安。宋美龄告诉蒋介石：南京方面"戏中有戏"，敦促蒋介石尽早接受和谈。根据《蒋介石日记》的记载，随着夫人宋美龄的到来，蒋介石的不合作态度完全改变，同意由宋子文、宋美龄出面，代表他与中共代表周恩来，西安方面代表张学良、杨虎城谈判。经过连续几天的积极协商，蒋介石最终接受了停止内战、联共抗日的主张。

英国记者贝特兰于 1937 年 8 月写道："在外部世界看来，西安事变好像失败了，但实际是胜利了。中国人再也不打中国人了。中国建立了新的团结，但在这种团结尚需时间得以形成与加强之前，日本迅速和阴险地发动了大规模战争。"

蒋百里羁留西安期间，远在德国求学的三女儿蒋英、五女儿蒋和非常挂念父亲的安危，交互来信询问事件进展。他在寄给女儿的明信片中，幽默地写道："今天飞机轧轧声，南京有人飞到西安来了……""今天又一声轧轧，委员长今天飞回南京去了"，"明天再来一声轧轧，你们的爸爸，也将离开西安这座古城了"。

蒋百里回到上海后，众多记者蜂拥而至。面对不停闪烁的闪光灯和记者抛来的各种问题，蒋百里毫不居功，大声地说："只是告诉大家一个好消息，我们中国不会打内战了！"内情人知道，在和平解决西安事变过程中，蒋百里利用自己的特殊身份和智慧，"转弯子"、析分歧、喻大义，积极斡旋于蒋介石和张、杨之间，在一定程度上化解了双方尖锐、对立的矛盾，为推动事件的和平解决奠定了良好基础。蒋介石在他所写的《西安半月记》中也比较详细地记述了蒋百里在和平解决西安事变中的作用。

第十一章

抗日烽火，主战勿和

1937年，抗日的烽火燃遍了中国大地，千万的中华儿女，为了民族的尊严，赴汤蹈火，浴血奋战，他们用自己的血肉之躯，抵御日军的铁蹄践踏，他们用自己不屈的英魂，保家卫国。然而，令人心痛的是，还有一些『肉食者』们，竟然奴颜婢膝，为虎作伥。针对战与和的摇摆，蒋百里誓与日本侵略者死磕到底，在国家生死存亡之际，代表四万万同胞，喊出了中国最强音：胜罢败罢不讲和！

一、预言中日必有战

根据作家余世存的记述:"考察蒋百里一生,最令人心醉的是他料事如神的本事。他先知般的能力可能得益于他治学治事的纯粹,更得益于他不依附于任何集团或体制的超然、独立人格。"[①]1923年,蒋百里就预言:中日将来必有一战,准确地断定决战的战场在"三阳"(洛阳、襄阳、信阳);1932年,一·二八淞沪抗战,他预言:五天之内会有日军一个师团到达上海,精准料定时间;1937年,七七事变,他预言:抗战怎么也得持续五到八年,事实上,随后的中国全民族抗战持续了八年时间。因此,不能不说蒋百里是料事如神的军事学家。

1923年,孙中山在上海发表了《中国国民党宣言》;直系军阀吴佩孚在武汉镇压了京汉铁路大罢工;奉系军阀张作霖在沈阳创立了东北大学。这一年,蒋百里在北京迎来了第五个女儿的诞生,至此蒋家盛开了五朵"金花",正当全家沉浸在添丁加口的喜悦中时,传来蒋母杨太夫人仙逝的噩耗,仿佛晴天霹雳,那真是"严父早逝恩未报,慈母别世恨终天"[②]。人世几回伤往事?蒋百里伤心欲绝,想孤儿寡母,相依为命,何其艰难,况母亲临终未了心愿,就是想看到自己有子嗣以传香火,如今她老人家却带着这个人生的遗憾撒手人寰,蒋百里更加肝肠寸断、五内俱焚……

当天,蒋百里收拾起悲痛的心情,南下杭州硖石奔丧,写信给亦师亦友的梁启超,为母亲作墓志铭,情辞恳切地写道:"今几何时,方震亦为无

---

① 引自余世存《中国男:百年转型(中国人的命运与抗争)》神人第十六蒋百里。
② 引自《悼念母亲挽联集锦》。

父母人也，方震微先生无与归，吾母微先生亦莫能传。知在矜爱，敢乞铭诔。"梁启超就撰有《杨太夫人墓志铭》。按照中国传统习俗，蒋百里守丧七七四十九天后与湖南吊丧代表龚浩一起乘火车北上北京。在途经徐州时，蒋百里对这个自古便是北国锁钥、南国门户、历来兵家必争之地，若有所感地说："将来中国和日本作战，津浦、平汉两线一定会被人攻陷的，现代中国只能以洛阳、襄阳、衡阳为根据地了！"今天我们翻看日本侵略者占领中国的地图，你会惊奇地发现，日本侵略者就是沿着津浦、平汉两线由北向南逐步占领的。早在中国正处于军阀混战时期，蒋百里就预言中日必有一战，而且作战的区域与他当年的预言不谋而合，"日军恰似按照将军的指挥，老老实实地自东向西，前进到湖南，而后陷入中国泥沼式的持久战中不能自拔，直到战败"①。这是何等的神算！龚浩听完这个近乎怪异的神论，觉得蒋百里还没有从丧母之痛缓过神来，自然也就付之一笑，不好一论短长。

曹聚仁讲述了一个生动而有趣的事情，至今人们还感念蒋百里料事如神。那是1932年一·二八淞沪抗战后的第三天，蒋百里和曹聚仁等人在一家咖啡馆，一边喝茶，一边聊天。聊着聊着，蒋百里开始沉默了，只见他目不转睛地盯着当天《每日新闻》头条，凑趣儿的人斜睨了一下令他发呆的那则新闻，是"日本陆相觐见天皇"的消息，都不以为意，他若有所思，沉重地说道："2月5日早晨，会有日军一个师团到达上海参战了。"大家不解地问，何以见得，他说："日陆相觐见天皇的意义是报告日军正式出战。依日本当前的运输能力，三天之间，可运输一个师团的兵力——四万战斗兵及其装备到上海。"根据他多年在日本留学和研究，做出这样一个精准预判。真是旁观者清，无一时不关注着军事动向。他不只是说说而已，他把这一预判，立刻向淞沪浴血抗战的第十九路军军长蔡廷锴作了提示。不出所料，2月5日大批日军开始了反攻，他估计的日期连一天的偏差都没有。

---

① 引自萨苏《国破山河在》一书。

这一年，蒋百里游离军外，担任农商银行的董事，生活比较宽裕，时间也比较充裕。由此他来到日本考察，日本侵华的意味正浓，蒋百里的同学真崎、荒木已经大权在握，蒋百里对他们说："不管你们怎么说，说得怎么漂亮，你们的本意，还是要侵略中国。"真崎说："日本人口多，求生存，这是迫不得已的；中国东北人口少，物资丰富，我们帮着中国开发，彼此有利的。"蒋百里笑着说："那么，你们用不着说什么漂亮话了。"有一天，时任日军总参谋长闲院宫载仁亲王宴请蒋百里，闲聊起中日问题，谈得更加露骨。他希望中国方面不能再拖了，中国求助于英美是没有用的，西方国家都是自顾不暇的。

回国后，蒋百里即预言：中日战争一定是全面战争，而且是十年八年的长期战争；我军一定守不住沿海地区，湖南乃是中国的乌克兰，后方根据地。

1936年底，西安事变拉开了中国团结抗战的大幕，在民族危亡之际，这是全国人民乐见的一幕。蒋百里向蒋介石汇报："我刚从国外考察回来，消息比较灵通，目前日本海军和陆军为侵华而互相争功，日本天皇已秘密接见过陆军大臣，看来明年一定会大举入侵我国！"

1937年初，蒋百里考察防务来到杭州，老朋友钱均夫问道："你对中日两国的情形怎样看？"蒋百里回答："除打别无出路。""何时动手呢？""今年明年可就说不定，但至多不出一年。"

七七事变后，蒋百里常说："对于日本，打不了，也要打；打败了就退，退了还是打；五年、八年、十年总坚持打下去。"他非常有预见性地讲道："不论打到什么天地，穷尽输光不要紧，千千万万就是不要向他妥协，最后胜利定规是我们的。你不相信，你可以睁眼看着；我们都会看得见的，除非你是一个短命鬼。"蒋百里的预言传诵一时，只可惜，1938年他在陆军大学西迁的途中病逝宜山。然而，他断定全民族抗战爆发的时间以及持续的时间何其精准！

中国人一提到料事如神的人，自然会想到姜子牙、张良、诸葛亮等中华民族智慧的代表，在成功的帝王背后，永远闪耀着料事如神的军师背影，他们"运筹帷幄之中，决胜千里之外"[①]。然而，在抗日战争中就有那么一位料事如神的将军，一双鹰眼闪烁着超人的远见，一脸刚毅映衬着思维的缜密。他穷尽一生致力中国的国防事业，却是一个清醒而痛苦的旁观者，他没有在那场大战中带过一兵一卒，也没有放过一枪一弹，他一生都是"纸上谈兵"，他几乎精准的预言只能写进《国防论》这部优秀的军事学著作了。

---

① 引自《史记·高祖本纪》刘邦对张良的评价。

二、考察防务早绸缪

思深方益远,"谋定而后动"。毕生致力中国国防事业的蒋百里,以战略家的眼光、哲学家的思维、经济学家的头脑,全盘地思考国防事务。正如陶菊隐描述的那样:"蒋百里以在野之身,却装着一颗'视天下为己任'的心,绝不存有'肉食者谋'的卸责心理,这是何等健全和勇敢的心理呀!"蒋百里大到抗战的全局上谋划筹备,小到个人思想行动、情感意志上都做了充分的准备。

蒋百里是中日战争的先觉者,他的远见被心存苟安心理的"肉食者"们视之如痴人说梦,真是"古佛拈花方一笑,痴人说梦已三生"。

1932年,蒋百里访日归来,他心里非常清楚,中日问题拖也拖不下去,谈也谈不起来,中日大战一触即发,为预防不测,只能未雨绸缪。虽然大家把他的预言当作痴人说梦,虽然身处无权又在野的尴尬身份,但他不计个人的成败得失,依然以战时国防委员自居,拟定储油计划、钢铁计划、煤炭计划等战时物资供应计划。

"忠告善道之,不可则止,毋自辱焉。"① 可是,蒋百里为了国家、民族不受外侮,哪管个人的荣辱,明知不可为而为之,这是一种何等的无我胸怀!这又是怎样的民族脊梁!

蒋百里认为,"战争一旦爆发,一定是全面战争,而且是十年八年的长期战争,我军一定守不住沿海地区,湖南乃是中国的乌克兰"。也就是说,在大战来临之前,调整工业布局,尤其是与军工有关的工业由沿海地区逐

---

① 引自《论语》"子贡问友"。

步向山岳地带转移，既可以防止敌机轰炸，又可以凭借山势的险要进行守卫，而这个地带以南岳为中心，根据有利地形分布株洲至郴州一带。

首先，蒋百里提出向美国采购柴油，"在庐山、衡山、武陵三地盘设山洞，大量储油"。有油就可以发电，有油可以让车轮子转起来，但痛惜的是他的三年炼油计划由于种种原因被搁置。

其次，钢铁计划。钢铁是战备的重要物资，有钢铁就可造枪造炮，主张在马鞍山设小型钢铁厂，在大冶设大型钢铁厂，与抗战后的建设布局何其相近。

最后，煤炭计划。有煤才能炼钢，江西萍乡和淮北烈山的煤，质量好，运输也便利，为战时准备的需要一定收为国有。

此外，战时交通的计划，包括公路、铁路、河流，制造汽车及飞机工厂的系列计划，当然这些计划是在七七事变的前五年提出来的，听起来有些天方夜谭。任何战略家的远见都会被实用主义的官僚们讥为危言耸听，认为是乌鸦叫丧一样不祥，可是天生倔强的蒋百里就像范仲淹一样"宁鸣而死，不默而生"[①]。只有事到临头，官僚们才恍然悔悟，还要一副责不在我的"坦然"。大战前五年的这些计划无一不被资源委员会所否定，蒋百里也就明白了一个道理：在中国做官容易做事难。

1937年春天，蒋百里按着日本可能进攻的路径考察了全国的军事防线，他的足迹几乎遍布了大半个中国，而且每到一处，便与当地的社会名流、故交老友交换意见，把他的持久战的战略构想、民兵制的构想推行下去。他"由青岛、周村、泰山、济南而北平，又由北平而太原，归途经娘子关、石家庄、郑州而汉口，又转到长沙，又由衡阳而广州，而香港、而福州"。马不停蹄，孔席墨突，对各地防务作了全方位而详细的了解。

考察山东防务，在途经邹平时，蒋百里访问了山东乡村建设研究院院

---

① 引自宋朝范仲淹《答梅圣俞灵乌赋》的诗句，与梅尧臣同题。

长梁漱溟。梁漱溟积极倡导乡村建设运动，把时间和精力都用在乡村教育上。蒋百里劝梁漱溟利用乡村建设和乡村教育的大好机遇，搞好乡村自卫工作。因为蒋百里始终相信将来的对日作战，我们这么贫穷衰弱、地域广大的中国必定要采用民兵制和游击战的，所以乡村自卫就是民兵制和游击战的一种形式。

转到长沙，登岳麓山，凭吊已故挚友蔡锷之墓，让蒋百里颇感安慰的是，生死之交生荣死哀，有孙中山手书挽联："平生慷慨班都护，万里间关马伏波。"①一生堪比东汉的班超和马援，此乃至上评价。遗憾的是这位故交英年早逝，否则，国难当头，又可以并肩战斗，那是何等壮怀激烈！

最后来到福州，蒋百里与主政福建的老友陈仪晤面。想当初，陈仪就是在1916年明追暗助蔡锷出京，后来在1930年明拖暗帮自己待审的那位朋友，也是不明真相差一点就闹出误会的朋友。见面之后几多感慨、几番离愁，话题一会儿就转入一触即发的中日战争，两个人越谈越投机，他们有惊人一致的看法，都认为中日一战无法回避，一旦战事爆发就是长期的消耗战。陈仪认为争取外援为第一要义，劝蒋百里利用在德、意的声望和人脉再去做外交斡旋，果然蒋百里于秋天到德、意执行艰难而孤独的外交活动。

那么，为什么蒋百里考察防务的路线既不是我国的万里海疆，也不是千里边防，却是沿平汉铁路一线，北从青岛、济南入京，向南延伸到广州、香港东折福州？这个路线就像个半闭区间，更像个"装书钉"，要把来犯之敌牢牢地钉在这个为他们设置的区间内，然后与他们周旋，直至把敌人拖疲打垮，取得持久战的最后胜利。这也正是他14年前途经徐州时料定的最好防御："将来对日作战，津浦、平汉两线必然被敌军占领。现代国防应以洛阳、襄阳和衡阳为根据地了！"

时至今日，才想筑牢这条抗战防线。蒋百里感慨万分，虽然为时已晚，

---

① 引自蔡锷墓碑上的挽联。

但终归聊胜于无。如果用十几年的军事准备筑牢这条钢铁长城，而非今天的"肉盾"，或许全民族的抗战能减少巨大的人力牺牲和财产损失。正如当年塞念益慨叹的那样，蒋百里"实在是中国文武兼资的一个人才，没有机会发挥他的才干，不是蒋百里的不幸，却是国家的损失"。

这年夏天，蒋百里受蒋介石聘请到庐山牯岭担任暑期训练班的教官，此时中日战争犹如箭在弦上，一触即发。为全面应战，各省高级将领被轮流抽调接受短期军事训练，以备派遣布防之用。训练班上，蒋百里妙语连珠的口才来自他丰厚的底蕴；他锐利的目光始于他思想的深邃，他每一句话都能让各省的高级将领有所启迪，他每堂课都能吸引受训者们的高度注意，他没有老生常谈，他高瞻远瞩，预见未来，如何布防，如何持久抗战，既有远见又有策略，既开阔了视野又鼓舞了士气，甚至蒋介石也被他的讲演深深吸引着，有时坐着滑竿来巡视。夫人左梅也带着二女儿蒋雍、四女儿蒋华到庐山避暑。

夫人左梅自嫁给他那年起，就说日本的佐藤屋子死了，精神和躯体永离故国，穿的是中国衣，说的是中国话，不与日本人往来，完全用中国的方式和习惯教育她的孩子们，从来不教她们学一句日本话。女儿们一个个养成了中国人的自尊心，都说一口流利的普通话。她们无论走到哪里，无论是国内还是国外，都是坚定的抗日分子。

蒋百里是抗日战争的预言家，准确地断定日军侵华的日期和路线，虽然屡屡不被采纳，但依然不气馁，积极考察防务，积极地备战，而且完全落实到行动上。卢沟桥的炮声一响，他就把汽车开到南京，连汽车和司机一起捐献给政府。在他的影响下，夫人左梅也投入抗战支前的活动中，她忙着买布做绷带纱布、做军衣，都是预备给伤兵用的。她一个人忙不过来，又叫上女儿和仆妇一同帮忙，她的首饰都变卖换成了布。左梅是日本人，但在中日战争上，她是支持蒋百里的主张的，认为这是日本军国主义的过错，她知道他们侵略中国的阴谋。蒋百里还把准备到英国去读书的二女儿蒋雍，从香港送到衡山去参加军队工作，要她在大变动时代亲身接受战争的洗礼。

全民族抗战爆发前，大多数中国人表现了积极乐观的抗战姿态，但是看到日军装备精良，气势汹汹，一部分"肉食者"们心中却滋生了悲观的情绪，"战必败"的心态正在发酵而且蔓延。如果中国从官到民丧失了抗战的必胜信心，想打赢这场旷日持久的战争，是不可能的，战争中出现了那么多的汉奸，一部分原因就是对战争失去了信念，这是多么可怕的现象。抗战必胜的信念是我们赢得战争的法宝。墨子云："志不强者智不达。"[①] 这也正是蒋百里的人生写照，没有在艰苦实践中磨炼出来的顽强意志，就谈不上有通达的智慧。正如曹聚仁描述："蒋百里先生不是幻想的乐观派，也不是虚妄的悲观派。他是从抗战过程中，看到中华民族的新生，他是要年青一代在战争中锻炼自己的生活。"

"抗战就是替我们造成了一个有目共赏、公平无私的分别贤奸的天平架。"蒋百里讲道，"敌人是最公平不过的，在那里考试我们。我们有办法，肯拼命，能够意志坚强，心气和平，敌人就会用他们自己的血，把我们做的文章红圈子密密地圈起来"。

---

① 引自《墨子·修身》中"志不强者智不达，言不信者行不果"。

三、胜罢败罢不讲和

邵力子写道:"打败仗也还可,对日本切勿言和。"1938年8月,在汉口《大公报》上,蒋百里的《日本人——一个外国人的研究》连续刊载,轰动了中国的战时文坛,该报发行量日增万份,一时洛阳纸贵,有些读者天还未亮就在报馆前排队待购。香港、重庆、桂林等地的报纸也纷纷转载,读者争相传阅,因为连载各篇并未署名,引起读者的好奇与猜测,有人说作者是郭沫若,有人说作者是蒋介石身边的"文胆"陈布雷,有人又说郭、陈虽是大手笔,似又无此亲切笔意。待全文刊完,文末呈现"蒋方震于汉口"六字,人们才恍然大悟。熟悉他的人说他吊人胃口,只闻其名未见其人的人说他不枉盛名,不愧是战时的文坛健将。《日本人——一个外国人的研究》当时被誉为射向日本帝国主义的'纸弹'",激励了无数人的抗日斗志。他在书的结尾处借用一位鹤发童颜的德国老者的话:"胜也罢,败也罢,就是不要同他讲和!"①这就是蒋百里掷地有声、振聋发聩的对日作战的指导方略。

黄炎培写道:"一个中国人,来写一篇《日本人》留此最后结晶文字,有光芒使敌胆为寒。"黄仁宇写道:"1937年,中国被逼作战,无全盘作战计划,可以说完全依赖蒋百里《日本人》的十四字秘诀:'胜也罢,败也罢,只是不要和他讲和。'"②

兵法云:"知己知彼,百战不殆;不知彼而知己,一胜一负;不知彼不知己,每战必殆。"③从某种意义上说,蒋百里的《国防论》和《日本人——

---

① 蒋百里:《日本人——一个外国人的研究》,上海古籍出版社2014年版。
② 引自黄仁宇《对日本之好勇而不必好血》一文。
③ 引自春秋孙武《孙子·谋攻篇》。

一个外国人的研究》部分地回答了知己知彼的问题。这一幕与40多年前甲午战败后蒋百里读《普天忠愤集》和《日本图志》何其相似，13岁的他懵懂地接受了知彼知己的道理。然而不同的是，今天他以日本军事与军情研究专家在传授知己知彼的道理。中日大战已开，为了提高中国人的抗战信心，向广大抗战的志士仁人提出了指导方略。

蒋百里从日本的地理、历史、天皇、欧战、组织、军事、政治、财经、外交、精神、时代以及人与物等方面进行了全面的描述。开宗明义地指出，日本人正在表演一出比哈姆雷特更悲剧的悲剧，因为他们低估了中国人的抗日斗志和抗日决心。

地理上，日本是一个小而精致的环境。环境影响人，如同冬暖夏凉的英伦三岛养成了绅士国度，异常寒冷的沙俄造就了哥萨克的凶悍一样。身居岛国的日本民族，地理条件养成了眼睛向外看的性格，觊觎外面的一切美好事物，把别国当成了自己的后花园，逐渐形成了一种贪得无厌的心理；狭长的岛屿、短浅的河流，促成了性急的性格。没有中国的黄河、长江，也就缺少了中国人的源远流长的民族意识，有种朝生暮死的急迫心理；另外富士山以及海啸的不定期活动，也让日本人深陷恐惧的阴影中，强化了日本人那种人事无常的心理。

"花是樱花，人是武士！"日本的赏樱季节，漫天飞舞的樱花，充满了惜别的情调，更带着伤感的意味，可是日本人对这种昙花一现的感觉非常狂热，甚至如痴如醉。与陈后主沉溺于"花开花落不长久，落红满地归寂中"有一拼。

历史上，日本人最崇尚的是武士，还有其他国家不具备的"内在的精神"——大和魂。说到底，日本人崇尚的武士道："为荣誉而杀戮"，对受惩者和失败者宽大，对卑鄙者和营利者毫不容情，他们欣赏生活中人为的诗情画意的艺术美和死后月光般的清幽世界；大和魂是日本明治维新以来提出的爱国口号，是圆满应付世事的识见与能力，包括各种实用的学问、修养、技能。日本军国主义正是利用武士道与大和魂这两个"怪胎"，以忠诚与名誉做"外衣"对他国大肆杀伐和征服。但是日本人哪里知道霸道与王道的深刻内涵呢?

另外,日本的历史中还有"武士不道"的怪癖,"武士不道"是蒋百里非常新颖的观点,与武士道大相径庭,属于阴暗的心理。因为在武士时代,日本的诸侯国实力不强,但戒备心很强,"所以侦探术就特别的巧妙。近百年来养成了一种间谍的天才"[1]。动漫《名侦探柯南》彰显了日本巧妙的侦探术,同时侵华战争中也培养了一大批"东方女魔"川岛芳子式的间谍。这种历史文化中养成了太多的小聪明,却没有大智慧。鲁迅讥讽小聪明讲道:"捣鬼有术,也有效,然而有限,以此成大事者,古来无有。"[2]所以说,日本人的小阴谋,在朗朗乾坤中兴不起太大的风浪。

明治天皇倒是有点意思,是典型的利用外部矛盾来掩盖内部矛盾的高手,刚刚统一国家,犹如一锅蚂蚁,内乱纷仍。这个明治天皇为了平息内乱,采取的不是暴力镇压,而是向海外扩张,一下就把性急的日本人凝聚在一起,开始迈向外侵的道路,为后来的天皇做足了外侵的"楷模"。另外,日本民族的眼睛也是一直向外的,向外扩张已经深入骨子里,真是好斗的民族,不外斗就内讧,然而外斗可以消弭内耗,增强大和民族的团结。明治维新仅仅26年,就发动了甲午海战,接着在中国的领土上进行日俄战争,一战时攫取德国在华利益,发动九一八事变和七七事变,无一不是为天皇而"圣战",而天皇表现出谦抑的态度,装作一脸无辜。

"美国军舰的炮,惊醒了东方一个新兴国家。欧洲人的钱,又把这个新兴国家,引入了内在多烦闷、外界多诱惑的新悲观世界。"[3]说白了,日本人技不如人时就感到自卑,就烦闷,但是这个民族又有急起直追的勇气;当它与你比肩的时候,它就要称雄称霸,这就是诱惑。日本政治的形态,存在很

---

[1] 引自蒋百里《日本人——一个外国人的研究》。
[2] 引自鲁迅《捣鬼心传》。
[3] 引自蒋百里《日本人——一个外国人的研究》。

大的缺陷。"第一是政治家与军事家在政治上的对立。"[1]日本的军人操纵政治,不像美国文官制约武将,严重地破坏了政治生态;"第二是海军与陆军在财政上的对立"。关于这一点,本书序言已提到"日本陆军强,海军也强,但是两强相加不是更强,而是等于弱"[2]。乍看之下像是悖论,其实是俗语所说的"一山难容二虎"的内耗现象。

军事上,一个最大的祸端,是日本军人太强势了,军人拥有超出政府掌控的力量,是极其危险的;政治家已经难以掌控局面;政治上除了附和军事集团,并做他们的吹鼓手之外,别无建树;财政上听任军事集团日益增长的庞大军费支出,超出国民经济的增长,其结果必然导致经济"泡沫",只有通过对外战争、疯狂掠夺来挤掉"泡沫",这几乎是20世纪各国的通病;而外交上给人的印象是说一套做一套,毫无信誉,注定失道寡助。蒋百里分析的日本人是一个性急的、缺乏反省的民族,如今看来,二战后日本崛起的速度又太快,日本人没有时间去做深刻的反思。

精神上,"日本国民原是崇拜外国人的……除去了欧美输入的机器与科学,中国印度输入的文字与思想以外。还剩下些什么?——现在它却妄自尊大夸示它独有的能力。它的宣传愈是扩大,它的内容愈是空虚"[3]。这就是日本人的精神弱点。

蒋百里断言"明治末年确是日本内政的黄金时代,但欧战一起,军人政治家就将国军无目的地滥用"[4]。这就预示着它的黄金时代已经烟消云散了。最后蒋百里非常艺术化地写道:"日本在极小一块空地中,常能布置出十全的庭院山石,这个想象力很大的日本民族,悲剧性的,自造了一个国难,以为悲壮的享乐本来是一个理想的阴影,现在竟变成了事实的魔鬼,日本的

---

[1] 引自蒋百里《日本人——一个外国人的研究》。
[2] 引自蒋百里《日本人——一个外国人的研究》。
[3] 引自蒋百里《日本人——一个外国人的研究》。
[4] 引自蒋百里《日本人——一个外国人的研究》。

厄运。实在是爱国志士造成的啊！"①

《日本人——一个外国人的研究》让我们全方位地了解日本民族的性格，侵略的野心，以及他们自身的弱点，这个民族一直眼睛向外，骨子里既有恃强的一面，也有屈强的一面，只有彻底打败它、征服它，才会向你俯首称臣。克劳塞维茨说道："在消灭敌人军队时，不能仅仅消灭敌人的物质力量，更重要的是摧毁敌人的精神力量。"②而"蒋百里又常告予曰，中国欲复兴民族，建设近代国家，必须与东邻结算总账，去彼束缚，始能登康衢而胜骥"③。所以，蒋百里在著作的结尾处，掷地有声地提出："胜也罢，败也罢，就是不要和他讲和。"④

而这十四字秘诀，是这位抗日的强硬派，生前身后响彻云霄的抗日名言，激励中国人的同时，也想正告中国人，抗日战争是一场地大人众的泱泱大国与蕞尔小国之间的终极较量，不在一城一地的胜负，战争将是一场旷日持久的消耗，说到底是人、财、物的全面消耗，贫弱而地广的国家，无法取得阶段性的胜利，但是咬紧牙关，以愚公那种"无穷匮焉"的顽强意志是完全可以赢得战争最后胜利的，这才是持久战思想的真正核心之一。

---

① 引自蒋百里《日本人——一个外国人的研究》。
② 引自德国克劳塞维茨《战争论》。
③ 引自曹聚仁《将将之将：蒋百里评传》。
④ 引自蒋百里《日本人——一个外国人的研究》。

四、试以空间换时间

1937年初,蒋百里的军事著作《国防论》公开出版,其中一个主要观点是:"用空间换时间,行持久战,通过时间的消耗拖垮日本。"[①]也就是说,根据我国的地势,第二阶梯是最理想的主战场,让第二阶梯成为日本不可逾越的防线,如果在空间上能把日军拖入第二阶梯,一来我军可以有山势可依守,二来陷敌军于泥潭,就等于布好了"口袋"等敌军来钻,因为这里山势险峻、河湖密布,空军很难寻找打击目标,陆军的机械化派不上用场,在这里与日军长期对峙!相持决战!换取时间拼消耗,最终拖疲打垮日本。

全民族抗战爆发后,蒋介石也提出"以空间换时间"的口号。南京沦陷后,白崇禧归纳为"积小胜为大胜,以空间换时间"的战略思想。只要是"以空间换时间"的战略构想上升为国家战略,指导着全中国空前规模的抗日战争,那么以兴军强国、致力保卫中国国防为第一要义的蒋百里,就已足慰平生了。

任何事情都不会完美无缺,因此也不会获得众口一词的评价,只要是救亡图存、有益于国家,批评的声音是可以接受的,有时批评也是一种补充。有人批评"以空间换时间"的战略是出于万般无奈,说得令人信服一点,这是战略纵深的防御,可以保存中国军队的有生力量;说得危言逆耳一点,是用敌占区无辜的生灵做代价,用敌占区积累的财产做筹码,而且付出的空间,是平津唐、沪宁杭地区,也是中国经济发达的地区,更是战略物资的后备区。失掉这些地方,中国的抗战恐怕难以为继,至少使抗战更加困

---

① 引自蒋百里《国防论》。

难。事实证明，长达14年的抗战并没有因此而输掉战争，但抗战的艰难是可想而知的。

当然，有人认为"'以空间换时间'跟'胜利转进'"一样。也许读者对"胜利转进"一词相对陌生，可理解为战略转移，指战败后撤退的婉辞。其实是一种壮大主流舆论、凝聚正能量的正面宣传。大有曾国藩当年吃了败仗上奏时的表述："屡败屡战"，而他不仅没受责罚，反受表扬。众所周知，在全民族抗日战争初期，共产党领导的军队取得平型关大捷，振奋了人心，鼓舞了士气，但严酷的现实是国民党军队节节败退，国土沦丧几乎是半壁江山，而且是中国经济的发达地区。如果将"以空间换时间"直白地说成放弃国土，军队败退，必然涣散抗日的决心，打击抗日的士气，所以，"以空间换时间"解释为"胜利转进"，做正面宣传，实为战略上的必要。

"以空间换时间"并非是主动放弃国土，如同蒋百里之前预言的那样："将来中国和日本作战，津浦、平汉两线一定会被人攻陷的，现代中国只能以洛阳、襄阳、衡阳为根据地了！"[1]全民族抗战爆发以来，中国军队进行了顽强的抵抗：1937年7月，宋哲元部奋起抵抗，血战卢沟桥；1937年8月，张治中第九集团军、张发奎第八集团军投入80万人发起了八一三淞沪会战；1937年12月，唐生智率首都卫戍部队70万人进行了南京保卫战；1938年3月，李宗仁、白崇禧等率领29万人进行了台儿庄战役；还有徐州会战、武汉会战、南昌会战。其结果是，节节败退，津浦、平汉两线还是没守住，被敌人攻陷了。所以说，"以空间换时间"是蒋百里的远见，也是基于敌我态势的正确分析与判断，更是想拖疲拖垮敌人、取得这场战争的最后胜利的战略。最终"日军恰似按照将军的指挥，老老实实的自东向西，前进到湖南，而后陷入中国泥沼式的持久战中不能自拔，直到战败"[2]。

---

[1] 引自曹聚仁《将将之将：蒋百里评传》。
[2] 萨苏：《国破山河在——从日本史料揭秘中国抗战》，山东画报出版社2007年版。

1939年9月，蒋百里长眠于宜山的鹤岭已经十个多月了，但是他的"以空间换时间"的战略，还在冥冥之中把侵华日军拖入湖南，中国军队也"胜利转进"到湖南。一场大规模的残酷的攻防战，在以长沙为中心的地带展开，整整持续六年的浴血奋战，薛岳的第九战区投入100万部队，这就是举世瞩目的长沙会战。

然而，就在长沙会战之前的1938年11月，在日军还没有打到长沙时，国民党下令一把火烧了长沙，美其名曰"焦土政策"，火烧长沙被称作"文夕大火"，导致长沙百姓3万多人丧生。

长沙会战共展开了四次大规模的战役，1939年9月，第一次会战，粉碎了日军的围歼，打击了日军的嚣张气焰，提高了士气，但各有胜负；1941年9月，第二次会战，毙敌2万余人，击落敌机六架，击沉汽艇九艘，也是各有胜负；1941年12月，第三次会战，毙敌5万多人，取得长沙会战大捷，成为"日军偷袭珍珠港以来，同盟军唯一决定性之胜利"；1944年5月，第四次会战，中国军队战败撤退，长沙陷落。

指挥长沙会战的司令长官，就是绰号"老虎仔"的抗日名将薛岳。提到此公，不能不提到他与蒋百里的一段往事。他一生与蒋百里有三次面缘，虽然薛岳不是蒋百里的亲传弟子，但是蒋百里的为人、学识和精神教育在历届保定军校学生中有口皆碑，无论何时何地，都尊称蒋百里为老师，并以做蒋百里的弟子为荣。

回想1937年7月初，蒋百里受蒋介石聘请到庐山牯岭担任暑期训练班的教官。薛岳参加了这次军官训练班，他已经是大名鼎鼎的司令长官，以保定生的身份，拜见了慕名已久却不曾谋面的蒋百里，这是他第一次见到蒋百里。卢沟桥事变的第二天，蒋介石频召部将，寻求应对措施，当天深夜，薛岳被召去了美庐别墅，在美庐别墅与蒋百里邂逅相逢，这是他第二次见到蒋百里。1938年6月，武汉会战在即，薛岳参加最高军事会议，他在武汉第三次见到蒋百里。

1937年7月8日深夜，注定是一个不眠之夜，日本做起亡我中国的勾当，蒋百里预言中日必有一战，不幸言中。这时蒋介石如坐针毡，想听一下这位预言家的高见，当薛岳走进美庐别墅时，也就是他们第二次见面，正好亲耳聆听蒋百里对局势的看法。

蒋百里讲道："委员长不必担忧，一个歪曲的社会，到了抗战时代，天然的会正直起来。日本的侵略，实际上反而刺激了中国人的爱国精神，反而促成了中国的全民团结，加速了中华民族争取自由、独立的民族解放的进程。"①这一见解让蒋介石吃了颗"定心丸"，战争面前人们往往看到的是失去，有失必有得，我们得到的是空前的民族团结。接着蒋百里分析日本这个民族特点："日本是一个缺乏内省能力的、性急的民族，他们不可能知道，要屈服一个民族求生存求自由的意志，这在古今中外都是不可能的。日本人欺软怕硬，他们要以有限的能力来满足无限的欲望。"②

因此，对这样一个只会屈从强大的民族，战略上只能打不能和。"对日作战，不论打到什么地步，穷尽输光不要紧，最终底牌就是不要向日本妥协，唯有长期抗战，才能把日本打垮。一言以蔽之，胜也罢，败也罢，就是不要同他讲和！"③薛岳觉得耳目一新，第一次亲聆蒋百里的教诲，也不枉费自称学生的荣耀。

蒋百里谈到当前对日作战的策略时，非常重视要扬长避短，不能盲目乐观，大意是说，一个无法回避的客观现实是，我们的武器和兵员素质还远远不及日本，所以要试图避免在平原上与敌决战，因为那里无险可依，这是我们的短处；而我们也不是一无所长，真正的优势就是沿江的山地与湖沼，如果把日军主力进攻路线由北向南，吸引到沿长江由东向西的路线，就可以充分利用山地与湖沼消解日军优势。

---

① 叶绍荣：《万家岭大捷》，百花洲文艺出版社2010年版。
② 叶绍荣：《万家岭大捷》。
③ 叶绍荣：《万家岭大捷》。

蒋百里善于优劣转化的分析，拿中日做个对比，就看出日本的弱点，日本国土面积和人口相对小而少，因此资源和兵员的后备力量明显不足，对于长期作战相当不利。而中国地大人众，资源和兵员相对充足，基于此，"日本对中国的战争，只能采取速战速决的战略方针。我们则应反其道而行之，做好打持久战的准备，要以空间换时间，通过时间的消耗，拖垮日本。具体做法为：将日军拖入中国地理第二棱线，即湖南、四川的交界处，和日军进行相持决战"①。蒋百里对抗战前景有独到的见解，从抗日信心、抗日战略到抗日策略，娓娓道来，这是他基于多年的对日本军情研究的深思熟虑，听得薛岳醍醐灌顶，茅塞顿开。

　　薛岳回想起他们见面的情景，感慨万千，言犹在耳。

　　"伯陵（薛岳）"，蒋百里凝重地说，"委员长一向对你很器重，每至关键处，总是给你委以重任。这次，相信你能把南浔路的地形和你的军事才能用到极致，为国家建奇勋，也为自己的人生挥洒上浓墨重彩的一笔"②。"伯陵绝不辜负老师厚望。"③薛岳告别蒋百里匆匆地上了前线，没想到此次相见，竟成永别。

　　多年以后，薛岳想起淞沪会战的真实目的，实际上就是把日军的主力和战场吸引到沿长江一线，一改日军由北向南的方向，变作由东向西的方向，最终使日军陷入泥沼式的持久战中。令薛岳惊奇和佩服的是，蒋百里成竹在胸的"以空间换时间"战略一直在抗战中指导着全局。

---

① 叶绍荣：《万家岭大捷》。
② 叶绍荣：《万家岭大捷》。
③ 叶绍荣：《万家岭大捷》。

五、中国必胜有办法

邵力子说："合万语为一言，信中国有办法。"在山河破碎、民族危亡的关键节点，蒋百里向全中国、全民族奏响了时代的最强音——"中国是有办法的！"大有"纤笔一支谁与似，三千毛瑟精兵"①之奇效。四万万同胞就像感受到心灵的召唤，空前团结，一致对外。因此说，任何一个优秀的理论家，首先应学会做一个优秀的宣传家，因为理论是"高冷"的，而宣传是有"温度"的，更能吸引人、感染人、鼓舞人。

对于抗日救亡来说，需要一个全国共识的声音，"中国是有办法的"！就是当时中国共识的声音，提高了大众抗日的信心，坚定了抗日意志。很显然，有了抗日的信心，才会笃信抗日的理论，因此说宣传是说服大众的力量。蒋百里在《国防论》这部千钧力作的扉页上，赫然写着："万语千言，只是告诉大家一句话，中国是有办法的！"道出他毕生致力中国国防事业的良苦用心，在全民族抗战爆发前辑录并发表此书，目的非常明确，急切地要唤醒中国人的抗战信心，扫除畏敌情绪，树立自救意识，表达他的爱国忧国拳拳之心。

在国难当头、敌强我弱的情况下，喊出"中国是有办法的"的声音，是否有伏而舐天的嫌疑呢？是否有螳臂挡车的误解呢？这是每个爱国志士甚至普通大众热切希望得到解答的问题，这就要看蒋百里如何作答了。他认为武力是军事实力，它体现了一个国家的综合国力；要加强武力，就必须加强综合国力；要加强综合国力，必须在人、物、组织方面齐抓共举。

---

① 引自毛泽东《临江仙·给丁玲同志》的一句诗词。

众所周知，人是战争胜负的决定因素。第一，战争对人直接的杀伤，战争中大规模的死亡导致人口锐减，特别是处于生育年龄的年轻人从军，减少了配偶和生育，再加上战争时期民生凋敝，本来婴幼儿的存活率就不高；第二，人心向背是取得战争最后胜利的关键，面对战争，是萎靡自馁，还是慷慨赴死？这是对一个民族是否具有民族自尊心的巨大考验。同样是死，为国献身不是更光荣吗？战争不因为我们放弃抵抗，就可以免遭杀戮，试看惨绝人寰的南京大屠杀，30多万同胞死得那样无辜。所以，面对外族的侵略，只有团结一致，奋力抵抗，也许牺牲的是我们个人，但是我们的民族尚存一丝希望。

萨苏描述道："在外寇入侵、中华民族最危险的时刻，中国人民地不分南北，人不分老幼，以巨大的牺牲捍卫了民族的尊严。中国的抗战，以最简陋的武器对抗凶残而装备精良的侵略军，很多时候战至最后一刻、最后一人。"

我们有如此优秀的中华儿女，这就是我们行持久战打败日本侵略者的关键所在，这就是我们历史遭受无数次外族侵略依然屹立于东方民族之林的根基所在。

蒋百里论述道："感谢我们的祖先，中国有地大与人众两个优越条件，不战则已，战即不能不动用拖的哲学，拖到东西战争合流，我们转弱为强，把敌人拖垮而后已。"

事实证明，中华大地历经血与火的洗礼，付出超过3500万人的生命，最终拖垮了日本侵略者，光复了大好河山，洗雪了近代以来的民族耻辱，增强了民族自尊心。

我们不仅人众，而且地大，面对武器精良的敌人，我们有据险可守的复杂山地，有迟滞敌人机械化部队进攻的密布河湖，进可攻退可守，我们"以空间换时间"，利用中国的山川河流，让敌人陷入战争的泥潭，最后把侵略者拖疲打垮。

七七事变爆发后，日本侵略者亡我中华的狼子野心昭然若揭，助长了日军的嚣张气焰，残酷的战争形势让那些患了"软骨病"的中国人丧失了抗战的信心，对前途一片迷茫，出现了"弃船"心理。针对萎靡自馁的心态，蒋百里在《抗战的基本观念》一文中明确指出："我们今天退出上海，但我们自信是胜利的；我们今天退出南京，我们也自认是胜利的。这种说法并不抽象，也不空洞，我有正式的科学根据。"要知道这不是蒋百里用以宣传的"胜利转进"的表述，他要我们掌握一个常识："我们是农业国家，并非工业国家，后者全部国力集中几点，一个纽约可抵半个美国，一个大阪可抵半个日本。中国因为是农业国家，国力中心，不在都会。""日本占领上海、南京，只不过占了几所新式房子，对中国的抵抗力量，没有太大影响。抗战乃我们民族求生存求自由的意志的表现，日本想凭借它的飞机大炮，来屈服我们民族的意志，是不可能的，是没有历史常识。"历史常识告诉我们，中华民族是世界文明史上唯一一个从未中断的古老国度，也是外敌永远也打不垮的中国人，当外敌侵略时，那一定是"外御其侮"。

中国人众、地大是自然优势，如果不把它变成获得性优势，在这场残酷的战争中，都将成为俎上鱼肉，任人宰割，任人践踏。

无论有多少资源，倘使没有组织运转起来，都是待用品，因此组织、协调、利用固有的资源就成了重中之重。蒋百里早在第一次访问欧洲期间，就深刻地意识到，战争的决定因素在于民众，于是萌发"寓兵于农"的军事思想；战前考察防务时，途经山东邹平，拜访并劝梁漱溟搞好乡村自卫工作。正如蒋百里讲到的那样："国防空虚及武器落后的中国，只有鼓励农村抵抗，进行广大而散漫的游击战，乃为补救之不二法门。"

蒋百里断言中日一旦开战，沿海的平原是守不住的，要以开发内陆和西部为重点，所以在广大农村开展民兵制、游击战作为对日的作战方式。梁漱溟也表示认同民兵制和游击战。蒋百里认为："中国唯有长期抵抗，利用农村基地，以民兵为主力，打广大的游击战，才能把日本拖垮。"[1]因此说农

---

[1] 朱传誉：《蒋百里传记资料》，台湾天一出版社1985年版。

业国家，在敌后组织民兵进行游击战，在当时已有相当的共识。

虽然蒋介石是以阵地战、消耗战为主要作战方式，但中共领导的八路军、新四军已经深入敌后开展游击战争，规模之大、群众之多都是空前的，他们破坏交通线，组织反"扫荡"，端掉敌人碉堡，使日军瞻前顾后，前方刚刚形成合围，后方就被反包抄，大量的日军被牵制。

对日的反制措施，"彼利急，我利缓；彼利合，我利分；彼以攻，我以守。此自然之形势，而不可逆者也"[1]，"我侪对敌人制胜之唯一方法，即是事事与之相反。彼利速战，我持之以久，使其疲弊；彼之武力中心在第一线，我侪则置之第二线，使其一时有力无用处"[2]。

换言之，日军的战略必定是急于求成、速战速决，我方则缓兵以待之；日军希望整合兵力进行决战，我军则要分兵抗击，保存力量；日军的优势在进攻，我军的优势在防守；日军的军力重点在第一线，我军的军力重点在第二线。这些都是不可违逆的战略大势。

1938年，蒋百里指出：日本"要以有限的能力来满足无限的欲望"，必然是"自造国难"[3]，是一场悲剧；文末用一句德国老者的话大声疾呼："胜也罢，败也罢，就是不要同他讲和！"[4]

1938年11月4日，蒋百里在宜山病逝，遗憾的是他没有亲眼看到抗日战争的最后胜利，但是抗日战争的对日作战方略，正如他战前的谋定一样，仿佛冥冥之中，他在指挥着抗日的全局。是他那中国必胜的铮铮誓言，坚定了中国人的抗日信心；是他用心学习总结出的办法，有效地打击了日本侵略者；是他的远见卓识，预见了抗日战争的最后胜利。

---

[1] 引自中国共产党新闻网，2017年8月25日，"国民政府迁都重庆始末（一）"。
[2] 引自中国共产党新闻网，2017年8月25日，"国民政府迁都重庆始末（一）"。
[3] 引自蒋百里《日本人——一个外国人的研究》。
[4] 引自蒋百里《日本人——一个外国人的研究》。

第十二章 兵学泰斗，将将之帅

纵观蒋百里的一生，手里不曾握有一支军队，经历战争风云，却不曾驰骋疆场，不曾指挥一次战役；但是他在中国军事学上的研究，以及在军事理论上的成就，被誉为「「天生兵学家」「兵学泰斗」「军事学之父」，并与杨杰合享「北蒋南杨」的美誉」。蒋百里的军事思想对当时的人产生了重要影响，他的《军事常识》「也是蒋百里国防思想初成体系的标志性著作」；尤其是他的《国防论》，被誉为『二十世纪二三十年代以来「具有中国特色的国防理论体系」的高峰。作为中国国防、军事理论的奠基之作」。

一、中国兵学一泰斗

古有兵家孙子，今有兵学蒋百里。

蒋百里在国内外享有盛誉，与他同时期的冯玉祥在军中开办教育，经常引经据典，就像佛经的第一句话永远都是"如是我闻"，而冯玉祥的第一句话都是"'孙子曰''岳飞曰''华盛顿曰'，其中也有'蒋方震曰'"，可见他的军事思想在国内同行中备受关注；不仅如此，盛名远播海外，二战期间，艾森豪威尔、蒙巴顿都多次引用蒋百里《国防论》中的一些论断来阐述战局。侵华日军更是认为"三个师团也抵不上一个蒋百里"，所以派特工到处暗杀他，足见蒋百里的军事思想在军事作战中独特的地位和作用。

人们耳熟能详的是中国古代的兵家，津津乐道地谈论兵家孙子，对他的治兵作战的理念、战略战术和军事辩证法了如指掌；然而对近现代的中国，特别是民国时期军事学奠基人之一的蒋百里却知之甚少，甚至还有点陌生。

这是个特定历史时期的现象，人们有理由相信，随着历史的尘埃落定，一切历史的积淀都将逐渐浮出水面，人们会更加包容地看待一切，人们也会更加理性地评价历史人物。蒋百里一生致力中国的国防建设事业，他的一生军事理论著作颇丰，尤其是"他的代表作《国防论》凝聚了他一生的军事思想的精华，作为中国抗日战争时期国防战略的重要基础，为鼓舞民族士气、抗击日本侵略者的民族解放战争做出了不可磨灭的贡献"[①]。

---

① 引自中国人民政治协商会议海宁市委员会，2009年4月8日，韩海军"蒋百里的军事思想"。

为了接近历史，为了还原一个真实的蒋百里，有必要梳理一下他的军事思想、军事理论的缘起与形成。

1894年，蒋百里听闻甲午战败，刺激颇深，家难国忧，椎心泣血，便萌生了为国效命的理想，正如他回忆道："甲午战争，刺激了我的新知识，我学会了看报。也在那时，平壤、牙山、大东沟、九连城、威海卫、刘公岛，熟悉了这些地理上的名词。"①

1901—1905年，怀揣着弃文习武、立志兴军强国的梦想，蒋百里东渡日本留学，考入日本陆军士官学校，"他以步兵科第一名毕业，天皇赐刀褒奖"。他为实现梦想付出了巨大的努力，搭好了献身军事事业的阶梯。

1906—1910年，西去德国军营深造，到德国第七军任实习连长，受到兴登堡的赞誉；实习期间，开阔了眼界，提高了军事素养，丰富了西方近代军事理论。

1912年，他放弃了云南省政府的邀请而选择了保定陆军军官学校，踌躇满志，决心干出一番事业，创建真正意义上的新军。正如他所讲："今日谈陆军，不曰德国，即曰日本……他们能本着爱国精神，上下一心，不断地努力，我不相信国家终于贫弱，我们的军队终不如人，我此次奉命来长本校，一定要使本校成为最完整之军队，使在学诸君成为最优秀的军官。"他的兴军强国梦又上了一个台阶，注重培养新式的军官。

1915年，蒋百里与刘邦骥合著《孙子浅说》，通过介绍悖论战争、止戈为武、慎战、军争为利、杂于利害、出奇、兵不厌诈、兵形似水等内容讲述孙子的主要思想。本书最大的特点是，引入西方军事思想阐述东方的兵学思维，这是前所未有的一件事情，既有继承又有借鉴，突破了校勘注释的传统，赋予了现代意识，应该说这是蒋百里军事思想的萌芽。

1917年，蒋百里出版了第一本军事专著《军事常识》，这本专著的重要

---

① 引自曹聚仁《将将之将：蒋百里评传》，第129页。

地位，在中国近代军事思想史上留下浓墨重彩的一笔，研究者称《军事常识》"标志着中国近代军事理论的研究已发生质的飞跃"，他对兴军、建军、管军进行了系统阐述，对近现代军事具有指导意义，被认为是"中国近代军事理论的奠基之作"，从此蒋百里的军事思想基本形成。

1918年，蒋百里参加欧洲考察团，对欧战有了全面的认识，正如自己说"欧游以还，乃于军事大趋势，与中国立军之大本，粗有所见"。他回国后，对欧战进行全面的总结，发表了《德国战败之诸因》等文章，尤其欧游期间受到瑞士民兵制的启发，结合中国传统兵家思想，萌生了"寓兵于农"的军事理念。

1931—1932年，蒋百里因唐生智倒蒋受牵连，遭受近20个月的牢狱之灾，出狱后以"澹宁"为笔名，完成了《战斗与生活一致》一文，写道："生活与战斗条件一致者强，相离者弱，相反者则亡"；继而写道："一为蒙古人的马，一为欧洲人的船。因觅水草就利用马；因为营商就运用船，马与船就是吃饭家伙，同时可就是打仗的家伙，因此就两度征服世界。"他提出了"战斗与生活一致"的军事思想，后来编入了《国防论》。

1934年，为了加强经济与国防密切关系的认识，完成了《从历史上解释国防经济学之基本原则》一文，在中国首倡"国防经济学"，这在后来全民抗战中起到不可估量的作用。他在《军事杂志》上发表了"最近世界国防之趋势"，明确指出"世界最新军事主流是全体性战争，国防的部署应立足于自给自足，做好打持久战的准备，但作战精神贵为速决战"。在他的军事理论中首次提出"持久战"的概念。

1935年，蒋百里再度访问欧美，他的考察报告主要介绍了杜黑的控制权理论，这是世界最新的军事潮流。由此，他撰写了《现代空军力之基础》《考察意国空军建设之顺序与意见》，建设空军独立兵种，是面对未来立体战争的关键，"在中国倡为空军独立理论的以陆军出身的蒋百里为第一人"。

1937年夏，蒋百里在庐山军官训练团担任教官，把讲稿印成《国防论》

一书，公开出版，在军界引起巨大轰动，《国防论》"凝聚了他一生的军事思想的精华"，是他军事理论的代表作。至此，他的军事思想、军事理论已经成熟。

1938年，蒋百里任陆军大学代校长一职，在首次训话会上，引用成语自嘲，"老夫老而不死，好为人师"，以表示自己还不算老。此后人们称他为"青年老头子"。这一年他发表了《日本人——一个外国人的研究》，借用一位德国老者的话："胜也罢，败也罢，就是不要同他讲和！"这就是蒋百里掷地有声、振聋发聩的对日作战的指导方略。

回顾蒋百里的一生，生活在那个风雨飘摇的年代，战争频仍，民生凋敝，因此兴军强国、加强国防建设是他一生追逐的梦想。所以，他的军事思想，反映了忧国忧民、为国效力的爱国主义精神；反映了融合中西、博采众长的军事思想。他的代表作《国防论》被称作融汇中国古代"传统军事思想与西方军事理论，对中西军队的战略战术进行比较研究的有影响的论著"。

蒋百里的军事思想、军事理论在当时乃至今天都有着极大的影响，无论是他提出的中国国防战略思想，尤其对日战略思想，还是他关于经济是战争的总因、经济力与战斗力相一致的论断，大大拓宽了人们对经济与战争密切联系的认识，有利于国防经济学思想在中国的传播。

在中国近现代，蒋百里不仅是一位不可多得的军事天才，更是一位有良心的军事学家，他把一生都贡献给了中国的国防事业，堪称"兵学泰斗"，德能配位。虽然他命运多舛，却始终不渝，他肩负起的是一份责任，一份使命，无论身居何位，念念不忘的永远是军国大事。有人说如果老天再给他几年的生命，他就会成为中国的克劳塞维茨。即便造化弄人，即便是天妒英才，但以他在军事理论上的辉煌成就，仍然无愧于中国近现代"兵学泰斗"的称号。

二、将将之帅无将兵

纵观蒋百里的一生，手里不曾握有一支军队；经历战争风云，却不曾驰骋疆场，不曾指挥一次战役。因此，有人说蒋百里生不逢时，也有人说他遇人不淑，而愚以为蒋百里虽然无将兵之机遇，却有将将之天分。

兵法云："能领兵者，谓之将也；能将将者，谓之帅也。"将兵者前线浴血奋战，将将者决胜千里之外。中国向来不缺少将才，而需帅才。可是，蒋百里这个帅才，却要在卢沟桥事变的战火硝烟中领兵驰骋疆场，这个抗日的强硬派主动请缨到军中服务，杀敌立功，以平夙愿，可是天不遂人愿，国难当头一切唯召唤是从，全能的帅才变"使才"（墨索里尼语），孤独地出使德意，离间法西斯轴心国。然而，这就是蒋百里：具有"胜故可喜，败亦欣然"的儒士气质；具有"事了拂衣去，深藏身与名"的侠客豪情；具有"天地英雄气，千秋尚凛然"的军人胆略。

蒋百里以少将军衔出任保定陆军军官学校校长始，以上将军衔（死后追授）代理陆军大学校长终，前后两任校长总时长不足十个月，其间人生黄金的26年或任总参议，或任总顾问，或任参谋长，就是不曾有带兵打仗的实权，而蒋百里却从未因地位与权势而计较个人的荣辱得失，只缘兴军强国、致力中国的国防事业永远是他的第一要义。所以，心底无私天地宽的蒋百里做事敢为人先，做人又甘为人后。

1912年，蒋百里放弃高官而出任校长，就是"舍熊掌而取鱼"；当他"一定要使本校成为最完整之军队，使在学诸君成为最优秀的军官"。初见成效之时，却遭掣肘"食言"而悲愤饮弹。1929年，蒋百里因唐生智起兵倒蒋而受牵连入狱，是蒋介石动了杀心而不忍杀的为数不多的将领，他却捐弃前嫌。1937年，日本帝国主义强兵压境，他却坚定地声言：中国必胜有办法。1938年中国已经丢了半壁江山，他却硬气地呐喊：胜罢，败罢，不讲和。这就是心忧天下、敢为人先的蒋百里的真实写照。

我们从蒋百里做参谋官的宏论中，略见他甘为人梯的气节。即便是代任陆军大学校长，他依然把培养目标锁定为培养参谋人才。蒋百里在就任的演讲中说道："本校的目的是养成参谋人才，进化为高级指挥官。"他把一生笃定的参谋志向迁移给陆军大学的学员们，接着讲述了中国古代最为成功的参谋人才。

北伐战争、抗日战争中的许多著名将领，都引自蒋百里的门下，无论是在保定陆军军官学校亲聆教诲者，还是后入师门者，都自称是蒋百里的门生，并且以此为荣。如：陈铭枢、唐生智、薛岳等赫赫有名的战将，对蒋百里皆执弟子礼，对他的学识、人品无不心悦诚服，对他的运筹帷幄、高瞻远瞩更是钦佩有加。这就是将将之帅应有的风范和气度，不在于地位的高低，也不在于权力的大小，而在于自身的人格魅力，这是他最吸引人的力量。

正如叶绍荣中肯地评价道："蒋百里精研兵法，胸藏韬略，是中国现代军事史上不可多得的旷世奇才。蒋百里资历颇深，是一位元老级的智囊型人物。这位只谈武不动武，只谈兵不带兵的将军，曾为各路军阀所器重……"[①]

著名报人王芸生评价道："蒋百里是中国有数的军事学家，他不曾典兵，而他的学生多是典兵大将……"

---

① 叶绍荣：《万家岭大捷》。

三、心系国运帅满门

"臣心一片磁针石,不指南方不肯休。"① 文天祥在南宋政权朝不保夕的情况下,依然是忠忱一片,心系国运,情牵苍生,不离不弃,誓与南宋朝廷共存亡,何其苍凉而悲壮!几千年的中国历史不断遭到外族侵略和蹂躏,几万万同胞长期饱受磨难和屈辱,然而总是在民族危难之时,涌现出一批志士仁人,他们心系国运,勠力同心,拯民于水火,方使我中国永续,绵延不绝。

蒋百里生于忧患,死于内忧外患的时代,在那个战争频仍、灾难深重的清末民初,山河破碎,他立志效国;民族危难,他以身许国;临危受命,他捐躯报国。终其一生,心系国运。蒋百里自投笔从戎,东学日本,西学德国,学有所成,即刻投身到国家的军队建设中,以期实现兴军强国的梦想。1912年,他踌躇满志地担任了保定陆军军官学校校长,培养了大批的优秀军事人才,无论是亲传弟子还是私淑弟子,都成为驰骋疆场的名将,如刘文岛、陈铭枢、唐生智、张治中、白崇禧、陈诚、薛岳等一大批将领,都出自他的门下。这位"只谈兵不带兵"、壮志难酬的将军,是他的门生完成了他的终生夙愿。蒋百里一生虽不敢与孔子"弟子三千,圣贤七十二"同日而语,却有着将帅满天下的美誉。

在民国之初纷乱芜杂的政坛上,蒋百里一直寻求兴军强国之路,但是探索之路也充满了许多不确定性。貌似雄才大略的头面人物也许包藏祸心,曾几何时,袁世凯被公认为是中国统一和稳定的强有力的象征,民国初年

---

① 引自文天祥《扬子江》的诗句。

的风云人物大多聚拢于他的麾下,急切地施展个人的抱负。蒋百里也做过保定陆军军官学校校长、海陆军大元帅统率办事处一等参议,但不久袁世凯就露出真面目,成了"窃国大盗";袁世凯倒台后,段祺瑞异军突起,蒋百里又做过段政府的军事顾问;再后来做过吴佩孚、孙传芳的参谋长,但是蒋百里不是投机分子,出于对民族的责任感和军人的良知,最终选择了在北伐战争中崭露头角的蒋介石。

"蒋百里资历颇深……袁世凯、段祺瑞、黎元洪、吴佩孚、孙传芳等中国现代政治舞台上走马灯般的风云人物,都曾三顾茅庐,虚席以待,诚聘他为参谋长或顾问,但真正让蒋百里看得上的还是蒋介石。"①

说来蒋百里与蒋介石之间还有一段微妙的关系。他们同为浙江蒋氏,但是同姓不同族,蒋百里是浙江海宁硖石人,蒋介石是浙江奉化溪口人;他们都与保定陆军军官学校有渊源,但是蒋百里任军校校长,而蒋介石是军校的学员,不过就读与就任时隔五年。

大革命时期,蒋介石向接洽北伐事宜的刘文岛(蒋百里的学生)表示:"蒋百里先生如果参加革命,则革命的进展必更快。他是老成持重的稳健派,他如果插足革命阵线,必使国人更加认识革命的重要性,而不存趑趄不前的心理。"在蒋百里辞去吴佩孚、孙传芳的参谋长之前,他非常希望吴佩孚、孙传芳能与革命军合作进行北伐,进而完成统一中国的大业。而吴、孙都坐失良机,蒋百里虽然没有担纲革命军总参谋长,但是他做通了唐生智的湘军工作,投入国民革命军的北伐。

1927年,轰轰烈烈的大革命失败了。而唐生智的权力欲望和政治野心却膨胀了,他趁蒋介石对付共产党的时机,壮大自己势力。蒋介石向来最忌一方独大,唐生智的做法让蒋介石感到从未有过的威胁,蒋介石找个理由,以"通敌叛党"之罪褫夺了他的军权。经过蒋百里的再三担保,唐生智才得

---

① 叶绍荣:《万家岭大捷》。

以重掌军权。

1929年，东山再起的唐生智起兵反蒋，通过密电来征询老师蒋百里的意见，蒋百里回电中有唐生智意会的词语"东不如西"。这句话是当年唐生智的父亲六十大寿时，蒋百里祝贺的寿联："北方大将，西域奇才"，其意是希望唐生智能仿效清代名将左宗棠，也是唐的湖南老乡向西北开天辟地，有一番作为。然而，唐生智师心自用，枉顾老师蒋百里的一片苦心，通电逼蒋下野，同时剑指南京。倒蒋失败，唐生智逃了，可他的老师蒋百里倒霉了。蒋介石的爪牙遍布整个上海，很快就从蒋百里的家中搜出与唐同谋的证物：电台、密码、电报稿，蒋介石看到"东不如西"字样，就误以为是起兵反叛的暗号，犯了同谋的嫌疑，便命令上海的爪牙软禁了蒋百里。

1930年元旦，事态有些吃紧，蒋介石派说客上门，让蒋百里亡命天涯来化解这场危机。首先是上海市市长、蒋介石在日本振武学堂的老同学张群登门劝说蒋百里出国，避一避风头。蒋百里却没领情，好似当年钟会拜见嵇康一样，张群碰了一鼻子灰，黯然离去。过了几天，他的学生、武汉特别市市长刘文岛来访并劝说："老师，目前你处境险恶，我看你还是出国安全，早走为好。"不料蒋百里书生意气，孤高近乎偏执，一副身正不怕影子斜的凛然之气，吼道："我没有刮地皮，没有钱出国！"刘文岛误以为老师蒋百里出国没盘缠，进而说道："听说上海当局答应筹措5万元路费。"蒋百里听罢气恼至极，恨得咬牙切齿："别人的钱我不要，我没有犯法，不会离开上海。看他蒋介石把我怎么办！"

其结果是蒋百里被囚拘近20个月之久，若以蒋介石一贯的疑心和风格，蒋百里早就做了刀下之鬼。"然而蒋百里门生将帅满天下，蒋介石杀他徒失人心，所以一时还下不了决心。"[①]另外，蒋百里在国民党元老中也有很好的人缘，元老们在保释他的呈文中极具惋惜、保全之意，写道："外侮日亟，

---

① 引自人民网，2013年3月25日，《老人报》"蒋百里：蒋介石想杀又不敢杀的人"。

将才苦少",蒋介石耍起了政治家的两面派,给足了元老的面子,在释放蒋百里的呈文上当面批了两字"照准",私相授受久"拖"不办,从此没了下文。还是代理行政院院长陈铭枢面子大,进言蒋介石,力保蒋百里。蒋介石这才释放了蒋百里,但他还假模假样地卖了个人情,说:"我蒋某人宽宏大量,不计前嫌。"

1937年初,蒋百里秘密考察南北防务,东起山东西到河北、山西,又北起河南到湖北、湖南、广东折向福建,一路晓行夜宿,为抗战未雨绸缪。

1937年夏,庐山暑期训练班集训,蒋百里为各省高级将领授课,以备战事爆发,分遣布防。在他的著作《国防论》的扉页写道:"千言万语,只是告诉大家一句话:中国是有办法的!"鼓舞了抗战的士气。

1937年秋,为了离间法西斯轴心国,蒋百里孤独地出使德、意。罗马华堂引出墨索里尼,于柏林舌辩戈林。其间写就了《日本人——一个外国人的研究》,文末写道:"胜也罢,败也罢,就是不要同他讲和!"

1938年秋,蒋介石接任陆军大学代理校长,但蒋介石并没有授予他兵权。蒋百里主持陆军大学西迁事宜,事无巨细,操心劳力,最终病殒在偏居一隅的宜山。

"以先国家之急而后私仇也。"[①]蒋百里就是这样一位把个人的恩怨置之身后,而把国家的危难、国家的命运永远放在第一位的爱国将领。

---

① 引自司马迁《史记·廉颇蔺相如列传》。

四、持久之战国防论

1937年夏,《国防论》公开出版。这是蒋百里一生军事理论研究的巅峰之作,是"二十世纪二三十年代以来'具有中国特色的国防理论体系'的高峰,是中国国防、军事理论的奠基之作"。这部优秀的军事学著作,奠定了蒋百里在中国近现代军事史上的泰斗地位,对中国近现代军事产生了巨大而深远的影响。

优秀的文化是不分国界的,《国防论》作为有指导意义的军事理论著作,很快名扬海外,外国的军事家、著名将领相互传阅,相互借鉴,特别是在世界大战期间,谁掌握了先进的作战理论,谁就可能获得作战的先机。二战期间,艾森豪威尔、蒙巴顿都多次引用蒋百里《国防论》中的一些论断来阐述战局。仅从这一点,《国防论》的军事理论价值,就足见一斑。

德国军事历史学家汉斯伯格对《国防论》给予高度评价:"蒋百里先生是我尊敬的军事专家之一……是中国历史上第一个非常理性的角度分析军事与国力关系的思想家,当时他所提出的'从东向西战略移动'模式的确起到了拖延日军攻势的作用。"从这段论述看,汉斯伯格对"以空间换时间"的战略大加赞赏,它对迟滞日军的疯狂攻势,争取抗战的最后胜利做出了不可磨灭的贡献。

国内关于《国防论》的认知,那是仁者见仁、智者见智,正所谓100个人读莎士比亚就有100个哈姆雷特,100个人读《红楼梦》就读出100种红楼梦。此言不谬,读书也是一种消费,按需所取,根据个人的偏好、经验和需求,站在不同角度,就会总结出不同的观点。

有一种观点,是着眼于抗日战争大的指导方略来总结《国防论》的:

"一、以空间换时间,胜罢败罢不讲和;二、不畏鲸吞,只怕蚕食,全面抗战;三、开战上海,利用地理条件减弱日军攻势,阻日军到第二棱线形成对峙,形成长期战场。"

也有一种观点,是着眼于国防建设的前提条件来总结《国防论》的:"一、如何使国防设备费有益于国民生产的发展,我们太穷了,应当一个钱当两个钱用;二、如何能使学理与事实密切地沟通,现在不是空谈就是盲动,盲与空有相互的关系,愈空愈盲,愈盲愈空。"

还有一种观点,着眼于国防建设与经济的关系来总结《国防论》的:"一、'生活条件与战斗条件一致则强,相离则弱,相反则亡';二、'军队战斗力与国家经济力是不可分的';三、'国防建设必须与国民经济配合一致';四、'国防强兵必须理财'。"

无论基于什么需要,总结出什么样的观点,蒋百里的《国防论》都是一部具有学术价值和实际指导意义的军事著作,蒋百里堪称中国近现代军事史上的泰斗,无愧于现代兵家的美誉,无愧于一生兴军强国、致力中国国防建设的初衷。蒋百里的代表作《国防论》"凝聚着他一生军事著作的精华……对民国时期的中国国防做出理论化和系统化的阐释,把民国时期国防理论推进到一个新的高峰"。

在《国防论》中,蒋百里对岳飞所说"运用之妙存乎一心"[①]一语,有独特的解释:所谓一心不是存乎主帅一人的心,是指全军的精神一致,过去把动词误解作形容词。也就是说,过去上下一心完全仰仗主帅的感情来维系,或者刑罚来约束,而现代的上下一心是每个军人内心自发的,这就应该启发每个军人的爱国心和自尊心,让每个军人都乐于为国家效命,这个见解,完全符合民主国家的军事精神。

《国防论》最大的亮点莫过于持久战。书中讲道:"面对强敌的侵略,只

---

① 引自《宋史·岳飞传》岳飞说:"阵而后战,兵法之常,运用之妙,存乎一心。"

有避免过早的决战，逐步积聚力量，疲惫敌人，才是制胜的唯一方法。"字里行间透着持久战的思想。

1937年夏出版的《国防论》，是最早见诸报端的军事著作，提出了抗日持久战，蒋百里在《国防论》中涉及抗日持久战的全部内容分为两段，共计215个字：

第一段文字："国防的部署，是自给自足，是在乎持久，而作战的精神，却在乎速决，但是看似相反，实是相成：因为德国当年偏重于速决，而不顾及于如何持久，所以失败；若今日一味靠持久，而忘了速决，其过失正与当年相等。"大意是说战略上行持久战，而战术上行速决战。

第二段文字："坚固者，于各事之冲突上所生意志之抵抗之谓；忍耐者，则意志抵抗之自时间上言者，二者甚相近，而其本则相异，盖坚固仅由于情之强，而欲其持久不变，则不能不藉（借）于智之彻，盖行为之继续愈长，则对于行为之计画（划）亦愈密，而忍耐力则实生于智力之计画（划）者也。"大意为：行持久战既要借助智慧，又要周密计划。

这两段文字是《国防论》中论述持久战的全部内容，"持久"二字，在上述内容中反复出现了四次。

五、天才兵家战时显

中国近代职业教育创始人黄炎培,在蒋百里逝世时题写的挽联是:"天生兵学家,亦是天生文学家,嗟君历尽尘海风波,其才略至战时始显;一个中国人,来写一篇日本人,留此最后结晶文字,有光芒使敌胆为寒。"短短56字概括了蒋百里一生的才学、抱负和远见,虽然蒋百里壮志难酬,却心忧天下,一生什么都拿得起来放得下,唯独"国防"与"抗日"放不下。兵学家的才能和远见在抗战期间得以一一验证,真是疾风始知有劲草,乱世方显真英豪。

天才兵家,不在于攻城拔寨之勇敢,也不在于一时一地之得失,而在于放眼世界、胸怀全局的战略构想。人称"野才""狂生"的清末举人陈澹然,说过这样一句令现在的战略家常常引以为自豪的一段话:"不谋万世者不足以谋一时,不谋全局者不足以谋一域。"[①]这就是说,兵家需要的是何等的眼界和胸怀,才能把控战局,牵引着战局朝着预设的目标发展。

蒋百里之所以被称为兵学泰斗、中国军事学巨擘,自然胸中有丘壑,心有大格局,"笔底伏波三千丈,胸中藏甲百万兵"[②]。正所谓一个人具备什么样的格局决定了人生什么样的结局。

1937年,七七事变后,北平沦陷、上海沦陷,国民政府也被迫西迁,赤地千里,哀鸿遍野。在这样一个危局之中,地处中原的河南省政府随之迁往豫西的南阳。南阳一时成为河南省的救亡中心,河南建设厅厅长兼第一战

---

① 引自清朝陈澹然《寤言二·迁都建藩议》的一句话。
② 引自陈雪泥评价陆小曼的《唐宋人诗意》的画册,原话是"腕底烟云笔底山,胸中丘壑意清闲"。

区参谋长龚浩目睹而且亲历了这场战事，全民族抗战仅仅三个多月，津浦线、平汉线以东便失守了，龚浩所在的第一战区也由冀鲁转移到平汉线，猛然间回忆起14年前的一段往事，感喟蒋百里不唯料事如神，而且战略有方。

那是1923年，龚浩作为湖南吊丧代表，参加蒋百里先母杨太夫人葬礼后，与蒋百里一同北上北平。在途经徐州时，蒋百里若有所感地说："将来中国和日本作战，津浦、平汉两线一定会被人攻陷的，现代中国只能以洛阳、襄阳、衡阳为根据地了！"言犹在耳，一转身却事到临头，14年后残酷的现实果真如蒋百里所言。中日必有一战，龚浩当时还以为是蒋百里沉浸在丧母之痛中的呓语，不以为然。更让龚浩不解的是，政府果真以"三阳"为根据地了，这简直是料事如神、未卜先知啊！

龚浩为了追念蒋百里，于1939年在南滨白水、北障紫峰、遥连嵩岳的卧龙岗建造了一座小亭，亭额名之为"澹宁读书台"，还在石碑上镌刻了当年津浦线车中的一席话，以示不忘师恩。"澹宁"二字一语双关：其一，蒋百里在南京幽居时，发表文章以"澹宁"为号，取诸葛亮所谓"淡泊以明志，宁静以致远"之意；其二，卧龙岗原本就是东汉末年诸葛亮躬耕陇亩、刘备三顾茅庐的古迹，诸葛亮正是蒋百里推崇的参谋长人才。其实，在龚浩的心目中，蒋百里的未卜先知与中华民族智慧的代表诸葛亮同样神奇。今天卧龙岗的"澹宁读书台"，又称"诸葛读书屋"，相传诸葛亮读书于此，后人建此台以为纪念，不知两者是否一也？不曾考证。

七七事变爆发后，仅仅20多天，北平、天津就被日军攻陷了，东部大平原无险可依，日军抢夺了南北交通大动脉，沿津浦铁路一路向南逼近。八一三淞沪抗战，虽然是战略吸引，不料只抵抗了三个月，上海就沦陷了。南京危机，国民政府已经成了"孤岛"，危如累卵。蒋介石心急如焚，一见蒋百里来不及寒暄，切中要害地问："此次中日战争，英美会否卷入旋涡？"

"可能，也许是时间问题。"蒋百里答。

"如果英美卷入，最后胜利究竟属谁呢？"

"不敢说得太远,在最近二三十年内,西方各国最后是不会失败的。"

第二次世界大战的结局,英美不但参战,而且取得最后的胜利,这一切都在蒋百里的预想之中。

再提起一件事,在重庆的梁漱溟,闻听蒋百里病殁的消息,连连长叹不已。见在座的人一脸茫然,梁漱溟这才谈起五年前与蒋百里的一段过往。

那是1935年8月,梁漱溟在山东邹平搞乡村建设研究,只闻其名、未见其人的蒋百里打来电报,不日特来拜访,蒋百里如期而至。事不凑巧,正赶上梁夫人处在弥留之际不得抽身,不知是工作人员不忍通知他,还是照顾病人没有心情出面,总之梁漱溟与蒋百里近在咫尺却无缘谋面。待事后得知蒋百里到访,梁漱溟遗憾不已,由于蒋百里军务在身,无暇停留,也就无从得知来意如何了。

蒋百里专访邹平却错失交臂,梁漱溟深怀歉意。感谢上苍眷顾,不久他们在青岛相遇了。谈起为何去邹平访问的事,蒋百里说:"吾知中日之战,势不能免……我国系农业社会,凡农民欲以民族主义动之不易明了;唯欲破坏其所居之乡村,则彼以生命相搏,故欲君于教育中注重于乡村。"此刻他才清楚蒋百里于时局紧迫之际专访邹平的用意,一旦战事爆发,山东肯定沦为敌占区,那么在山东的广大农村开展乡村自卫是十分必要的。因为当时梁漱溟正在致力乡村教育,熟悉农村,熟悉农民,在乡村教育的同时开展乡村自卫就有了先决条件,可见蒋百里事先想好了在战争爆发后于广大农村开展游击战,这也是农业社会深陷敌后的唯一做法了。

1937年春,蒋百里考察防务与梁漱溟在济南晤面,因为大战在即,谈论的都是军事问题,有人将这段往事称作蒋百里"济南论战"。蒋百里"论战"的大意:日本全面侵华的战争已经不可避免了,而且即将到来,中国人将遭受前所未有的灾难,但大家坚信一点,中国必胜,日本必败,原因很简单,那就是日本人惹是生非,目光短浅,以小欺大,贪心不足蛇吞象,其结果是给中国带来灾难的同时,必然给自己带来更大的灾难。他断言,不用多长时间，华北就会被日军占领，但是大家不要担心，国际形势瞬息万变，说不定三五年就有翻盘的机会。到那时，早已丢失的东北，也将重回我们的手里，大家拭目以待。可是，我们不能坐等外面的时局变化，自己却无所作为，身处危境，只等他救而不自救，往往生存希望也很渺茫，所以我们自己要形成一股抗战的力量，再利用好国际机会，内外合围打败日本侵略者。希望大家勤加努力，勇敢地面对这场恶战。

在济南，山东省政府主席韩复榘见到蒋百里来访，有些狐疑，毕竟韩复榘与蒋介石有嫌隙，误以为蒋百里代表蒋介石来督查，梁漱溟赶紧说明了来意。蒋百里来山东考察防务，十分关注山东的战略地位，如果中日一旦开战，日军必然从华北向中原进犯，而山东东边扼守山东山地，西边控制山西山地，持久坚守，东西夹击，就会迟滞南犯之敌，保卫中原，保卫南京，形成一道坚固的屏障。

韩复榘竟不以为然，蔑然一笑，说道："难道他们南方人还想守住南京!?"不料想韩复榘一语成谶，怨言变成预言，没出五个月，民国首都落入敌手。尽管韩口出不逊，但蒋百里还是耐心听完韩对战局看法："中国现在只有西撤至平汉路以西，待国际局势变化，合盟国之力乘机反攻，才能收复国土。"梁漱溟似乎并不认同，出乎意料的是，蒋百里却认为韩之所见没错，这与蒋百里的"以空间换时间"的战略不谋而合。看来在关键的节点上，往往会出现相同的见地。

蒋百里还谈到，将来战争打响，民众是开展敌后的武装力量，民众也是军队的源泉，要依靠民众的力量打赢这场战争。他说，"不唯军队的组成和补充全从人民而来，军队的供应给养和支援全靠人民，作战时还有待人民的配合、掩护等"。鉴于梁漱溟在山东搞乡村建设运动持续了七八年的时间，对战时动员农民参战，搞乡村自卫是相当有经验的。因此，他希望向全国推广山东经验。

梁漱溟语气沉重，而且悲伤地叹道："今天他逝世了，我能不哀痛吗？"

一代天才兵学家精准地判断未来的战争的可能,以及战争的走势和结局,这是何等的先见之明!他的远见,如果没有那场战争,人们会讥笑他危言耸听,讽刺他痴人说梦,然而那场残酷的战争证实了他的远见。数十年后,梁漱溟无限感慨:"今天来看,他的远见卓识正是一丝一毫不差,全应验了。"

第十三章 陆大校长，积劳成疾

1938年10月，蒋介石委任蒋百里为陆军大学校长，蒋百里一再谦谢，愿为该校教育长，终以代理校长委蒋百里。时陆军大学设湖南桃源县，蒋百里常往来湘鄂，备极辛劳，而夙病以发。

一、以笔为枪

蒋百里从欧洲归来与夫人左梅重聚后,由于身心皆疲,就在香港休养了一段时间。他一边利用香港消息灵通的便利条件继续关注国际局势的变化;一边写文章寄到武汉发表,为全民抗战添砖加瓦。全民族抗战以来,在日军的疯狂进攻下,上海、南京、南昌等地先后失守,日军的矛头直指华中重镇武汉,中国政府则调集大军,层层设防,为武汉保卫战做切实的准备。一时间,武汉及其外围地区上空战云密布,成为全国乃至全世界注目的中心。

1938年7月27日,蒋百里应蒋介石之召,由香港乘专机抵达武汉。他在武汉接受了中央社记者的采访,简要介绍了此次欧洲之行的情况和他对国际形势以及中国抗战前途的看法:

> 本人于上年八月间奉命出国,迄今将及十月。在此数月中,曾赴英法德意等国,作较长时间之朝野访问与军事工业建设之参观,对于国际关系之急遽变化与各国国防工业之勇猛进步,所生感想甚多。目今国际关系之机阱情势,一反欧战前之状态。自欧战以后,国际外交之纵横捭阖,纯赖国联制度之运用,是以国际关系常现平稳,鲜生重大枝节。旋因利害冲突重重,有数强国宣告退盟,采取单独行动,遂使国联瘫弱无力。既失去控制力量,国际间遂生出不可救治之裂痕。德意两法西斯蒂国家,亲切联合,使英法不能不交相携手,以期应付。此两集团之对峙状态,使欧局顿见紧张,同时彼此间为求充实阵线,更分别积极寻求

友国，德意联日成功，一所谓反共集团，英法结好美国，三者关系日渐亲近。据余个人观察，在过去一二年内，国际关系的有若是惊人之巨大变动，相信今后益有不可思议之重大演化。此两集团此后为推诚相与，联为一体，造成伟大之和平集团，抑仇恨重生，彼此卒不能不以兵戎相见，本人则无法判明。不过，立局外之吾国，宜谨慎注意细心研究之。本人确信英法美之团结将愈形稳固，英法美团结之稳固，则对吾之抗战前途，不无有重大裨益也。①

当晚，蒋百里下榻于德明饭店，第二天即受到蒋介石召见。他们进行了较长时间的谈话，话题主要集中在国际形势的演变对中国抗战的影响方面。蒋介石说，现在国际形势很重要，可惜国内研究国际问题的人太少了，他让蒋百里留意这方面的人才，随时向他推荐，以备大用。蒋百里马上想到上海《新闻报》的忘年交陶菊隐。他对蒋介石说："我有一位没有出过洋而又不甚熟悉外交的朋友，经常写些有关国际问题的文字，其见解颇有独到之处，可以介绍他前来谒见委员长。"②这个阶段，蒋介石对蒋百里十分信任，对他的任何建议都极为重视，所以当即表示欢迎陶菊隐前来一谈。

7月31日，蒋百里在《大公报》上发表《从国际上观察各国外交之风格》一文，对英、德、意、法四国的外交特点作了精辟的分析和比较。从此以后，蒋百里的大名即频频见诸报端，或发表文章，或参加座谈，或发表演说，成了武汉三镇的一个大忙人。他在德明饭店的住处经常人来人往，高朋满座。在夜深人静之际，他铺纸研墨，奋笔疾书，写出一行行激励人心的文字。他的妙笔利如投枪，他的文字快似羽箭，每每在武汉三镇引起轰动。

---

① 《赴欧考察之军事专家蒋百里归来谈话》，汉口《大公报》1938年7月28日第2版。
② 陶菊隐：《记者生活三十年》，第239页。

8月21日至26日,《大公报》连载了一篇长文:《日本人——一个外国人的研究》。这是蒋百里多年来研究日本的心血结晶,甫经发表,即引起各界瞩目,《大公报》的销售量陡增1万多份,每日报纸出版以前,即有许多人在报社发行部前排队等候,以图先睹为快。此文连载时未署作者姓名,更引起读者的好奇。由于文字生动,分析精辟,有人猜测出自郭沫若的手笔,有人则认为是陈布雷的杰作,《大公报》的编辑也卖起了关子,在23日的编者按语中介绍说:本报最近三天开始登载的《日本人》一文,是一篇约2万字的长文,执笔者是一位"老日本通",值得咀嚼细读。直到8月26日全文连载完毕,文末标出"蒋方震于汉口"的字样,人们方才知道此文的作者是蒋百里。

由于《日本人》一文大受欢迎,《大公报》以最快的速度出版单行本以飨读者。从9月15日开始,蒋百里连续几天在《大公报》头版刊登了一则颇具幽默色彩的售书广告:

出卖《日本人》,三角钱一个。出售处:汉口《大公报》馆。
蒋百里谨启。

单行本前后行销达十几万册,在抗战的前线和后方都产生了广泛的影响。当时担任武汉卫戍副总司令的万耀煌派人将单行本运至重庆发售,也引起极大的轰动,形成万人争购的感人景象。在前线担任战地记者的曹聚仁则把蒋百里的《日本人》与毛泽东的《论持久战》相提并论,称之为他在全民族抗战初期黑暗日子中"精神上的乐观支柱"[①]。

这篇长文的写作始于德国柏林,经多次修改补充,在武汉定稿发表。文章一开头,蒋百里就以悲天悯人的笔调写道:"世界上没有像我那样同情于

---

① 曹聚仁:《采访外记采访二记》,生活·读书·新知三联书店2007年版,第224页。

日本人的！"当时全中国人民都对日本人恨之入骨，主战最力的蒋百里怎么会同情他们呢？因为他认为日本人正在主演比《哈姆雷特》更悲的一幕大悲剧！日本人站在悬崖边上，正在走向自残毁灭而不自知，难道不是一群可怜虫吗？"古代的悲剧，是不可知的运命所注定的。现代的悲剧，是主人翁性格的反映，是自造的，而目前这个大悲剧，却是两者兼而有之。"日本军国主义者疯狂向外侵略扩张，既有历史和现实的原因，也有岛国小民独特的民族个性的因素。

日本人喜欢把鱼杀死后生吃，这充分体现了他们的残忍性。日本武士道崇尚的剖腹自杀也与鱼有关，"日本古代拿鲤鱼来比武士，因为只有鲤鱼受了刀伤乃至临死也不会动"。日本人对酒的品评也与他国不同，"世界各国的酒是越陈越好，白兰地一百年，绍兴酒五十年，但日本酒却是要新鲜，越新越好"。日本男人皆以狂喝豪饮为荣。个人醉酒事小，如果整个国家都醉了，其祸不远矣。日本人最钟爱的花是樱花，最尊敬的人是武士，但蒋百里却从二者中看到日本人的悲剧所在："樱花当它最美的时候，正是立刻就要凋谢的象征。好像武士当他最荣誉的时候，就是他效命疆场的一刹那间。"虽然日本人在中国耀武扬威，不可一世，但他们的末日已经不远了。

蒋百里从历史、地理、政治、军事、经济、外交、文化以及风俗习惯等诸多方面深刻剖析了日本的国情，揭示了日本国内存在的种种矛盾。他明确指出，日本的黄金时代已经过去，"从内政上说，明治末年确是日本内政的黄金时代"，但自从第一次世界大战以后，日本军人滥用权力，屡屡擅自采取行动，加剧了内部的分裂，使权力体系产生了混乱，失去了国民和国际社会的信任；"从国际上说，华盛顿会议实为日本独步东亚的时代，因为这时世界公认日本为一等强国，而且是东亚的重心"，但由于日本野心太大，过于咄咄逼人，反而引起英、美、苏、法等国的戒备，在远东展开军备竞赛。日本在侵略中国之时，也为自己树起若干强敌，目前的国际环境已对其极为不利了。

在文章的最后,蒋百里以寓言的形式,借一位德国老人之口,道出自己一以贯之的主张:"胜也罢,败也罢,就是不要同他讲和!"① 这句通俗直白的话道出全国抗日军民的心声,成为抗战时期流传甚广的一句名言。

1938年8月28日、9月4日和9月25日,《大公报》分三次刊登了蒋百里的《抗战一年之前因与后果》一文。这是他的又一篇力作,也传诵一时。文章对悲观论者给予了严厉的抨击,告诫他们不要怨天尤人,对乐观论者也敲了敲警钟,提醒他们不要把抗战看得太轻松。蒋百里把一年来的全民族抗战视为中国历史上的"奇迹与突变",而其原动力则来自数千年的中华民族文明史:"这次的抗战是三千年以前下的种子,经过了种种的培养,到现在才正当的发了芽,开了花。而将来还要结着世界上未曾有的美果。"他把中国历史分成三个时期加以分析,第一个时期自周朝开辟中原到秦汉统一中国,这是"华族完成自己文化的时期,这个时期已经下了两颗种子:一是同化力,一是抵抗力";第二个时期从汉代张骞出使西域到南宋末文天祥杀身成仁,是各民族大冲突、大融合的时期,是"养成我们同化力的时期";第三个时期从文天祥杀身成仁到孙中山在南京就任临时大总统职为止,是"锻炼我们抵抗力的时期"。我们的"抵抗力有三千年的培养,五百年的锻炼,根基深厚,无论世界上哪一族也比不过。敌人的压迫愈强,中华民族的抵抗力就愈能得到充分的发挥,对抗战前途悲观绝望是要不得的"。

在抗战大潮中,不少人变节投敌,做了汉奸,蒋百里把这些败类喻为附着在我们民族肌体中的"癌"细胞,他们在抗战烽火中现了原形,对中华民族而言是一件大好事。他说:"如今不幸的敌人却送我们一种妙药,替我们分别贤奸,将那种毒细胞尽量的吸收去,使我们民族的血液加一层的干净健康。"更多的人则会在抗战中经受住考验,心灵得到净化,意志更加坚定,所以,他认为,"这一次抗战的最大结果:为社会,是替理想与实际选

---

① 大公报西安分馆编:《蒋百里先生抗战论文集》,第26—50页。

了一条沟渠；为个人，是在纯朴的心灵与敏活的官能间造了一条桥梁"①。在隆隆的炮火声中，蒋百里已经看到中华民族复兴的曙光。

1938年9月7日，蒋百里发表《为国联开会敬告英伦人士》一文，对在远东有重大利益且对国联"有一种特别的热心与希望"的英伦人士提出忠告。他指出，英国是一个世界大国，"现在世界上无论在某一小地方出一件事故，没有不与英国有关系的"，所以英国不应推卸应负的责任。疯狂侵略中国的日本虽唱着反共反苏的高调，但其真正目的则是"南进"，因为"国际间真的战斗，不是武力，而是经济，穷乏的日本不寻经济出路，是没有办法的"，所以日本反共政策的指针"都没有向北指着，而一步步的向西南方下来"。蒋百里明确指出："我们这一次抗战认为是在替英国世界帝国挡着最前线，同时是在替国联的和平政策守着最后的堡垒。"②此文虽然不长，但句句发人深省，既富于洞察力，又富有远见，引起国内外人士的普遍关注。

由于蒋百里的文章誉满天下，不少人慕名前来拜访，也有不少人请他去开座谈会，发表演讲。这是他一生最忙碌的时期，也是最受人尊敬的时期。

1938年9月1日，蒋百里在汉口举行的记者节集会上发表了《欧洲考察军事经过的判断》的演讲，介绍了赴欧考察的有关情况。他在会上首次见到郭沫若，晤谈甚欢。之后，他又于3日和12日与郭沫若两度晤谈，并共进午餐。他们都是日本通，又都是坚决主张抗战的知名人士，有许多共同的话题。

9月4日，蒋百里在三青团新闻服务座谈会上发表了《从保卫武汉谈到世界军情》的演说。

9月12日，他应银行界励志会的邀请，在汉口总商会讲演。他认为国家

---

① 大公报西安分馆编：《蒋百里先生抗战论文集》，第58—76页。
② 蒋百里：《为国联开会敬告英伦人士》，汉口《大公报》1938年9月7日第3版。

面临的紧迫问题有三:一是外交,二是军事,三是经济。他分析了三者之间的关系,指出在战争期间,"军事当然是前提,可是在这前提的前面,还有一个相当重要的'外交',也可以说:外交是军事的先锋",而军事和外交的基础是经济。他画了一棵树,把三者作了形象的比喻:"我们看,这树根等于经济,这树身等于军事,这树叶等于外交。"①

蒋百里在工作之余,常去两个地方,一是万耀煌家,一是薛光前处。

万耀煌时任武汉卫戍副总司令(总司令为陈诚)兼十五军团军团长,指挥十几个师的兵力,担任武汉外围防御工事的构筑任务。蒋百里常到万耀煌家,品尝万夫人的拿手好菜。他对武汉的保卫计划非常关心,常向万耀煌提出指导性的建议,并几度参观万耀煌主持构筑的工事。他说等敌人来进攻时,他一定亲临第一线阵地,看看敌人的真面目,"以测其战力"。他嘱万耀煌研究湘军志,"从历史中研究太平天国与湘军攻守武昌之战例,以为参考"。万耀煌谨遵师命,详研湘军志后,细绘太平军与湘军双方作战及进出武昌的线路图,送呈蒋百里核阅,又得到蒋百里的详细指示。万耀煌回忆说:"蒋百里师之所见,总有很多突出精到之处。"②

蒋百里常去的另一个地方是薛光前处。薛光前先于蒋百里于1938年3月回国,到交通部担任秘书,同时主编《抗战与交通》杂志。不久,交通部迁往重庆,设武汉留守办事处,薛光前与另外三人参与留守工作,住在汉口特二区兰陵路。他们有一个厨子,烧得一手好菜,蒋百里是个美食家,喜欢浅酌小饮,自是这里的常客。酒足饭饱之后,他常与留守处的金侯城下围棋。他虽深通棋理,但因心不在此,往往不终局而散。蒋百里还喜欢品铁观音,有时高兴起来,他会捧来宜兴紫砂陶茶具,教他们怎样净器,怎样煮

---

① 《在汉口总商会之演说词》,蒋复璁、薛光前主编:《蒋百里全集》第1辑,第375—376页。
② 万耀煌:《关于蒋百里先生逝世前后之补述》,蒋复璁、薛光前主编:《蒋百里全集》第6辑,第222—223页。

水,怎样冲茶,怎样茗饮,"一股飘然若仙之情,实在令人怀爱"①。蒋百里是个具有真才实学并富有远见卓识的著名军事学家,更是一个以笔为枪的文化斗士,他虽未亲赴战场,但在后方夜以继日地紧张工作,又何尝不是以性命相搏呢?他在汉口作五律一首,手书遍赠亲友,以明自己的志向和决心,其诗云:

  犹有书生气,空拳张国威。
  高歌天未白,长啸日应回。
  旧学深沧海,新潮动怒雷。
  老来逢我子,心愿未应灰。②

---

① 薛光前:《蒋百里的晚年与军事思想》,第56页。
② 许逸云:《蒋百里年谱》,第171页。

二、代理陆军大学校长

数年来，蒋百里一直担任蒋介石的顾问或私人代表，从未担任过实职。随着战局的演变，蒋介石决定辞去陆军大学校长之职，转而委派蒋百里担任，充分发挥他在军事教育方面的特长，为抗日战争培养更多的军事人才。为此，他特意约蒋百里谈话，说明自己的意图①。

陆军大学的前身是1906年在河北保定成立的陆军行营军官学堂，由段祺瑞督办。1911年更名为陆军预备大学堂，民国成立后由保定移至北京，定名为"陆军大学校"。1928年第二次北伐成功后蒋介石派人接收管理，同年12月由蒋介石兼任校长。

1931年陆军大学由北平迁到南京，1936年增设参谋班和将官讲习班，全民族抗战爆发后迁湖南。陆军大学是培养中高级军官和参谋军官的最高学府，历来为蒋介石所重视，他担任黄埔军校校长尝到了甜头，所以后来兼任了许多军校的校长，而由各校教育长负责具体校务，他一般不愿让别人担任校长之职。

蒋百里当然知道蒋介石的这个特点，所以当蒋介石提议由他担任陆大校长时，他立即婉言辞谢，表示愿意出任教育长，做具体工作。双方各执己见，都不肯轻易让步，最后采取了两人都能接受的折中办法，在校长前面加上了"代理"二字。

1938年9月10日，蒋介石在武汉正式委任蒋百里为陆军大学代理校长。9月14日，蒋百里走马上任，脱下便服，换上一身戎装，腰间挎了指挥刀，

---

① 《蒋介石日记》，1938年9月8日。

显得英姿勃发，再次找回20余年前担任保定军校校长时的感觉。

当天下午，蒋百里离开武汉，前往陆军大学的所在地湖南桃源接任视事，然后转赴南岳衡山，与刚从香港赶来的夫人左梅、孩子们以及陶菊隐会齐。武汉形势吃紧时，蒋介石打算把统帅部移往衡山，并选定磨剑台何键公馆为驻跸之所，而把附近的刘建绪别墅拨给蒋百里安置家眷。蒋百里当然希望夫人左梅能随侍左右，照顾自己的生活起居，但夫人考虑自己的身份特殊，怕到内地后给丈夫造成不便和不利，所以坚持住在香港，况且置身于人人皆曰日本人可杀的环境中，肯定会有许多难言的苦衷。蒋百里写信劝夫人来，但夫人左梅还是不愿到内地。她在香港深居简出，谢绝任何日本人的来访。她轻易不上街，以免撞见日本人引起无端的麻烦。许多日本人想通过她了解蒋百里的情况，都吃了闭门羹。她的父亲已经谢世，在日本还有母亲和妹妹等亲人。1937年离开上海时，她给母亲写了信，叫母亲不要再写信来，一家人从此断了音信。直到抗战胜利以后，她才间接获悉母亲已在离乱中去世。可以说，在中日战争期间，她内心的痛苦和精神上的压抑是一般人难以想象的。

蒋百里决定把家安在人烟稀少的衡山，使夫人能得到一个相对宽松的环境，终使夫人改变主意，离开香港前来团聚。更令蒋百里高兴的是，她把陶菊隐也请来了。

自从蒋介石答应约见陶菊隐后，蒋百里就写信给陶，叫他到香港晤面，说有要事相商。蒋百里知道陶菊隐不愿与高层往来，更不愿在政府中任职，所以未提见蒋介石之事。为确保陶能赴港，蒋百里在信中将了他一军：如你不愿赴港，我将来沪与你相见。随信还汇寄路费200元。陶菊隐当然不能让蒋百里到上海冒险，只好向《新闻报》的总经理告假十天，于9月5日乘英国邮轮"日本皇后号"前往香港。9月7日到港后，他只见到左梅，却见不到蒋百里的影子。他不知道蒋百里葫芦里头卖的什么药，决定立即返回上海，但因左梅盛情挽留，才很不情愿地答应多等几天。最后又是左梅左劝右说，他拗不过，只好一同前来衡山见蒋百里。

蒋百里知道陶菊隐的脾气，所以没有开门见山地说明本意。他先畅谈抗战大局，继而把话题转到陶菊隐十分熟悉的国际关系方面，引得陶菊隐发表了一大篇见解独到的高论。他见时机成熟了，就突然说明天就动身到汉口去，与蒋介石当面谈。陶菊隐这才恍然大悟：蒋百里的目的是要把他引荐给蒋介石。果然不出蒋百里所料，陶菊隐当即婉言相拒，说他愿以新闻记者为终生职业，此外别无所求。他请蒋百里让他马上回上海去。

蒋百里对此早有准备，他向陶提出两项保证：一是不强迫他在内地担任任何工作，二是见过蒋介石一面后他即可回上海。话说到这个份儿上，陶菊隐不好再推辞，只好答应赴汉口一行。

9月24日，蒋百里和陶菊隐抵达汉口，下榻于德明饭店。第二天上午，蒋介石召见陶菊隐，进行了较长时间的谈话，话题主要集中在国际关系方面。头天晚上，蒋百里再三叮嘱陶菊隐，见蒋介石时，"对于国际问题虽不必人云亦云，但也不可坚持一隅之见，一则国际形势瞬息万变，有时出人意外，再则你的意见也许是不入耳之言，总以留有余地为好"①。对蒋百里的关爱，陶菊隐十分感激，终生难忘。

谈话结果，蒋介石对陶菊隐的学识和见解甚为赞赏，打算给他安排具体工作，但因蒋百里有言在先，蒋介石也不便强人所难。最后议定陶菊隐仍回上海，以后凡蒋介石有所咨询，或陶菊隐对国际问题有所陈述，均通过中央社上海分社的电台，用专用密码进行传递。

因武汉的弃守只是时间问题，湖南必将成为抗日前线，所以军事委员会命令陆军大学迁往贵州遵义。陆大致电武汉，催促蒋百里速回湖南主持迁校事务。9月29日，蒋百里与陶菊隐在德明饭店合摄一影，以作留念，然后同乘小轿车沿湘鄂公路前往长沙。此路本就坎坷不平，加上不时有日军

---

① 陶菊隐：《记者生活三十年》，第241页。

飞机飞来轰炸，汽车根本跑不快，所以到长沙已是夜半时分。他们在中国银行长沙分行住下，陶菊隐归心似箭，准备第二天早晨即乘火车南下，取道香港返沪。但湖南省主席张治中打电话转告他们，蒋介石要他们在长沙多住几日，有要事相商。

两天后，蒋介石转来他准备在10月10日国庆节发表的演说稿，让蒋百里和陶菊隐对文中所讲的外交方针提出意见和建议。他们经过商议，复电蒋介石说，目前世界局势的重心已由伦敦转移到华盛顿，所以政府今后应重视对美外交，应采取美、苏并重的外交方针。电报发出后，这对忘年之交就在长沙郑重道别，本想后会有期，孰料造化弄人，这次极普通的分离竟成了永诀！

由于武汉的防御已很吃紧，陆大的师生已分批从桃源来到长沙，准备绕道桂林前往遵义。蒋百里物色的教育长周亚卫和办公厅主任赵墨龙等僚属也走马上任，中国银行长沙分行的二楼就成了陆大的临时办公地点。

10月2日，陆大特三期举行毕业典礼。冯玉祥在南京时随这个班听讲，虽然全民族抗战爆发后冯因职务关系中断了学习，但他一直以陆大普通学员的身份自勉自励。蒋百里素来敬重力主抗日的冯玉祥，特于10月1日致函冯玉祥，邀请他去参加毕业典礼并发表讲话。10月2日晨，蒋百里又派毕业班的学生代表去请冯玉祥，冯欣然前往。

简短的仪式结束后，师生们共同照相留念，然后由学生们向教师行礼致谢。等行礼完毕，蒋百里请冯玉祥上台讲话，冯谦虚地说自己是以学员的资格来参加毕业典礼的，不宜发表讲话。蒋百里于是大声对师生们说："副委员长练兵是严格的，最注重爱国教育的。我们今天要副委员长教给我们训练军队的道理。"[①]这样一来，冯玉祥不好再推辞，走上台去讲了一番练军与抗日的道理。

---

① 冯玉祥：《我与蒋百里先生》，黄萍荪编：《蒋百里文选》，第379页。

当天晚上，陆大为毕业班同学举行公宴，祝贺他们顺利完成学业。冯玉祥按时赴宴，与蒋百里等少数几位老师共坐一桌。蒋百里见有些桌的学生们坐不开，就叫三个最年轻的学员来与老师共享美酒佳肴。这天晚上，蒋百里开怀畅饮，显得特别高兴，对同学们的敬酒，他来者不拒，一杯杯地全灌下肚去。坐在一旁的冯玉祥见此情形，内心颇为蒋百里的健康担忧，就劝他少饮酒，酒喝多了会伤人。蒋百里举起杯来说："死都不怕，还怕酒吗？"[①]冯闻此言，就未再劝，不过他做梦也没有想到，一个月后会从宜山传来蒋百里的死讯。

蒋百里接掌陆大的时间虽然不长，但他对学校的人事安排、教学内容和计划等诸多事项都做了通盘考虑。他物色的周亚卫、赵墨龙等人都是搞军事教育的行家里手。荣任代理校长后，他常在深夜造访薛光前，畅谈他接掌陆大后的计划。他的目标是为国家培养一批高级将才，他们不仅富于学术思想，而且具备实际经验，能够学以致用。他要按自己的思路对学校的管理和教学进行改革。他认为课堂里的学问根本不够用，纸上谈兵，不足道也，一定要靠实习，在实践中学习行军打仗的诀窍。为此，他决定购置一批车辆，以便随时把学员开到各地，进行野战演习。薛光前在交通部任职，购置和运输这些大型设备较为方便，所以蒋百里还未等预算得到批准，就开了一批交通车辆和器材的单子，托薛光前代购。薛光前不敢耽搁，迅即转托交通部材料司香港购料处照单订购。广州沦陷后，粤汉铁路被切断，这批车辆和器材由薛光前的胞弟薛光仁押运，取道海防，经滇越铁路，辗转运至内地。可惜货到之时，蒋百里已经病故，不能用以实现自己的理想了。

蒋百里在短短的十多天时间里为陆大学生作了数次演讲，都成为军中传诵一时的名篇。他初次演讲的题目是《参谋官之品格问题》。他以姜太公、张良、诸葛亮等人为例，阐述了优秀的参谋官所应具备的品格。他指

[①] 冯玉祥：《我所认识的蒋介石》，黑龙江人民出版社1980年版，第107页。

出,品格就是气骨,气要高,骨要硬,不贪名利,不媚俗。参谋官要有姜太公钓鱼的沉稳与自信,要有张良"牺牲自己,以为他人"的胸怀,更要有诸葛亮"鞠躬尽瘁,死而后已"的品格。参谋官的地位由姜太公时的"王者之师"逐渐降为幕宾,民国以后更降为主官的僚属,成了"高等的当差"。蒋百里坚信这种状况不会持续下去,参谋官的地位以后必定会逐步提高,而其中的关键是要大家"靠高尚的人格去争取,如果只是去找人,以弄钱混饭吃为目的,人们怎样能够重你!我们莫怪人家不尊敬我们,首先要自己尊敬自己"①。

综观蒋百里的一生,谁也无法否认:蒋百里正是上述种种优秀品格的身体力行者。他之所以赢得最高当局和社会各界的信任和尊敬,绝非投机钻营和自吹自擂的结果,而是他丰富的学识和伟大的品格征服了每一个人。

蒋百里第二次演讲的题目是《"知"与"能"》。他特别强调理论联系实际的重要性,强调要协调好"知"与"能"的关系。他说气要高,但"心要虚,要平,要低下",随时随地向人请教新知识和新学问;骨要硬,但"脑要柔,要软",就是要随机应变,适应各种不同的环境,脑筋不僵化,不墨守成规。他引用德国名将毛奇的话来加深同学们的印象:"不知者不能","从知到能尚须一跃"。"知"是"能"的基本条件,而从"知"到"能"的一"跃",就是要靠自己在实践中坚持不懈地积极探索,不断学习,像孔夫子一样活到老,学到老,"发愤忘食,乐以忘忧,不知老之将至"。

针对国人时间观念不强的通病,蒋百里在演讲结束后做了一个试验。他让有手表的同学把手表交上来,进行了对比,然后语重心长地告诫大家:"你们看,各种表时间不同,这十个中已经有三十分钟的差异了。你们要认识时间的重要,要知道在这三十分钟里如果德国和捷克作战,他们的空军

---

① 黄萍荪编:《蒋百里文选》,第362页。

已经可以毁灭对方了。"①智者之言，总与常人不同。

10月10日"双十节"那天，蒋百里向全校师生作了《国庆纪念报告》。他把辛亥革命和抗日战争联系起来，阐述了二者之间的辩证关系，重申了抗战必胜的论断。他驳斥了敌人以蒙古人和满洲人入主中原的史实为依据散布的"中国只配被人统治"的谬论，指出由于辛亥革命的成功，中华民族已经觉醒，民族主义思潮已深入人心，中国所处的时代已与南宋末和明末截然不同，中华民族的抵抗力已被全面激发出来，胜利一定属于我们。蒋百里以铿锵有力的语调作了如下论断："抗战是革命的继续，在这纪念第一次革命成功的时候，我们精确地看出：第一次革命可以成功，第二次革命一定也可以成功，革命可以成功，抗战也一定成功！"②抗战必胜是蒋百里始终如一的信念，他无论走到哪里，都将这一信念传播到哪里，当时凡听过他的演讲和读过他的文章的人，对此都有极为深刻的印象。

10月中旬，陆军大学的师生开始向贵州遵义进发，蒋百里赶赴衡山，让夫人左梅携蒋雍、蒋华、蒋和三女及仆佣先行前往桂林，自己带了几个僚属到湖南东安唐生智的老家去看望唐生智。蒋百里乘汽车行至衡阳时，想到早年的恩师陈仲恕因年事已高不便行动，居于日军侵占下的上海，靠画竹子勉强维持一家人的生计，晚景十分清苦，就由衡阳中国银行分行汇寄500元接济陈仲恕。陈仲恕收到汇款的第三天，从报上看到蒋百里病逝宜山的噩耗，不禁悲从中来，泪水涟涟。他绝未想到，白发人送黑发人的悲剧会发生在他们师生之间。

蒋百里在衡阳还碰见另一个侄儿、蒋复璁的胞兄蒋公穀。蒋公穀毕业于天津陆军军医学校（国防医学院的前身），曾在第二军第三师及陆军第二师任军医处处长。南京保卫战开始后，他所在的部队被困在城中，他本可渡

---

① 黄萍荪编：《蒋百里文选》，第369页。
② 《蒋百里先生追悼会特刊·国庆纪念报告》，重庆《中央日报》1938年12月28日第4版。

江北上，但他不忍舍下3000名伤兵，坚持留在南京。日军进城后，他扮作难民，侥幸逃脱了日军的滥杀，逃至后方重新参加抗日工作。蒋百里叫他给自己检查一下身体。蒋公毂也是赶路之人，没有随身带听诊器，只好把耳朵贴在蒋百里的胸口听了一下，没能及时发现蒋百里的心脏病。蒋公毂医术颇高，当时如能确诊蒋百里的心脏有问题，加以必要的治疗，或许蒋百里不会遽尔长逝。事后蒋公毂捶胸顿足，懊悔不已，但为时已晚。

从衡阳继续西行，蒋百里来到东安县。

1937年11月，唐生智主动请缨，担任南京卫戍司令长官，率军保卫南京。后南京城破，唐生智受到舆论的攻击，避居东安老家，办学育人，以纾解精神上的巨大压力。情绪郁闷的唐生智突然见到蒋百里，不禁喜极而泣，不知说什么才好。他们相交近30年，共同经历过无数次风雨波折，师生情谊始终未变。此时此地，他们再度聚首，两人都不免感慨万千！值得欣慰的是，他们都为抗战大业尽了自己最大的努力。

辞别唐生智，蒋百里马不停蹄地赶到桂林，与左梅母女会齐。他在桂林受到广西省主席黄旭初的热情接待，许多机关请他去演讲，许多朋友和学生前来拜会，他又成了一个大忙人，整天累得精疲力竭，得不到很好的休息。

10月24日上午10时许，蒋百里拜会了在桂林巡视的冯玉祥，就途中所见所闻谈了一些感想。他说："广州武汉虽然沦陷了，并不能阻止我们坚持抗战争取最后的胜利，不过现在对爱惜物力，还做得很不够，譬如在收割稻麦、打稻麦的时候，很多的谷粒留在地上。公路凹凸不平，损坏车辆，应该花钱修路，让老百姓得点工资，不应该等轮胎坏了，让外国人赚我们的钱。至于军事方面，不爱惜物力的事情，就更多了，顺便的时候，把这个意见，请你给委员长和各省军政长官多说说。"冯玉祥说："你的意思很好，我一定照着办。"①冯在当天的日记中写道:"蒋先生见解每有独到处,可以多多领教。"②遗憾的是,他们分手刚刚十天,冯玉祥就再也听不到蒋百里的高论了。

蒋百里听说在平汉铁路局工作的老友张宗祥已先由汉口撤退至桂林,即前往晤面。张宗祥就蒋百里的新书《国防论》和《日本人》,发表了一些意见和看法,蒋百里均表示接受。谈到后来,蒋百里对张宗祥说:"我昨方到桂林,知子在,即访至此。第一须为我觅一医生检查心脏,第二想请你太太烧点家乡菜吃吃。"张妻闻言,即去市场买牛羊肉和芋头,张宗祥则陪蒋百里到平汉铁路局的张医生处检查身体。张医生仔细听诊后,认为蒋百里的心脏确实有病,但不甚危险。听到这样的诊断,他们二人都放下心来,同车回到张宗祥家。张妻已将饭菜做好,蒋百里烫上一壶三花酒,就着家乡风味的芋头煨鸭和红烧羊肉,开怀畅饮,与老友纵论时事,尽欢而散。蒋百里早年受枪伤,伤了元气,身子骨本来就弱,后来又患上痛风,给他治过病的医生都劝他戒酒戒烟,但他总不把医生的劝告放在心上,坚持饮酒抽烟,加上全民族抗战以来夜以继日地工作,心脏长时间承受巨大的负荷,最终因心脏麻痹症而逝,怎不令人扼腕叹息!

后来的几天中,蒋百里和张宗祥又数次聚谈。张宗祥有感而发,写了《蒋百里来桂》一诗赠予老友:

> 四十余年交谊亲,白头仍是走风尘。
> 漓江江上重相遇,各有伤时泪满襟。③

10月27日,蒋百里应广西省政府的邀请,作题为《半年计划与十年计

---

① 冯玉祥:《我与蒋百里先生》,黄萍荪编:《蒋百里文选》,第380页。
② 中国第二历史档案馆编:《冯玉祥日记》第5册,江苏古籍出版社1992年版,第524页。
③ 许逸云:《蒋百里年谱》,第176页。

划》的演讲。经过李宗仁、白崇禧等人的锐意经营,广西的行政组织和行政能力在当时堪称全国的典范,蒋百里对此给予了极高的评价,但他同时告诫说,订计划要根据本国本地区的实际情况,不要盲目模仿。就目前形势而言,广西应制订一个半年计划,充分利用现有的人力物力,为抗战服务。但从长远看,日本在战场上的胜利是暂时的,最终必然遭受彻底失败,所以我们又要做"十年计划"甚至"二十年计划",在科学上力争有所创造发明,作为立国的根本。他指出:"假若我们研究一种科学,却有独到处,只要那一种科学,比各国好,比世界都好,就可以复兴民族。"他希望广西成立科学研究院,不惜财力物力,进行科学研究,"因为科学上的一点成就,就可以获大利,世界上最经济的莫过于此"。我们要摒弃农业经济时代那种小规模自给自足的生活模式,充分利用别人的研究成果为自己服务,"我们不怕失败,不怕条约,有了专长的科学基础就可以复兴民族了"[①]。蒋百里不但在考虑抗战的前途,而且在考虑中华民族的未来。

蒋百里离开桂林之前,与桂林市政筹备处处长庄仲文作了长谈,就自己的所见所闻和所思所想对国事发表了十点意见,这是蒋百里对抗战所尽的最后一点贡献。蒋百里逝世后,庄仲文追记其要点如下:

(一)兵力当求集合使用,而训练新兵,可仍袭曾文正公办法,以营为单位为较当。军政部只物色适当之师长人才,由师长认识其师属九营长,每营营长物色其排长九人,班长二十七人,如此则每人所需明了能力与个性者,只数人至三十余人。每营必集中训练,单位不大,隐蔽亦易,有三个月之训练,自能成立强固之个体,易于进退自如。各营训练成功后,集合成师,则全师

---

① 蒋百里:《半年计划与十年计划》,蒋复璁、薛光前主编:《蒋百里全集》第1辑,第384—385页。

亦能有坚强之战斗力，孙子所谓治众如治寡也。

（二）目前各省公路，因车辆经过太多，大都崎岖颠簸，致车辆之汽油消耗加增，机件损坏较剧，而汽油机件均为舶来品，应竭力求其经济使用，故各省应增强修路队，即雇佣民工，亦属值得，以民工所费，仍在国内流通也。

（三）军事期中，通信频繁，故电报积压，不易疏通，往往数日方能到达，然某人新任或调任，各方仍例致贺电，不但虚靡物力，亦复阻害正当通信，应予以切实取缔。

（四）一般人因习惯于乘坐汽车，遂视汽车为惟一之公路运输工具，然现在车辆不敷，往往有等候数日或一二月，而未能成行者，殊失其求迅速之作用，故各地应尽量利用公路，留以其他交通工具如马车、骡车、人力车等分站任运输之责，即组织挑夫队，每五十里为一站，以搬运行李疏散人口亦可。

（五）有各种新工具、新武器，然发明者不能随时随处指示其使用者，而全恃使用者虚心研求以得之。现在我国部队，对新式武器尚未能使用尽善，而并非武器完全不如敌之锐利，故使用武器之重要，尤甚于好武器。新工具亦然，此点必要国人彻底明了。

（六）抗战中不必好高骛远，要若干飞机、若干大炮、若干坦克车，方能致胜云云，是则以不能办到之事为言，其言亦为废言，亟应脚踏实地，将现有物力运用到抗战途上。譬如欧战时，比军曾利用酒瓶以阻碍德骑兵之迅速前进，即是一例。

（七）有一种科学之发明或特殊成就，较之各门同时并举，而因陋就简者为佳。故建国而提倡科学，应集中人力物力于一门，虽十年二十年而成，仍是经济而合算，将来可以吾之特长，以交换他人之特长，譬如英国玛丽皇后号大轮船之钢，系捷克之司高达厂所供给，即是很好例子。至于现在英法等国之畏惧意德，亦因意德近年集中精力于空军，故能出奇致胜也。

（八）湘军每营有夫百六十名，故部队行止自如而迅速，不必扰民。其后承平，而有营官吃夫额之弊，王士珍见其弊，而取消夫额，然北方徭役并重，各县有办徭之机构，尚无问题，南方则向来"一条鞭"，有赋无徭，故北洋军队到南方必拉夫，致为民诟，而军无辎重，即使攻地而能克，则士兵们之弹药已尽，必不能再事追击，而收战果。

（九）我国近年建设，因无统盘计划，顾全各方面，故往往因局部之利而成全局之害，譬如石家庄之滹沱河，蜿蜒曲折，本为形势要地，足资防守，然以土豪争水坝阻上游，而形势遂坏。故各项建设之始，必先研究历史与地理，方免恶果。

（十）抗战以来，名都大邑如北平、南京、广州等处，以为必可坚守者，往往不崇朝而失，而台儿庄、广济、德安等不甚著名之地，反获胜仗，故将来之最大胜利，或将于无意中得之。惟所要有"战志"，"战志"既立，再想"办法"。袁世凯练兵，未尝使兵有战志（对外作战），造成二十余年之内战。国民革命军有战志，而时代潮流与环境未能尽适其意，致有今日之吃亏。今后抗战中，固甚求战志之坚定，而异日议和之后，更当确定军队战志，以备未来之国患。

第十四章

生荣死哀，归葬西湖

蒋百里的抗战谋略，凭借西南大山抵消日军武器优势，使日军南北两线出击战线过长，全国总动员人自为战等军事思想，深得蒋介石认同。可惜，蒋百里重用蒋介石才不到一年，「硖石才子」蒋百里殉职。蒋百里逝世，举国震悼。

一、病殁宜山将星陨

1938年11月4日，一颗将星陨落在陆军大学西迁的途中，年仅57岁的蒋百里病殁宜山。呜呼！将军享寿不永，哀哉！英才横遭天妒，诚为国家之大不幸矣。

陆军大学桃源毕业典礼结束后，蒋百里急返南岳与夫人左梅相约，由夫人率领两个女儿蒋华与蒋和及随行人员到桂林会合。陶菊隐描述道："蒋百里频年奔波，有时候海天万里破浪乘风，早年就患关节炎，到垂老之年，毒素侵入血管，因而影响心脏。抗战后他没有过过一天悠游闲适的生活，酒后心头作恶，他自己不以为意。……夫人劝他在山中调养数日，他因迁校忙，恨不化鹤飞去，哪里肯多有一天的耽搁呢。"

那时，蒋百里声名远播，走到哪里人们都要亲耳聆听他对时局的看法。所以他一到桂林就被广西省政府邀请演讲，他就讲了"半年计划与十年计划"。围绕广西的地理位置和战时情况谈了两点："第一，应针对时间的需要，不必要高谈阔论；第二，应切合本省的环境，不可盲目效仿……"

这时候他的身体状况和精神状态已经大不如前，在桂林接见了许多头面人物，应邀演讲了许多次。他感到很疲倦，就到医院进行了一次体检，血压并不高，他才稍稍放心。正如陶菊隐描述的那样："实则血中毒不比发炎症，体温不会高，又不比脑充血症，所以血压也不高，外表看起来是没有任何病象的。只要调理得好，当然无发生危险的可能。"

夫人左梅劝他戒酒，他颇以为然，是应该如此。但在交际场合中大家敬他的酒又另当别论了，碍于面子他又不能不喝，有时不免过度一点。一天脸色苍白地回到住所，倒在床上动弹不得。夫人左梅劝他在桂林杜绝一切应酬多住几天，因为前面都是更偏僻的小城市，问药求医都比桂林困难。蒋百里却一心一意要到遵义去，就说："我到桂林已一星期了，一天不到校，我的心不安，我们到遵义再静养不迟。"遵义是陆军大学所在地。

在蒋百里执意的坚持下，他们乘汽车来到柳州，住了两晚，蒋百里特别怕冷，夜间冷汗涔涔，显然他的身体已虚弱到极点了。一路上他胸口作痛，而且大汗不止，才自知已经病入膏肓，吩咐前途遇站即停。他实在坐不住了，只能横躺在车座上，夫人左梅就蹲在他身边替他按摩来减轻痛苦。遥见前面村舍相连，村人遥指，那就是宜山。

蒋百里一行勉强住进宜山的乐群社中。宜山这个边陲小城，这个弹丸之地，便是蒋百里的人生终点。回想起小学时的作文经常用这样的句子描写一天：日出东海……日落西山……蒋百里出生海宁，病殁宜山，在山海之间，架起了一道人生的绚烂彩虹，可是转瞬就消失在战火硝烟之中，绚烂得如此短暂，消失得又如此寂然。

到了宜山，县政府的医生替蒋百里打了一针吗啡以缓解病痛，他才昏然入睡。夫人左梅替他换洗衣服时，发现里面的羊毛衫都已湿透了。

这时候僻静的小县城，史无前例地热闹起来，一下集中了那么多的人。浙江大学以及广州第八军分校也都因战火疏散到宜山来，"这僻处一隅的小城俄然成为冠裳云集的所在"（陶菊隐语）。说来也有一段机缘巧合，蒋百里早在庚子年是求是书院的高才生。而求是书院正是今天浙江大学的前身，所以蒋百里与该校的关系十分密切。这几天两个学校的师生每天来探病就像潮水般涌进涌出，让左梅对看护病人万般无奈，也带来了莫大的不方便。

今天宜山唯一一处名胜，就是浙江大学本部旧址，因为这里是浙江大学西迁的重要逗留地，宜山县已经改为宜州市，浙江大学本部旧址现为宜州市文庙公园。

浙江大学的校医也来看病，他说他有一位朋友害着同样的病，打了一支黄耆针，从此终生不发，他以为不妨一试，不过校医叮嘱，打针后一定要大量的出汗才好，家属不必惊慌。左梅一时没了主意，她希望病人快点好起来的心理太过急切，而且按校医的说法打针至少是无害的，所以她采纳了这个建议。不过，蒋百里打针后并未发汗，这与校医所谈的现象不太相符。

一连在宜山住了五天，蒋百里的病又渐渐好起来了，他开口第一句话就说："我们耽误了好几天，明天应该出发了。"夫人左梅劝他再安心静养几天："前途一片荒凉，不如小住为佳。"他执意不肯，觉得在宜山多住一天就放弃了一天的责任。他完全步了诸葛亮"鞠躬尽瘁，死而后已"的后尘，本来是用以训勉学生的话，而自己却以身作则，这也是他所称的"军人精神教育之一课"。

在蒋百里的人生最后一天，似乎出现了回光返照，这种临终前短暂的病状消失，忽然的神志清醒并没有引起人们的注意。这种假象，给人一种错觉，连护士出身的左梅都误以为转危为安了。所以那一天，蒋百里一会儿给军校学生训话，一会儿接见来访者，一会儿陪女儿散步，心想第二天就要开拔了，抱着满满的热望，担着重重的责任，准备与陆军大学一起继续踏上西迁的征程。

在生命的最后一天，他知道有很多的军校学生来探病，便叫他们上午8时到乐群社集合并发表一段训话，他的精神不自觉地又兴奋起来，一直到正午12时才结束。他向五女儿蒋和说："明天走吧，今天天气很好，我们出外散散步消遣。"

二女儿蒋雍、四女儿蒋华已先期到达贵阳，身边只有五女儿蒋和与夫人左梅。路上与碰面的熟人打招呼，蒋百里还和人说自己的病好了，顺便又去了一趟也西迁到宜山的母校浙江大学，战乱中远离故土，异乡中偶然相逢，显得格外亲切，好像有那么一点故地重游的感觉，又好像有那么一点他乡遇故知的味道，既有那么一点酸涩的温馨，又有那么一点幻化的凄美。

蒋百里大约隔一小时才回来。左梅问他是否觉得疲乏，他说："还好，还好。"下午3时浙江大学教育长来看他，一谈就谈了两个小时。左梅听见他嗓音低哑，怕他操劳过度，便支走了客人。蒋百里坐下来吃了一大碗蛋面，胃口似乎很好。他浴后上床就寝时说："我今天一切都很舒适。"

蒋百里睡了不久，陆军大学教育长又来报告校中近况。蒋百里想起床接待他，左梅连忙制止说："你今天也累了，就坐在床上谈谈吧。"教育长向他报告，这次到宜山的路上有土匪开枪，真是危险得很。左梅说："那么我们迟几天再走，等路上太平点走吧。"

"不见得土匪就向我们开枪"，蒋百里漫不经心地说，"我们决定明天走，不要随时变更，就是有危险明天也得走"。

教育长走后也就是晚上七八点钟的样子，因第二天一大早就要赶路，所以他们早早地睡下了。为了照顾病人，寝后自然没有关灯，左梅还替蒋百里按摩了一会儿，他才呼呼入睡。蒋百里睡后曾经起夜，之后又上床仰卧。左梅没听见他一点声音，认为睡着了，她自己也放心睡了。大约9时50分，听到蒋百里咳痰声，左梅一觉惊醒，连叫他几声，没有回应，左梅大惊失色，立马翻身起来摇晃他的胳膊。他像面条一样，无论怎样摇摆都没有一点应力。左梅大声呼喊蒋和："小五，快拿手电筒，看你的爸爸怎样了！"

左梅掀开蒋百里的眼皮，看见他的瞳孔已经扩散，知道已经到了不可救药的地步。蒋和大声呼唤着"爸爸"，可是她的爸爸哪里还能够答应她呢？她带着手电，慌乱地跑到街上找医生，只能找到她所熟识的浙江大学校医。两个人踉跄地赶回乐群社，此刻已经是深夜11时50分。医生赶紧打了一针强心剂，一点反应也没有，校医用低沉的声调对左梅说："蒋先生已经去了！他患的是心脏痹麻症。我早来也救不了他。"蒋百里口中吐着白沫，鼻孔中只有出气没有进气。左梅本是极有医护常识和经验的，她还痴心想用人工呼吸法把他接过一口气来。

陶菊隐后来写道："而蒋百里的家庭观念极深，国家意识极强，在抗战艰危和举目无亲的环境下，病非必死之病，时非可死之时，年非应死之年，他哪里想逃避一切责任撒手而去呢？但是他自己没有力量使他呆定了的眸子活动起来,他已经结束了人生最后的旅程了。"

陆军大学的代校长去了,狷介风流的将军去了,没有人生的告别,没有临终的悲哀,宜山为他画上了句号。

二、举国致哀风光葬

蒋百里在广西宜山病故,虽然一生数奇,然身后一路风光。正如蒋英在《我的父亲蒋百里》中写道:"他身后的荣耀却异乎寻常。章士钊、黄炎培、邵力子等名流宿彦纷纷送上挽联、挽诗。几年之后,他更是被国民政府以国哀之礼风光大葬。纵观民国历史,能够得此殊荣者,唯其一人。"

蒋百里在生命的最后三个月,在那个战火硝烟的战争中,没能带兵与侵华日军决一死战,着实遗憾一生。他的使命是代理陆军大学校长,而陆军大学正处在颠沛流离之中,一上任就由暂居的湖南桃源县向贵州遵义市进发,蒋百里举家与陆军大学风雨同舟,艰难地长途跋涉。由于少年时期寝后读书,风侵骨血,今又陆军大学西迁,车马劳顿,加重心脏负荷,最终心脏麻痹症夺走了他的生命,这个噩耗犹如晴天霹雳,震惊全国,举国为之惊愕悲悼。

1938年11月4日,蒋百里病逝当日,由政府和当局委派人员为蒋百里办理丧务,葬于宜山鹤岭。相传鹤岭得名于宋朝,当年有个官员过着闲云野鹤的生活,很有情致,经常在此山麓放鹤,也很有余财,在山梁上筑一放鹤亭,故此得名鹤岭。葬于此地,大概意为将军仙化、驾鹤西游之意味吧。今天的宜山有副书法对联:"南天长哀失国士,鹤岭有幸埋忠骨。"以纪念蒋百里。

1938年12月28日,"重庆各界举行公祭,蒋介石亲临主祭。国民政府明令褒扬,追赠蒋百里为陆军上将"。这么高规格的公祭,的确是民国史上极其罕见的为一位将军举行的风光葬礼。

1945年,抗战胜利了,中国人有叶落归根的习俗,蒋百里的生前好友们为蒋百里迁葬故土,距蒋百里病逝已有七载,然而起棺时蒋百里竟然尸身不朽。见此奇异景象,浙大校长竺可桢号啕大哭,其声撕心裂肺:"蒋百里,蒋百里,有所待乎?我今告你,我国战胜矣!"一语戳中大家的泪点,引发众人哭作一团。他们把蒋百里的遗骸迁葬于西子湖畔,现为杭州南山陵园,据载,此地最早是五代时吴越王的王陵。

蒋百里逝世,社会各界名流、德高望重者也都举哀致祭,或题挽诗,或题挽联痛悼蒋百里,用如椽巨笔情辞慷慨地赞誉了蒋百里不同凡响的一生。

近代史上颇具影响的政治活动家、学者、律师章士钊题写挽诗一首:

> 文节先生宜水东,千年又致蒋山佣。谈兵稍带儒酸气,入世偏留狷介风。名近士元身得老,论同景略遇终穷。知君最是梁夫子,苦忆端州笑语融。

在章士钊的挽诗里隐含了历史上的五个名人。第一个"文节先生",北宋"苏门四学士"之一的黄庭坚,同样客死在宜山,私谥"文节先生";第二个"蒋山佣",明末清初的一代宗师,被誉为清学"开山鼻祖"的顾炎武,自署蒋山佣;第三个"士元",东汉末年重要的谋士与"卧龙"齐名的"凤雏"庞统,字士元;第四个"景略",南北朝时期的前秦宰相、"功盖诸葛第一人"的王猛,字景略;第五个"梁夫子",戊戌变法的领袖之一的梁启超,蒋百里奉梁公为师,尊称梁夫子。此五人的学识、贤能,史不绝书,以此衬托蒋百里,可见蒋百里在章士钊心目中的分量,难怪人们称蒋百里为近代军史上的奇才。

近代著名的爱国主义者、政治活动家、近代职业教育的创始人黄炎培的挽联:

> 天生兵学家,亦是天生文学家,嗟君历尽尘海风波,其才略至战时始显;一个中国人,来写一篇日本人,留此最后结晶文字,有光芒使敌胆为寒。

蒋百里是个军事学家,同时是个文学家,他的《欧洲文艺复兴史》,至今仍为高等美术院校的教材就足见一斑。蒋百里的一生除了两次短暂的校长任职外,基本上是做民国风云人物的总顾问或总参谋长,然而,他在《国防论》中提出"以空间换时间"的理念,坚持"持久战"的思想,在抗战期间得以一一验证,故有此上联。

蒋百里写就的《日本人——一个外国人的研究》,有力地批驳了"亡国论"的论调,他写道:"这个想象力很大的日本民族,悲剧性的,自造了一个国难,以为悲壮的享乐本来是一个理想的阴影,现在竟变成了事实的魔鬼。日本的厄运,实在是爱国志士造成的啊!"激励了抗日斗志,也使日本侵略者闻风丧胆,故有此下联。

近代教育家、政治家、国民党元老邵力子题写的挽联是:

合万语为一言,信中国必有办法;
打败仗也还可,对日本切勿言和。

1937年夏,全民族抗战前夜,蒋百里针对恐日心理,他在《国防论》的扉页题词是:"万语千言,只是告诉大家一句话,中国是有办法的!"借《国防论》的题词整合为上联。

1938年8月,针对国民党内"亡国论"的论调,蒋百里在《日本人——一个外国人的研究》的结尾处写道:"胜也罢,败也罢,就是不要同他讲和!"借《日本人——一个外国人的研究》的结语整合为下联。

与蒋百里同乡同庚的张宗祥,号冷僧,在海宁硖石镇流传"文有张冷僧,武有蒋百里"之说。其挽蒋百里诗:

白头离舌聚南荒,三日分襟各慨慷;磨蝎半生悲往命,黄花晚节盼奇香；宵夜病急难求药，地僻医迟未处方；如此人才如此死，旅魂凄绝鹤山傍。

与蒋百里同庚同窗的高子白《哭蒋百里同学》诗：

> 方觊功能济国艰，岂知讣报发宜山！论兵迈古闻中外，揽辔澄清志羽纶。
> 天下英才犹待育，云霄立鹤早间关。腥膻遍地迷无路，渺渺征魂可易还。

高子白讲道："甲午以后……惟吾乡蒋百里先生则众口一词，推为军事专家。及其逝也，齐声恸之，曰中国军略家亡矣。其故何哉？盖军事难于实验，纵有实学，仍须有雄辩之舌锋，爽利之笔锋以佐之。又须复国学精密，深识国情，始能融会他国之长，灌输国内，著述流传，雄辩广布，然后人无间言，始成众所推崇之军事家，岂一朝一夕之所能幸致哉！"曹聚仁盛赞："这话是很好的墓志铭。"

出自名人之手痛悼蒋百里的挽诗、挽联不胜枚举，这里仅列举一二非常有代表性，字里行间又能凝练其一生功绩的加以引用。悼念的文章更是更仆难数，由于篇幅所限，现节选其中的几个片段，以飨读者诸君。

蒋英："民国最负盛名的军事战略家、陆军上将。他的一生，可以说是风云激荡、堪称传奇。他是文人，他和梁启超亦师亦友，和蔡锷多年同窗，和徐志摩更是交情莫逆。他做过保定军校校长，被誉为国民革命军的'智囊'。蒋纬国曾做过他的副官，连德国的兴登堡都非常赞赏他。"

将英的这段文字，是认识蒋百里，深入了解蒋百里的最好的引子，正是各大报章和网络博文经常引用的经典文字。

《大公报》总编辑王芸生评蒋百里："蒋百里先生是中国有数的军事学

家,他未曾典兵,而他的学生多是典兵大将;他的军事著作虽不算多,而片语只字都可作兵学经典……蒋百里先生的渊博宏通,实是一位罕有的学者。中国历史上有名的军人,多是文学修养很好的人。蒋百里先生如果典兵,便是典型的儒将风流。"①

香港《大公报》的悼文:"蒋百里先生的逝世,是国家一个不可估量的损失;我们虽然有二百多万的军队,却不能拒日寇于国门之外。我们的士兵战斗虽然勇敢,但是我们的军官还缺乏一定的谋略,说白了是运筹帷幄的参谋人才整体缺位,这是我军溃败的软肋,在这次抗日战争中斑斑可考。抗日正兴,蒋百里先生有远见,有抱负,有天才,国家正急用他的学识来重整山河的关键时刻,孰料他竟撒手人寰!旷观国中,堪与比肩的,殆无其人!如之何不令人为国家一哭!"

当年同梁启超、蒋百里赴欧开展"国民外交"的张君劢《哭蒋百里先生》:"呜呼蒋百里,吾侪自长江下游之苏浙,退而入于崇山峻岭之西南,果何为也耶?亦曰百折不回,力御外敌,保民族生存,以无愧其为四千年来独立国家之国格而已。孰知公于是时可以参预帷幄,可以为国育才之日而竟以病殁闻耶……公之所以不朽者,不在武功,而在文治。"

蒋百里"生未百年,死不孤独"。如此风光的震悼场面,空前绝后,若非军事奇才、天才兵家,也枉费了社会名流、德高望重者苦心孤诣的溢美之词。人们惊叹他对中日战争的前瞻性,人们感喟他对抗战方略的有效性,他身后的风光大葬,是对他的人格的欣赏,是对他才能的赞许,是对他军事的美誉。将军虽已长眠,但于吾辈来讲虽死犹生。"江南红豆相思苦,岁岁花开一忆君。"②是吾辈为蒋百里作传寄托的一点哀思。

---

① 引自曹聚仁《将将之将:蒋百里评传》,第170页。
② 引自清朝王士祯《悼亡诗》的一句诗。

三、追记蒋公

蒋百里的逝世对远在异域的三女蒋英打击尤大。突如其来的噩耗使她肝肠寸断,痛不欲生。她以泪洗面,写下了令人不忍卒读的祭文《哭亡父蒋公蒋百里》:

> 凭空像一个霹雳般地,我接到您的噩耗。当时我正在欧洲这多事的角落里快乐兴奋地用着功。即刻我的神经立刻痉挛起来,心也震动了!浮现在我眼前的,是您不久以前离开欧洲时的容貌,为祖国奔走的矍铄精神,谆谆嘱我埋首上进的声音,没有想到那些话竟成为永诀的遗言了。我仰天痛哭,我几乎发了狂!我想起这时家中披麻带素的妈妈,想起可怜无恃的手足,我好像听到她们绝望的嚎啕,我意识到了自己永恒的孤单!我失措了,我像一只掉在沙漠里的羔羊。可是,我又恍然的安定下来,决不能,我决不信您会离开我们的。我们几个孩子需要您,临危的祖国需要您!您不能弃下国难当头的祖国独自飘然而逝。您忍得弃了您白头偕老陪您奋斗一生的妈妈么?您更不肯丢下您这群弱小的毛羽未丰的孩子,我等待,我希望能再得到您健在人间的佳音。然而一天、两天……我绝望了!现在我眼前的只是一片无尽头的黑暗,我看不见太阳,甚而也没有了星光。我的生活失去了光明!只有黑夜——连续不断的黑夜呀!我怎么能活下去呢?没有了您的向导,没有了您的鼓励!爸爸,您是我生命的火炬,失去了您,让我永远和黑暗接近吧!好,让黑暗吞蚀了我,那么我

还许在梦中拜见您,听您的声音,作您吩咐的事。唉!爸爸,真的快来看我吧!您不会嫌柏林太远的吧?

六年前那时您刚从南京回来,咱们一家重聚,是多么快乐呀!每次您上街回来,总是大包小包的水果带回来。照例老佣人总会站在楼梯上叫声:"老爷您回来啦!"我们便打雷打鼓似的从楼上跳下来。这个喊,那个叫的。呀,什么广东荔枝啰,新会桔啰,外国香瓜啰,葡萄啰,说不尽的好东西。十只手,来得快,一会都抢光了,您总是说:"给妈妈留些啊!给妈妈留些啊!"于是又一齐闹着去找妈,妈妈不是在书桌上记账,就是坐在沙发上织毛线衣。于是一家子便坐在一块儿,有时谈正经的,有时闹着玩,家,真是说不出来香甜啊!

两年后,病魔插足到我们那乐园的门槛了,一向多忧的大姊被它侵袭了。一个月,两个月,终不见起色。于是一家都慌张起来。最慌张的还是您!什么中国郎中、外国医生都请到了,您急得连客也不会了,门亦不出了,整日闷在屋里看书。最后,还为了想遂大姊的心愿,一家都搬到北平去,为她养病。哪知三个月后,我们重踏津浦路时,大姊已经一病不起的长眠了。您那时脸上两行流不尽的泪,真是表示出天下最伟大的父爱啊!唉,爸爸!我们何福,竟蒙您这般的怜爱?可是我们现在又有何罪,竟半空中失去了您——我们的光明,我们的一切。还记得大姐临终时,她左手搂着您,右手搂着妈妈,带着满足而惭愧的微笑,同你们道了永诀。有人在旁边看见了都说:大姐真有福气,能有这样熨帖的父母!唉,现在想起您竟一人在陌生的小城中,左不见妈妈,右不见孩子们,空房冷榻的就这样悄悄的去了,连一声再会也没有说。世界上还有什么事比这个事更可悲的呢!

记得一九三六年,我们随您一同来欧,初在维也纳城外住家，开始学德文。有一天，您刚从德国参加秋操完毕回来，我们为了欢迎您，大家一同下厨房，妈妈大显身手，做了一大桌菜，我们一面细嚼，一面高谈，乐气融融，渐渐南欧媚人的夜幕垂下了，妈妈命我们上床后，自己亦预备休息。哪知她胃病复发，不能安睡。她不愿再打扰我们，自己又不愿起来，所以还是躺在床上自言自语的说："唉，到外国来，真不如在国内享福。如果在国内的话，只要一嚷，'老三妈'——小脚娘（家中十九年的老佣人）一定要连跑带跳的下楼拿热水袋，现在只能忍着算了。"哪知道，您听见了这话，竟一个人悄悄的走到厨房去，生着了火，静静的一面抽烟斗，一面守着水壶，水开了，装满热水袋，再回房去，悄悄的把水袋搁在妈妈床脚，一声不响的又去看书了。第二天妈妈把这件事讲给我们听的时候，我们互相怔忡着，我们骄傲您这位充满了人性的父亲啊！

最后，我们来到德国，您把我们的一切学校手续安定好了，在进学校的前一天，您还带我们到动物院去玩。那时柏林动物院的大狮子刚养了四个小狮，我们好奇心重，特意一人去抱了一个小狮子，一块儿照了一张相。后来您把照片寄给我们时，还在相片后面附着这几个字："垂老雄心犹未歇，将来付与四狮儿。"唉！爸爸，两年前柏林的狮子已经能跳出院吃人了，我们还如此幼稚呢，您怎忍竟弃下我们在这险艰的人世呢！

严冬去而复来，大姊逝世已经四年了，却始终没有重来过，您此去什么时候再来呢！从前死神把大姊从妈妈怀抱中攫去时，我们时常从母亲心坎里，听到这几个血泪的字："你们五姊妹，正好比我的一双手，如今大姊去了，好像人家把我的拇指割了一般，怎么能叫我不痛心呢！"唉！爸爸现在您又走了，为妈妈想，不是比人家割了她的心还痛呢！唉，我们是失去了心的妈妈，失去了光明的孩子们呀!

爸爸,您真的去了吗?不,不,您不能去,呀,小妹的唐诗还没有背完,我书桌上Schiller的Anoder Gtloeke也何曾讲完了呢!呀,还有许多书,我们需要您那生动有趣的解释呢!回来!爸爸,祖国需要您,我们不幸的这一群需要您! ①

蒋英谨遵父命,以顽强的毅力坚持完成了学业,在音乐方面取得很高的成就。1947年,她在上海和钱学森结为夫妻,然后双双飞往美国。20世纪50年代初,他们冲破重重阻力,回到祖国大陆。钱学森直接领导了战略武器的研制工作,为中国的国防建设事业做出卓越的贡献。

左梅在昆明过了几年较为平静的生活,但因日军的侵略日益加剧,昆明也遭到飞机的轰炸,安全难以保障,不得不携五女儿蒋和辗转迁至重庆。蒋复璁安排她们在白沙暂住,并送蒋和入中央大学学习。不久,左梅迁至重庆郊外的新桥,在一间茅屋中度过了最艰难的一段岁月。

抗战胜利后,左梅返回上海。蒋复璁征得浙江大学的同意,于1948年11月30日把蒋百里迁葬于西湖附近属于浙江大学的万松岭。新中国成立以后,因万松岭另有他用,左梅由上海赴杭州,与张宗祥商议迁葬事宜。她听从张宗祥的建议,把蒋百里的遗骸火化,用石塔安葬于凤凰山下的南山公墓。

钱学森夫妇归国后,左梅到北京与蒋英及蒋和住在一起。1978年10月17日,左梅因病逝世,享年88岁。

11月6日下午,左梅追悼会在北京八宝山革命公墓礼堂举行。廖承志和夫人经普椿、罗青长和夫人杜希健、朱蕴山、杨思德、刘斐、王昆仑、陈此生、朱学范、屈武、溥杰等人送了花圈;全国政协、中央统战部、冶金部、

---

① 许逸云:《蒋百里年谱》,第182—185页。

民革中央、中央音乐学院等单位也送了花圈。有关部门负责人、爱国人士、蒋百里和蒋左梅的亲属和生前友好，以及有关机关的群众代表参加了追悼会。追悼会由政协全国委员会常委刘斐主持，国务院参事韩权华致悼词。官方称她为"我国早年著名军事理论家蒋百里先生的夫人蒋左梅"，对她一生的事功给予很高的评价。悼词说："蒋左梅女士，原名佐藤屋子，生于日本北海道，一九一四年和蒋百里先生结婚。在蒋百里先生从事讨袁护法运动、北伐和抗日战争的几十年间，她一直辅助蒋百里先生工作。她加入中国籍以后，对中国人民的解放事业和中日两国人民的友好，对我国社会主义革命和建设事业，贡献了自己的一份力量。她热爱中国，关心国家大事，怀念在台湾省和海外的故旧老友，关心台湾的解放和中国的统一事业。"[①]

1984年，蒋英把左梅的骨灰盒护送至杭州，与蒋百里合葬于南山公墓。青山绿水，伴他们长眠于斯了。

2002年11月，海宁市在西山公园内开辟了名人文化广场，紫铜墙上塑造了王国维、徐志摩、蒋百里等原籍海宁的文化名人形象[②]。

[①] 《蒋百里先生夫人蒋左梅女士追悼会在京举行廖承志等送花圈》，《人民日报》1978年11月11日第3版。

[②] 《人民日报》2002年11月30日第2版。

蒋百里大事记

1882年10月13日，出生于海盐县。

1885年4岁（虚岁，下同），母任启蒙师。

1886年5岁，蒋母讲授唐诗及四书，过夜不忘；听一遍《三国演义》《水浒传》《西游记》《封神演义》等，竟能模仿，一时传为"神童"。

1889年8岁，张宗祥邀其伴读。查芸荪过访，愿以次女许婚。

1890年9岁，学完四书，继读诸经。

1891年10岁，学完《诗经》《尚书》，学作诗及应试八股文。

1892年11岁，奉父命返回故里，就读于"别下斋"私塾。师从倪勤叔。

1893年12岁，学完《左传》《礼记》《周易》。诗文日渐进步，并学书法。

1894年13岁，维新思想得以启蒙。冬，其父蒋学烺病逝，母子扶柩归葬海宁故里，回硖石定居。

1895年14岁，母病，割肉救母。母贤子孝，洋溢乡里。

1896年15岁，钻研"新学"。读《普天忠愤集》《公车上书记》《日本国志》。

1897年16岁，学完十三经，得知州林孝恂赏识，赞为海宁才子。

1898年17岁，春，考中秀才。秋，赴上海就读经济学堂，维新失败学堂停办返乡。

1899年18岁，春，聘为海宁伊桥镇孙家塾师。答桐乡县令方雨亭观风卷，获得超等第一名。

1900年19岁，拜谒桐乡县令方雨亭，推荐到杭州求是书院读书。

1901年20岁，东渡日本留学。入成城学校。毕业后入伍近卫军第一联队，结识蔡锷、蒋尊簋等人。拜梁启超为师。

1902年21岁，提议组织浙江同乡会，主编《浙江潮》。

1903年22岁，与汪精卫、胡汉民等人成立抗俄义勇队。入日本陆军士官学校深造。

1904年23岁，日本士官学校重新开学，第三期肄业。

1905年24岁，士官步兵科第一名毕业，获明治天皇赐佩剑嘉奖。

1906年25岁，春，回国，到东北任督练公所总参议。秋，赴德国军营深造，在德国第七军任见习连长。

1907年26岁，遍游德、意，研究军事，广涉文学，学会跳舞。

1908年27岁，在德国学习被拟定为德皇太子访华的招待。

1909年28岁，德国舆论有"东方人杰"之称。

1910年29岁，回国，奉派招待德国太子；北上谋管带一职。

1911年30岁，春，回硖石，与查品珍完婚。仍任东北督练公所总参议。后受聘浙江都署总参议。

1912年31岁，12月，以少将军衔就任保定军校校长。

1913年32岁，在保定军校开枪自杀。被袁世凯委以总统府军事处一等参议。与日本女护士佐藤屋子相恋。

1914年33岁，写成《孙子新释》。与佐藤屋子结婚，与蔡锷等人组织军事研究会。

1915年34岁，与蔡锷秘密反袁，并协助蔡锷脱离袁世凯的监视。

1916年35岁，秘密出京，南下两广，参与讨袁护国运动。8月，陪蔡锷赴日治病，料理丧事，与梁启超发起松社，设松坡图书馆。

1917年36岁，任黎元洪总统府军事顾问。著《军事常识》，翻译英国斯迈尔《职分论》。

1918年37岁,晋升为陆军中将。纳妾王若梅。12月,随欧洲考察团出国考察。

1919年38岁,赴欧洲考察。

1920年39岁,返回上海。任《改造》杂志主编,主持共学社,兼任讲学社总干事,并负责松坡图书馆等工作。当选浙江省议会议员。冬,与郑振铎、茅盾创立文学研究会。

1921年40岁,被聘为湖南自治根本法起草委员会委员,发表"军事与联省自治""世界军事大势与中国国情"等演说。所著《欧洲文艺复兴史》、译著《近世"我"之自觉史》出版。

1922年41岁,发表《裁兵计划书》《军国主义之衰亡与中国》《中国五十年来军事变迁史》等著作、专文。

1923年42岁,3月14日,母亲杨太夫人病逝于硖石,奔丧并营建怀萱堂。与张宗祥、蒋梦麟等提案浙江大学,获得通过。

1924年43岁,主持接待泰戈尔访华事宜。秋,与吴佩孚、孙传芳往来。

1925年44岁,参与孙传芳军事活动。10月,被吴佩孚聘为十四省讨贼联军司令部总参谋长。

1926年45岁,致电吴佩孚辞职。婉拒孙传芳委任。未决蒋介石之聘。冬,与孙传芳绝交。

1927年46岁,应蒋介石之邀,以私人身份访日。

1928年47岁,居住上海,静观时局。

1929年48岁,哀悼梁启超病逝。冬,唐生智反蒋,因故受牵连。

1930年49岁,1月15日,被软禁杭州,又被押解到南京军法处。

1931年50岁,狱中,徐志摩、张宗祥等乡友探望。12月,经保释出狱。

1932年51岁,出狱后,自号"澹宁",完成《战斗与生活一致》《以政治控制军事》《东方文化及哲学史》等论文与专著。

1933年52岁，以私人身份赴日考察，回国后制订有关国防经济的种种计划。

1934年53岁，当选为上海农商银行常务董事，所著《从历史上解释国防经济学之基本原则》为其国防思想的核心。

1935年54岁，深忧时局，亲赴北方考察，促蒋介石出山领导抗战。

1936年55岁，游历欧美。写成《考察意国空军建设之顺序与意见》及《总动员纲要》。12月1日，赴西安汇报。

1937年56岁，视察南北防务。5月，在山东拜访学者梁漱溟。夏，到庐山讲学，编选《国防论》。7月，到上海协助宋子文策划战时经济。到太行山地区考察防务。回庐山参加国防参议会，受聘为议员。9月，赴德、意等国活动。写成《日本人——一个外国人的研究》一文。

1938年57岁，1月，在德国完成《速战与持久》。7月，回武汉，参与军事、外交等事务。8月，发表《抗战的基本观念》。9月，担任陆军大学代理校长。11月4日，陆军大学西迁，病殁宜山。12月28日，国民政府在重庆举行公祭，蒋介石亲临主祭。